南开大学经济类系列实验教材

寿险精算实务实验教程

李秀芳　编著

中国财政经济出版社

图书在版编目（CIP）数据

寿险精算实务实验教程 /李秀芳编著．—北京：中国财政经济出版社，2008.3
（南开大学经济类系列实验教材）
ISBN 978－7－5095－0872－5

Ⅰ．寿…　Ⅱ．李…　Ⅲ．人寿保险－精算学－高等学校－教材　Ⅳ．F840.62

中国版本图书馆 CIP 数据核字（2008）第 117575 号

中国财政经济出版社出版

URL：http://www.cfeph.cn
E－mail：cfeph@cfeph.cn

社址：北京市海淀区阜成路甲 28 号　邮政编码：100142
发行处电话：88190406　财经书店电话：64033436
北京财经印刷厂印刷　　各地新华书店经销
787×1092 毫米　16 开　15.75 印张　373 000 字
2008 年 3 月第 1 版　2008 年 3 月北京第 1 次印刷
定价：32.00 元
ISBN 978－7－5095－0872－5/F・0717
（图书出现印装问题，本社负责调换）
本社质量投诉电话：010－88190744

编 委 会

总序

ZONGXU

南开大学经济学科多年来一直在探讨如何适应改革开放、如何根据理论与实践的发展进行教学改革，包括教学理念与教学内容的更新、教学方式与教学方法的创新。实验教学的内容和方法是教学改革多方面的具体体现。南开大学也为经济学科实验课程教学的开设提供了重要的物质保证，在整合相关资源的基础上投资建设的实验教学中心成为经济学科各专业本科生、硕士生、博士生实验教学和实践教学的基地，是经济学科教学、科研和社会服务重要的基础支撑。

经过多年的建设与探索，南开大学经济学实验教学中心逐步建立起与学科发展和人才培养目标相适应、比较科学的实验教学体系，同时组织实验课程教师开发适合于不同专业、不同教学层次的实验课程，并在课程中广泛引入了演示法、案例法、模拟法、仿真法、棋块式沙盘规划法等教学方法。经过数年的积累，实验课程教师在教学的过程中组织学生自主研发教学软件，将科研成果注入实验教学体系，从而使科研成果与教学内容相结合，也使教学软件有了自我更新的能力。

实验课程教材内容体现了实验课程教师多年来不断研究和实践的成果，也体现了南开大学经济学科对教学改革内容的探索。目前，实验教学已经成为经济学教学的重要组成部分。当然，无论是实验课程教材体系还是实验课程教学内容，都有待于根据理论与实践的发展，以及技术手段的提升不断更新和完善。

我们期待读者与同行的意见和建议。

马君潞

2008年1月于南开大学

前　言

QIANYAN

中国的精算教育始于1988年，南开大学与北美精算学会（SOA）合作在南开大学联合培养精算硕士研究生，所有的精算教材和精算专业教师都来自北美精算学会。经过多年的发展，中国的精算教育得到了快速的发展，陆续出版了多部精算教材。1997年中国精算师资格考试开始筹划，在设计中国精算师资格体系过程中吸收了北美和英国体系的知识结构，在初级资格阶段设有《寿险精算实务》课程。虽然该书的编写并没有加入实验的内容，但是深刻体会到学习一些实际的操作对学生来讲可能也是非常重要的。基于本人曾在美国大都会人寿保险公司学习过一段时间，因此在1998年开始给本科生开设《寿险精算实务》课程，2000年开始给研究生开设《高级寿险精算实务》课程。该课程虽然部分使用了《寿险精算实务》教材的内容，但更主要的是培养学生在电脑上实现较为简单的定价、评估等过程，并学习了中国的精算实践标准。

经过近十年的教学经验的积累，基本形成了一套较为完整的实验体系，所以本着为初学者或自学者提供一个入门的参考用书的出发点，组织研究生编写了本教材，主要针对的是本科生。本实验教材是指导已经具有一定保险和精算基础的学生通过运用软件进行寿险精算的实务操作，锻炼学生的实际操作能力，熟悉基本的实务方法，加深对已学的精算技术的理解。

本实验教材是寿险精算实务课程的实验部分，与该课程的参考用书配合使用。参考用书包括《寿险精算实务》（李秀芳主编，中国财政经济出版社2006年12月版）、《寿险数学》（李秀芳主编，中国人民大学出版社2002年6月版）和《中国人身保险精算规定》（魏迎宁主编，中国财政经济出版社2007年6月版）。

本实验教材的主要内容包括：介绍生命表和换算表的编制；介绍不同险种的净保费、毛保费、准备金、现金价值等的计算；介绍依据我国寿险精算规定如何计算保费、准备金、现金价值；介绍利润检测（资产份额）定价法的方法；

介绍自编精算软件的使用（研究生的课程中组织部分学生设计了一个简单的寿险精算教学软件）。需要说明的是，虽然换算函数方法在国际上已经不被广泛使用，但作为中国的入门学生而言学习这种方法还是必要的，同时，我国目前的精算规定中仍然要求保险公司提交的精算报告使用换算函数方法，因此本书还是以换算函数作为开篇。

本教材的编写分工：实验一、实验二、实验三、实验四由雒龙、张睿编写，实验五由李欣编写，实验六、实验九由李睿编写，实验七、实验八由徐锦编写，实验十由张园园编写，实验十一由王铮编写，实验十二由魏维编写，实验十三由周陶昀编写，实验十四由韩晓林编写，实验十五、实验十六由刘勇编写。徐锦、张园园、魏维、张睿，孙晓宇做了大量的审核和纂稿工作。

本书还存在很多的局限性，恳请读者们批评指正。

李秀芳

2008 年 3 月

目　录

MULU

实验一

SHIYANYI

生命表的选择、编制换算表

实验目的和要求：

了解我国精算规定中对生命表选择的相关内容，学习如何用生命表计算出换算表，熟悉相关的 Excel 和 VBA 软件的操作。

实验内容：

根据原始的生命表数据生成换算函数表。

1.1 生命表的选择

1997 年 4 月 1 日我国颁布了第一张中国寿险业经验生命表，即中国人寿保险业经验生命表（1990—1993），1999 年颁布的《人寿保险精算规定》中规定，保险公司在厘定保险费时，预定死亡率应当采用此表所提供的数据。

2006 年 1 月 1 日，《中国人寿保险业经验生命表（2000—2003）》开始施行，简称：CL（2000—2003）。根据《关于修订精算规定中生命表使用有关事项的通知》保险公司自行决定定价用生命表；保单现金价值计算用生命表采用定价生命表；保险公司进行法定准备金评估，必须采用新生命表；新生命表使用政策将于 2006 年 1 月 1 日起生效。

1.2
编制换算表

1.2.1 换算表的基本概念①

换算表计算人身保险的保险费、现金价值和准备金时，将运算过程中有规律的数值预先算好编制成表格，便于随时查对并代入计算，从而简化繁复的运算程序，这种表格即为换算表。换算表编制的基础是生命表和现值表的综合数值，有连续换算表和离散换算表两种类型，其内容通常由以下七项中的某几项组成：

①用 x 表示年龄；

②用 D_x 表示 x 岁的生存人数与 x 年贴现因子数值的乘积；

③用 N_x 表示从 D_x 开始，并将以后各年直到 D_w（终极数）的数值加总之和，其中 w 为极限年龄；

④用 C_x 表示 x 岁的死亡人数与 $x+1$ 年贴现因子数值的乘积；

⑤用 M_x 表示从 C_x 开始直到 C_w（终极数）的数值全部加总之和；

⑥用 R_x 表示从 M_x 开始直到 M_w（终极数）的数值全部加总之和；

⑦用 S_x 表示从 N_x 开始直至 N_w（终极数）的数值全部加总之和。

其中，C_x，M_x，R_x，D_x，N_x，S_x 称为换算符号或换算函数。

由 C_x，M_x，R_x 和年龄 x 或 D_x，N_x，S_x 和年龄 x 组成的列阵称为换算函数表，简称换算表。

在实务中，可以假设死亡在一年中是均匀分布的，连续模型可以用离散模型近似，即定义 $C_x = v^{x+\frac{1}{2}} d_x$，可以用来直接计算寿险产品的保费。以后的实验中如无特殊说明，连续模型都按此方法近似。

1.2.2 换算表的基本公式

$$D_x = v^x l_x, C_x = v^{x+\frac{1}{2}} d_x$$

$$M_x = \sum_{k=0}^{w-x} C_{x+k}, N_x = \sum_{k=0}^{w-x} D_{x+k}$$

$$R_x = \sum_{k=0}^{w-x} M_{x+k}, S_x = \sum_{k=0}^{w-x} N_{x+k}$$

1.2.3 编制换算函数表

在已知了生命表和换算函数的公式之后，再确定利率 i，我们就可以计算出换算函数表。

① 参考李秀芳主编：《寿险精算实务》，中国财政经济出版社 2006 年版。

以下我们采用两种方法来编制换算函数表。第一种方法，Excel 编制较为简便，但面对大量重复性工作时，无法简化工作量。第二种方法，利用 Excel 内嵌的 VBA 编程软件，可以编辑程序进行运行，虽然需要先学会编程语言，编辑程序的过程也容易出错并且很难查找，前期会耗费很多时间，但编好程序之后就可以简化大量的工作量。因此，两种方法各有利弊，以下以 CL1（2000—2003）为例分别介绍。

（1）用 Excel 编制换算表

编制换算表之前首先输入各年龄的死亡率（q_x）和利率（i），如图 1－1 所示。将利率存储在单元格中是为了方便地改动利率，这在后面的计算过程中可以体现出来。另外为了明确起见，将该工作表的名称改为“CL1”，只需要右键选中工作表的名称（原来是 Sheet1），然后选择重命名就行了（如图 1－1 所示）。以后为了需要也可对工作表重命名。

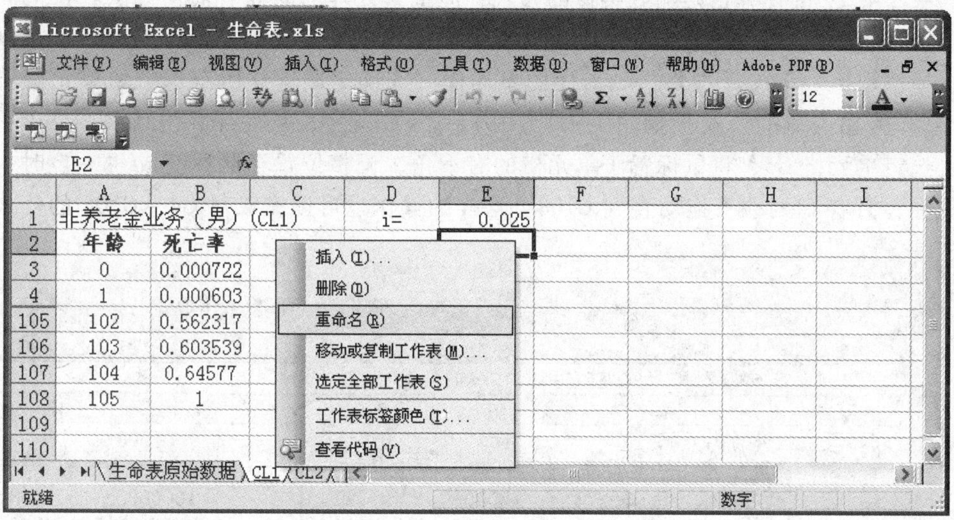

图 1－1　输入死亡率和利率

然后计算中间变量：生存概率 p_x、生存人数 l_x、死亡人数 d_x 和平均余命 $\mathring{e}_x$。

假设初始人口 $l_0=1000000$，四个量的计算公式分别是：

$$p_x = 1 - q_x, l_x = l_{x-1} \cdot p_x, d_x = l_x - l_{x-1}, \mathring{e}_x = \frac{\sum_{i=x+1}^{\omega} l_i}{l_x} + 0.5$$

这四个量的计算比较简单，下面以 D_x 的计算过程为例，详细说明 Excel 表格的操作方法。

$D_x = v^x l_x$

公式变换后成为 $D_x=(1+i)^{-x}\cdot l_x$。我们拟在第七列（即 G 列，如图 1－2 所示）输出相应的结果，那么在相应的单元格（如 G3）输入的公式应该是：

=POWER（1+$E$1，－A3）×D3，

输入公式的时候一定要首先输入“=”，式中 POWER 是幂函数，E1、A3、D3 分别代表参与运算的单元格，其中$表示锁定行或列，$E$1 表示同时锁定 E 列和第 1 行。$D_0$ 的计算过程如图 1－2。

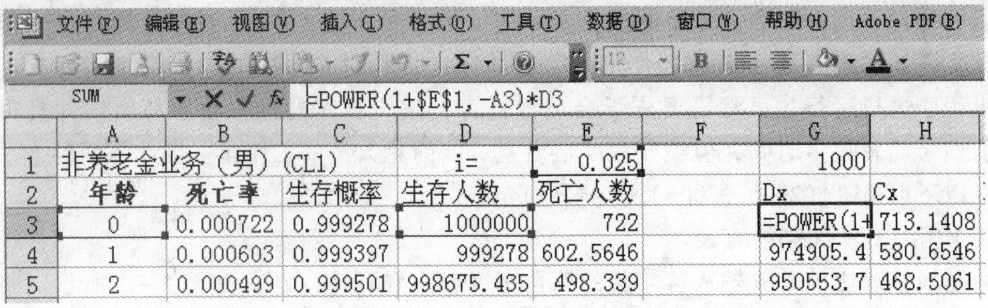

	A	B	C	D	E	F	G	H
1	非养老金业务（男）（CL1）			i=	0.025		1000	
2	年龄	死亡率	生存概率	生存人数	死亡人数		Dx	Cx
3	0	0.000722	0.999278	1000000	722		=POWER(1+	713.1408
4	1	0.000603	0.999397	999278	602.5646		974905.4	580.6546
5	2	0.000499	0.999501	998675.435	498.339		950553.7	468.5061

图 1－2　在 Excel 表格中计算 D_0

其余年龄 D_x 的计算也是输入类似的公式，但批量处理的时候有简便方法。在上面的输入完成后，选中 G3 单元格复制，然后选中需要粘贴的区域（此处是 G4－G108），点鼠标右键：选择性粘贴－＞选择“公式”前面的单选框－＞确定，这样所有选中的单元格就会填入与 G3 单元格类似的公式（如图 1－3 与图 1－2 的比较），从而计算出结果。或者用快捷方式：选定单元格 G3，将鼠标置于单元格的右下角，调整位置至鼠标变成“＋”时，然后按住鼠标，沿着 G 列往下拖动直到 G108。这样的操作也可以完成对 G4－G108 的公式粘贴（见图 1－3）。

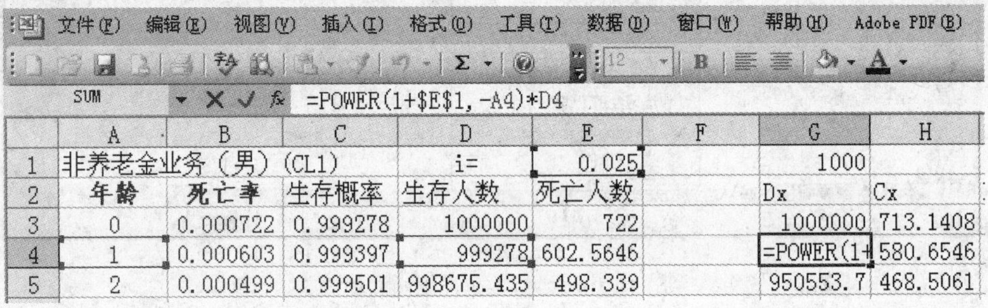

	A	B	C	D	E	F	G	H
1	非养老金业务（男）（CL1）			i=	0.025		1000	
2	年龄	死亡率	生存概率	生存人数	死亡人数		Dx	Cx
3	0	0.000722	0.999278	1000000	722		1000000	713.1408
4	1	0.000603	0.999397	999278	602.5646		=POWER(1+	580.6546
5	2	0.000499	0.999501	998675.435	498.339		950553.7	468.5061

图 1－3　在 Excel 表格中计算 D_1

通过比较图 1－2 和图 1－3 发现，粘贴公式的时候单元格会相应的发生变化，A3 变为 A4，D3 变为 D4，但是 E1 单元格由于$的锁定而不发生变化。锁定代表常量的单元格也是在复制公式过程中的常用做法。

其他换算函数的计算类似（如图 1－4、图 1－5、图1－6所示）：

$$C_x = v^{x+\frac{1}{2}} d_x$$

$$M_x = \sum_{k=0}^{w-x} C_{x+k}, \qquad N_x = \sum_{k=0}^{w-x} D_{x+k}$$

$$R_x = \sum_{k=0}^{w-x} M_{x+k}, \qquad S_x = \sum_{k=0}^{w-x} N_{x+k}$$

这样就算出了在利率为 2.5％ 的条件下，CL1（2000—2003）生命表的换算函数，下面给出部分计算结果（见表 1－1）：

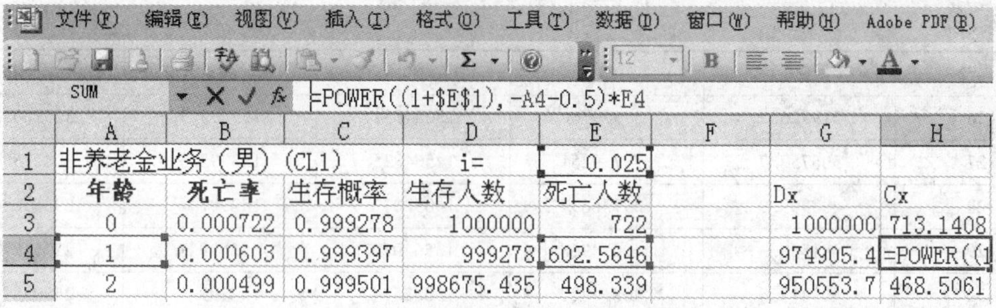

	A	B	C	D	E	F	G	H
1	非养老金业务（男）(CL1)			i=	0.025			
2	年龄	死亡率	生存概率	生存人数	死亡人数		Dx	Cx
3	0	0.000722	0.999278	1000000	722		1000000	713.1408
4	1	0.000603	0.999397	999278	602.5646		974905.4	=POWER((1
5	2	0.000499	0.999501	998675.435	498.339		950553.7	468.5061

图 1－4　在 Excel 表格中计算 Cx

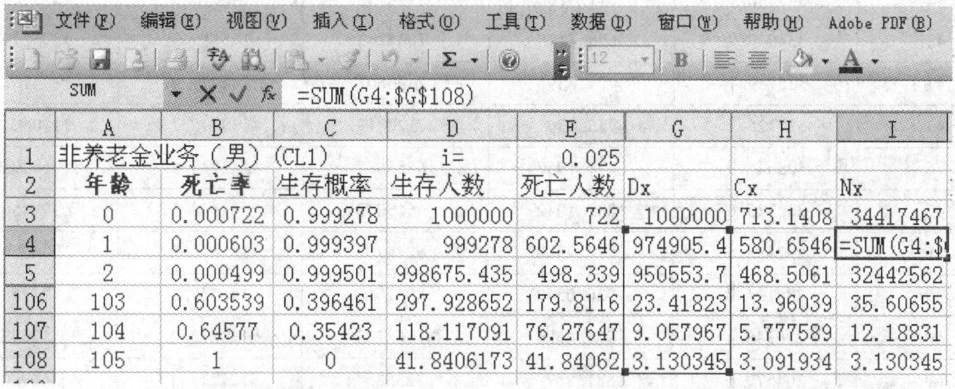

	A	B	C	D	E	G	H	I
1	非养老金业务（男）(CL1)			i=	0.025			
2	年龄	死亡率	生存概率	生存人数	死亡人数	Dx	Cx	Nx
3	0	0.000722	0.999278	1000000	722	1000000	713.1408	34417467
4	1	0.000603	0.999397	999278	602.5646	974905.4	580.6546	=SUM(G4:$
5	2	0.000499	0.999501	998675.435	498.339	950553.7	468.5061	32442562
106	103	0.603539	0.396461	297.928652	179.8116	23.41823	13.96039	35.60655
107	104	0.64577	0.35423	118.117091	76.27647	9.057967	5.777589	12.18831
108	105	1	0	41.8406173	41.84062	3.130345	3.091934	3.130345

图 1－5　在 Excel 表格中计算 Nx

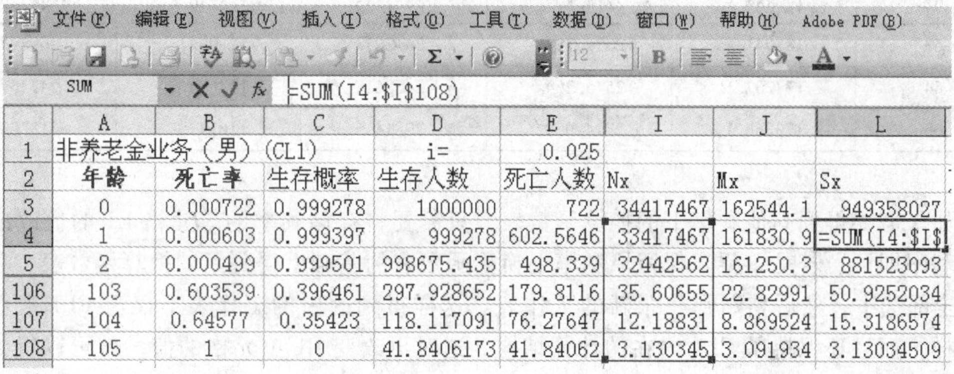

	A	B	C	D	E	I	J	L
1	非养老金业务（男）(CL1)			i=	0.025			
2	年龄	死亡率	生存概率	生存人数	死亡人数	Nx	Mx	Sx
3	0	0.000722	0.999278	1000000	722	34417467	162544.1	949358027
4	1	0.000603	0.999397	999278	602.5646	33417467	161830.9	=SUM(I4:I
5	2	0.000499	0.999501	998675.435	498.339	32442562	161250.3	881523093
106	103	0.603539	0.396461	297.928652	179.8116	35.60655	22.82991	50.9252034
107	104	0.64577	0.35423	118.117091	76.27647	12.18831	8.869524	15.3186574
108	105	1	0	41.8406173	41.84062	3.130345	3.091934	3.13034509

图 1－6　在 Excel 表格中计算 Sx

表 1－1　　　　部分 CL1 换算函数

年龄	Dx	Cx	Nx	Mx	Sx
21	590237.8	385.3599	17891575	155769.2	406961828
22	575461.1	393.3328	17301337	155383.9	389070253
23	561037	396.7734	16725876	154990.6	371768916
24	546961.2	398.7043	16164839	154593.8	355043040
25	533226.9	399.7531	15617878	154195.1	338878201

续表

年龄	Dx	Cx	Nx	Mx	Sx
26	519826.5	399.976	15084651	153795.3	323260323
27	506752.7	397.9251	14564825	153395.3	308175672
28	493999.9	397.6697	14058072	152997.4	293610848
29	481558.3	400.4968	13564072	152599.8	279552776
30	469417.4	408.4822	13082514	152199.3	265988704
41	352930	643.166	8527860	146733.9	146030756
42	343686.7	671.4707	8174930	146090.8	137502896
43	334640.9	698.4198	7831243	145419.3	129327966
44	325789.1	725.6398	7496602	144720.9	121496723
45	317126.2	755.836	7170813	143995.2	114000120
46	308644.9	791.1057	6853687	143239.4	106829307
47	300335.6	832.1042	6545042	142448.3	99975620.3
48	292188.4	877.9308	6244707	141616.2	93430578.2
49	284194.7	926.0542	5952518	140738.3	87185871.7
50	276348.4	974.4584	5668323	139812.2	81233353.6
60	204579.6	1881.872	3235854	127217.4	36090044.4
61	197731.1	2048.748	3031274	125335.5	32854190.5
62	190884.8	2214.809	2833543	123286.8	29822916.2
63	184041.4	2379.724	2642658	121072	26989373
64	177202.1	2545.254	2458617	118692.2	24346714.6
65	170366.1	2714.959	2281415	116147	21888097.6

如果需要得到其他利率下的换算函数表，只需要将存储利率的单元格 E1 的值改成所要求的利率即可。若是希望在保留原利率下换算函数表的基础上得到新的换算函数表，可以将 CL1 全部选中，然后粘贴到一张新的工作表。这样得到的新的工作表不仅与 CL1 数值上一模一样，而且还保持了 CL1 内在的计算结构，这时再改变 E1 单元格的值，就可以得到所需要的换算函数表。

（2）用 Excel VBA 编制换算表

用 Excel VBA 编制换算表的步骤如下：

①打开 Excel，设计表格的形式（如图 1－7 所示）。

②从“工具”菜单中选择“宏”，然后选择 Visual Basic 编辑器，进入编程界面，如图 1－6所示。编写计算换算表的程序。

③调试程序，改错。

④输出结果，并与方法一中的结果核对。

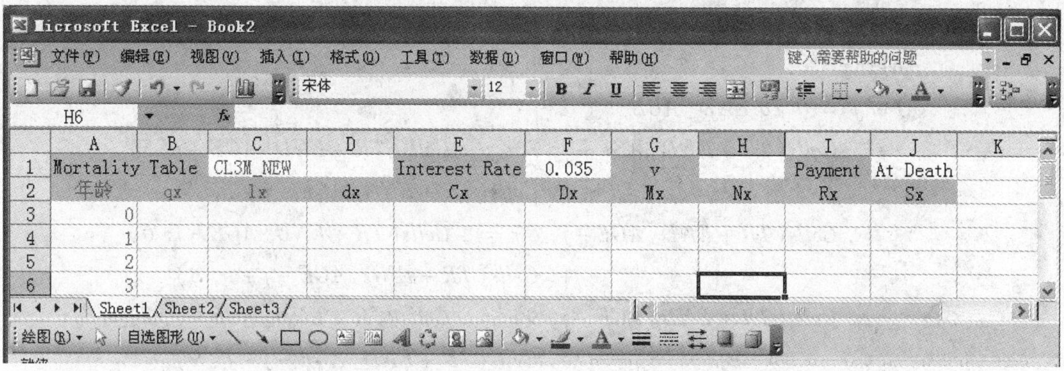

图 1-7　在 Excel 中设计表格形式

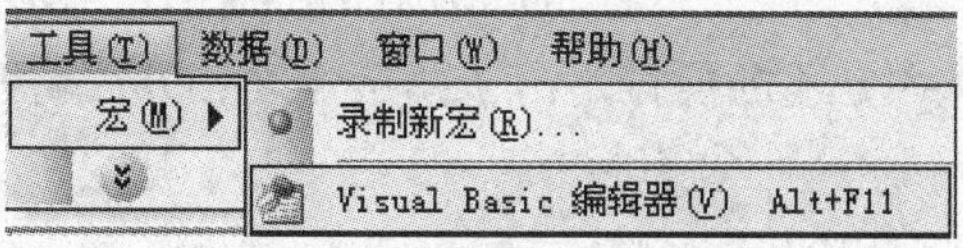

图 1-8　进入 VBA 界面

程序运行的结果与用 Excel 计算的结果是一致的。

以下的 VBA 的程序[①]仅供读者参考，“ ‘ ”引用的部分是对程序的注释：

```
Const END_AGE = 105
Sub CF()                                    '换算函数计算程序
  Dim i As Integer, j As Integer, P As Double, TR As Integer
  TR = 3                                    'TR表示数据的第一行在工作表的行
  With Worksheets("CF")                     'CF为专门计算换算函数数据的工作表
      If .Cells(1, 10) = "At Death" Then
        P = 0.5
      Else If .Cells(1, 10) = "End of Year" Then
        P = 1
      End If   '判断语句是通过 Excel表格中的输入条件判断给付方式②
'换算函数计算程序
      .Cells(3, 3).Value = 100000
'符号“.”承接于 With Worksheets("CF"),表示引用的是 CF工作表中的单元格
      For i = TR To TR + END_AGE
         .Cells(i + 1, 3) = .Cells(i, 3) * (1 - .Cells(i, 2))
         .Cells(i, 4) = .Cells(i, 2) * .Cells(i, 3)
         .Cells(i, 5) = .Cells(i, 4) * .Range("F1") ^ (.Cells(i, 1) + P)
```

① 本书中的 VBA 语言有时候会涉及到对 Excel 表格中的单元格的调用，此时需要理解调用的单元格的含义，而不是单纯的复制程序中的单元格表达式。

② 涉及的 Excel 表格操作详见附录中的图。

```
        . Cells(i, 6) = . Cells(i, 3) * . Range("F1") ^. Cells(i, 1)
    Next i
    For j = 0 To END_AGE
        . Cells(TR + END_AGE - j, 7) = . Cells(TR + END_AGE - j, 5)
                                   +. Cells(TR + END_AGE - j + 1, 7)
        . Cells(TR + END_AGE - j, 8) = . Cells(TR + END_AGE - j, 6)
                                   +. Cells(TR + END_AGE - j + 1, 8)
        . Cells(TR + END_AGE - j, 9) = . Cells(TR + END_AGE - j, 7)
                                   +. Cells(TR + END_AGE - j + 1, 9)
        . Cells(TR + END_AGE - j, 10) = . Cells(TR + END_AGE - j, 8)
                                   +. Cells(TR + END_AGE - j + 1, 10)
                     '上式的换行是出于排版需要,VBA编程时赋值表达式不能换行
    Next j
    . Cells(109, 3). Value = ""          '清零
End With
```

上面的程序中第一个循环语句计算了 l_x, d_x, C_x, D_x，后面的一段循环则是计算 M_x, N_x, R_x, S_x，赋值的过程中采用了递推的方式。这比每一次都累积求和的方式更节省内存空间，在运算量很大的情况下可以体现出明显的优势。过程中设定了变量 P 来控制给付模式，如果年末给付，则取 P=1，如果死亡时给付，则采用近似的离散模型，取 P=0.5。

1.2.4 新旧生命表的比较（如表 1-2 所示）

表 1-2　新旧生命表的数据对照（部分）

AGE	2000—2003 Mortality Talbe				1990—1993 Mortality Talbe			
	CL1M	CL2F	CL3M	CL4F	CL1M	CL2F	CL3M	CL4F
31	0.000932	0.000432	0.000788	0.000366	0.001007	0.000592	0.000809	0.000906
32	0.000994	0.000465	0.00082	0.000384	0.001064	0.000625	0.000855	0.000958
33	0.001055	0.000496	0.000855	0.000402	0.001136	0.000666	0.00091	0.001022
34	0.001121	0.000528	0.000893	0.000421	0.001222	0.000714	0.000976	0.0011
35	0.001194	0.000563	0.000936	0.000441	0.001321	0.000772	0.001057	0.001189
36	0.001275	0.000601	0.000985	0.000464	0.001436	0.000838	0.001146	0.001293
37	0.001367	0.000646	0.001043	0.000493	0.001565	0.000914	0.001249	0.001408
38	0.001472	0.000699	0.001111	0.000528	0.00171	0.001001	0.001366	0.001539
39	0.001589	0.000761	0.001189	0.000569	0.001872	0.001098	0.001497	0.001685
40	0.001715	0.000828	0.001275	0.000615	0.002051	0.001208	0.00165	0.001846
41	0.001845	0.000897	0.001366	0.000664	0.00225	0.001331	0.001812	0.002025
42	0.001978	0.000966	0.001461	0.000714	0.00247	0.001468	0.001993	0.002223
43	0.002113	0.001033	0.00156	0.000763	0.002713	0.00162	0.002193	0.002442

续表

AGE	2000—2003 Mortality Talbe				1990—1993 Mortality Talbe			
	CL1M	CL2F	CL3M	CL4F	CL1M	CL2F	CL3M	CL4F
44	0.002255	0.001103	0.001665	0.000815	0.002981	0.00179	0.002409	0.002683
45	0.002413	0.001181	0.001783	0.000873	0.003276	0.001979	0.002658	0.002948
61	0.01049	0.006465	0.007867	0.004781	0.014892	0.00998	0.012508	0.013402
62	0.011747	0.007235	0.008725	0.005351	0.016361	0.011039	0.013779	0.014725
63	0.013091	0.008094	0.009677	0.005988	0.017972	0.012209	0.015167	0.016175
64	0.014542	0.009059	0.010731	0.006701	0.01974	0.013502	0.016672	0.017766
65	0.016134	0.010148	0.0119	0.007499	0.021677	0.014929	0.018275	0.019509
66	0.017905	0.011376	0.013229	0.008408	0.0238	0.016505	0.020107	0.02142
67	0.019886	0.01276	0.014705	0.009438	0.026125	0.018244	0.022111	0.023513
68	0.022103	0.014316	0.016344	0.010592	0.028671	0.020162	0.024315	0.025804
69	0.024571	0.016066	0.018164	0.011886	0.031457	0.022278	0.026701	0.028311
70	0.027309	0.018033	0.020184	0.013337	0.034504	0.02461	0.029296	0.031054

在 Excel 工作表中点击菜单栏中“插入－图表”（如图 1－9 所示），根据需要绘制图表（见图 1－10、图 1－11）。

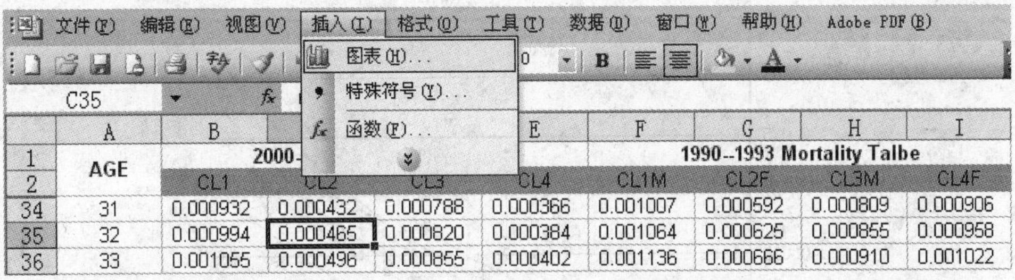

图 1－9　插入图表按键

（1）死亡率的比较分析。由图 1－10 和图 1－11 可以看出，死亡率随年龄的增加而提高，40 岁之前，死亡率变化不大，基本在横轴附近，在 50～70 岁之间死亡率逐渐升高。

由图 1－12 至图 1－14 可以看出，以男性为例，0～70 岁期间，旧生命表男性的死亡率基本高于新生命表男性的死亡率，这与我国医疗卫生条件提高，降低了死亡率有关。70 岁以上的数据不是很有规律，是因为这个年龄段观测样本比较少，数据有一定的误差，并且在 105 岁有一个人为的截断，死亡率都变为 1。

此外，无论新旧生命表，男性死亡率在 0～50 岁都有三个极值点，分别出现在 10 岁、20 岁和 30 岁左右，男性的死亡率在 0～10 岁逐渐下降，这是因为婴幼儿集体对疾病的抵抗力较弱，对于各种意外事故缺乏自我保护和能力，所以死亡率较高；在 10～20 岁逐渐上升，这是因为处于青春期的青少年受保护减少，自我保护能力又不如成年人强，从而意外事故较

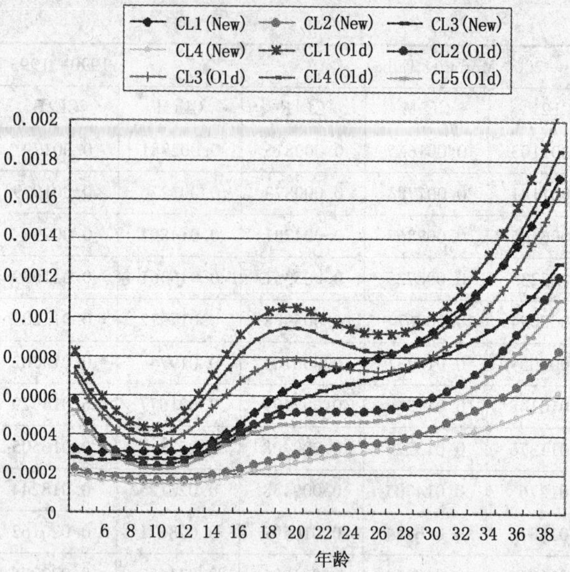

图 1－10　新旧生命表比较（5～40 岁）

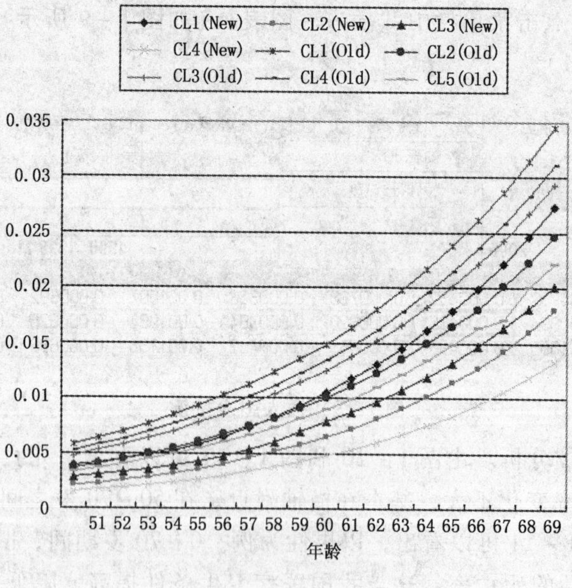

图 1－11　新旧生命表死亡率比较（51～70 岁）

多；在 20～30 岁又逐渐下降，这是因为 20～30 岁是青壮年时期，人体各种机能发育成熟，是生命力最旺盛的时期，所患疾病多为急性感染性疾病，治疗效果较好，其死亡率较低；在 30 岁之后就从此进入上升的趋势，因为人逐渐变老，健康情况会越来越差，各种慢性病如高血压、冠心病等发病率增高，治疗效果欠佳，因此死亡率随年龄增长而增高。

（2）平均余命的比较分析。

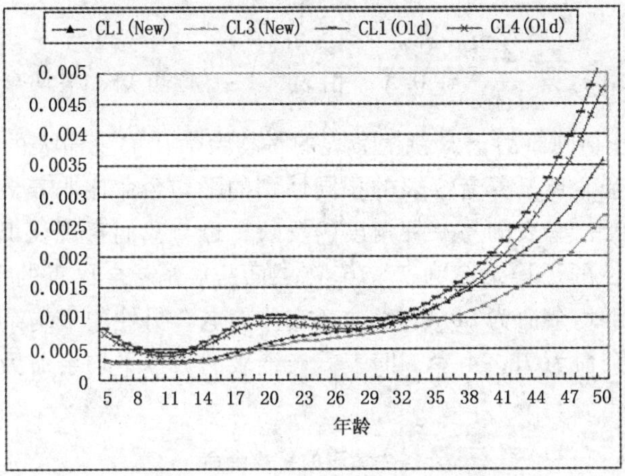

图 1-12　男性死亡率比较（0~50 岁）

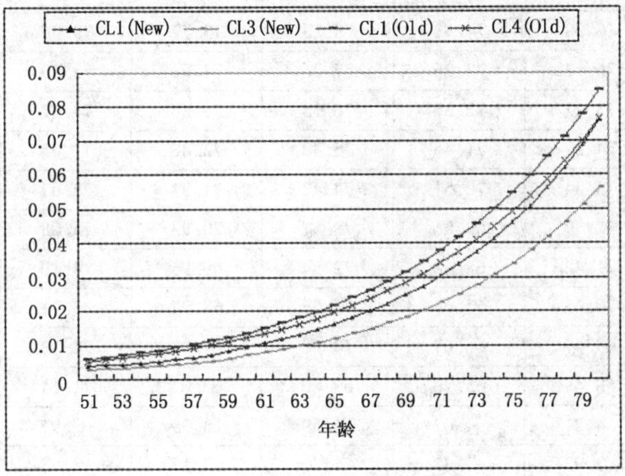

图 1-13　男性死亡率比较（50~80 岁）

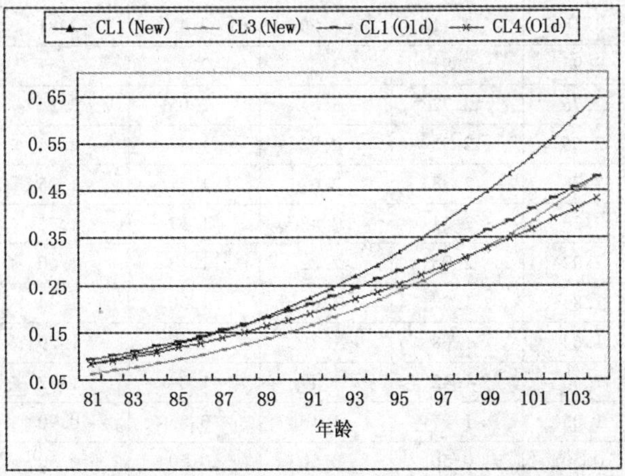

图 1-14　男性死亡率比较（80~104 岁）

此处平均余命采用 $\mathring{e}_x = \frac{\sum_{i=x+1}^{\omega} l_i}{l_x} + 0.5$，由表（1－3）可知，平均余命总体是随着年龄的增长逐渐减少到0，且相同年龄下，新生命表的平均余命比旧生命表的平均余命长，女性的平均余命比男性平均余命长，养老金表的相同性别的平均余命比非养老金相同性别的平均余命长，这一方面是对死亡率表的另一种角度的反映，也与我们直观认识相符。以0岁的人为例，旧表非养老金女性的平均余命为77.76岁，旧表非养老金男表的平均余命为73.64岁，新表非养老金女性的平均余命为80.89岁，新表非养老金男性的平均余命为76.71岁，旧表养老金表的女性平均余命为78.94岁，旧表养老金表的男性平均余命为74.91岁。各值的相对大小均符合上述规律。

表1－3　　各生命表的平均余命

年龄	CL1(90－93)	CL2(90－93)	CL4(90－93)	CL5(90－93)	CL1(00－03)	CL2(00－03)	CL3(00－03)	CL4(00－03)
0	73.64	77.76	74.91	78.94	76.71	80.89	79.74	83.67
1	72.86	76.98	74.12	78.13	75.77	79.95	78.79	82.72
2	72.02	76.12	73.26	77.26	74.81	78.99	77.83	81.76
3	71.14	75.22	72.36	76.35	73.85	78.02	76.87	80.79
4	70.22	74.29	71.45	75.42	72.88	77.05	75.89	79.81
5	69.29	73.34	70.51	74.47	71.91	76.07	74.92	78.83
6	68.35	72.39	69.56	73.51	70.93	75.08	73.94	77.85
7	67.40	71.42	68.60	72.54	69.95	74.10	72.96	76.86
8	66.44	70.45	67.64	71.56	68.97	73.11	71.98	75.87
9	65.47	69.47	66.67	70.58	67.99	72.13	71.00	74.88
10	64.50	68.49	65.70	69.60	67.02	71.14	70.02	73.89
90	3.66	4.21	4.02	4.59	3.39	3.97	4.39	5.04
91	3.43	3.93	3.77	4.30	3.13	3.65	4.07	4.67
92	3.21	3.66	3.54	4.01	2.88	3.36	3.78	4.32
93	3.00	3.41	3.31	3.75	2.65	3.08	3.50	3.98
94	2.81	3.18	3.11	3.50	2.43	2.81	3.23	3.67
95	2.63	2.96	2.91	3.26	2.23	2.57	2.99	3.38
96	2.46	2.76	2.72	3.04	2.05	2.35	2.76	3.10
97	2.29	2.56	2.55	2.82	1.87	2.14	2.54	2.84
98	2.14	2.38	2.38	2.62	1.71	1.95	2.34	2.60
99	2.00	2.20	2.21	2.42	1.57	1.77	2.15	2.37
100	1.85	2.02	2.05	2.22	1.43	1.60	1.96	2.15
101	1.70	1.84	1.87	2.01	1.30	1.44	1.78	1.92
102	1.54	1.64	1.68	1.78	1.17	1.29	1.58	1.69
103	1.33	1.40	1.42	1.49	1.04	1.12	1.34	1.41
104	1.02	1.05	1.07	1.10	0.85	0.90	1.02	1.06
105	0.50	0.50	0.50	0.50	0.50	0.50	0.50	0.50

③性别的比较分析。以0～50岁为例（如图1－10），非养老金男性的死亡率高于非养

老金女性，这与前述一致。此外，对于旧表男性的死亡率曲线比女性的死亡率曲线更曲折些，波动也更大些。在 20 岁左右，旧表非养老金男性有个极大值点，女性则没有；对于新表，男女性具有相同个数的极值点，但第一个极小值点到达年龄随性别不同而不同，女性在 6 岁就达到了，男性在 10 岁才达到。这主要是因为男性和女性的生理特点和性格特点不同造成的。青少年男性对身边的生活琐事大大咧咧，并且他们更喜欢从事冒险的职业或做冒险的事。例如开飞车、酒后驾车等。而青少年女性则更细心和稳重。她们出意外事故的可能性相对男青少年来说更小些。

④养老金与非养老金表的比较分析。由图 1 - 10 和图 1 - 11 也可以看出，非养老金的死亡率始终高于养老金的死亡率，且养老金与非养老金死亡率的差别随年龄增长而增大。非养老金的死亡率高于养老金的死亡率与被保险人的逆选择有关，身体状况好的，预期自己寿命长的人更愿意投保养老保险而不愿意投保定期寿险等非养老保险，使得养老金的生命表的死亡率较低，反之亦然。

实验二 SHIYANER

传统寿险的净保费

实验目的和要求：

练习用换算函数计算基本类型寿险产品的净保费。

实验内容：

设计定期寿险、终身寿险、两全保险的投保年龄、交费期及不同利率、不同生命表假设下的不同交费期的净保费费率表（见表2－1）。

表2－1　　各种基本险种

险　种	保险金额	交费方式			
20年期定期寿险	1000	趸交	10年交费	20年交费	
终身寿险	1000	趸交	10年交费	20年交费	交费至65岁（至少交10年）
20年期两全	1000	趸交	10年交费	20年交费	

2.1 净保费计算公式

以下的计算以1000为单位保额，所述公式计算的保费为单位保额对应的保费。

（1）20年期定期寿险的公式

趸交净保费　$NP_x = \frac{M_x - M_{x+20}}{D_x}$

10年交费净保费　$NP_x = \frac{M_x - M_{x+20}}{N_x - N_{x+10}}$

20年交费净保费　$NP_x = \frac{M_x - M_{x+20}}{N_x - N_{x+20}}$

（2）终身寿险

趸交净保费　$NP_x = \frac{M_x}{D_x}$

10 年交费净保费　$NP_x = \frac{M_x}{N_x - N_{x+10}}$

20 年交费净保费　$NP_x = \frac{M_x}{N_x - N_{x+20}}$

交费至 59 岁净保费　$NP_x = \frac{M_x}{N_x - N_{60}}$

终身交费净保费　$NP_x = \frac{M_x}{N_x}$

（3）20 年期两全险

趸交净保费　$NP_x = \frac{M_x - M_{x+20} + D_{x+20}}{D_x}$

10 年交费净保费　$NP_x = \frac{M_x - M_{x+20} + D_{x+20}}{N_x - N_{x+10}}$

20 年交费净保费　$NP_x = \frac{M_x - M_{x+20} + D_{x+20}}{N_x - N_{x+20}}$

2.2

运用 Excel 和 VBA 计算保费

2.2.1　用 Excel 计算保费

以下我们来探讨如何借助 Excel 强大的表格计算功能来实现净保费的计算。

首先我们回忆第一章所介绍的换算表的编制，如图 2－1 所示。

文件(F)　编辑(E)　视图(V)　插入(I)　格式(O)　工具(T)　数据(D)　窗口(W)　帮助(H)　Adobe PDF(B)

A2　　fx　年龄

	A	B	C	D	G	H	I	J	L
1	非养老金业务（男）(CL1)			i=					
2	年龄	死亡率	生存概率	生存人数	Dx	Cx	Nx	Mx	Sx
24	21	0.000661	0.999339	991352.649	590237.8	385.3599	17891575	155769.2	406961828
25	22	0.000692	0.999308	990697.365	575461.1	393.3328	17301337	155383.9	389070253
26	23	0.000716	0.999284	990011.803	561037	396.7734	16725876	154990.6	371768916
27	24	0.000738	0.999262	989302.954	546961.2	398.7043	16164839	154593.8	355043040
28	25	0.000759	0.999241	988572.849	533226.9	399.7531	15617878	154195.1	338878201
29	26	0.000779	0.999221	987822.522	519826.5	399.976	15084651	153795.3	323260323
30	27	0.000795	0.999205	987053.008	506752.7	397.9251	14564825	153395.3	308175672
31	28	0.000815	0.999185	986268.301	493999.9	397.6697	14058072	152997.4	293610848

图 2－1　换算表的编制

在计算净保费的时候，我们可以灵活自如地引用各个单元格的数据，从而进行方便的表格计算。下面以 20 年定期寿险为例，表示如何用 Excel 来计算保费。步骤如下：

（1）输入趸交保费的计算公式进行净保费的计算。在单元格里输入公式 =('CL1'! K3 -'CL1'! K23)/G3 * $ G $ 1，以上 Excel 公式表达的意思是 $NP_1=\dfrac{M_1-M_{21}}{D_1}$，'CL1'! K3 表示的是工作表 CL1 中的 K3 单元格，当跨工作表调用数据时，需要将工作表的名称和单元格名称用"!"相连。$ G $ 1 为 1000 元的保险金额。由于保险金额不随年龄而变化，因此用锁定符号$将其锁定。具体过程如图 2－2 所示：

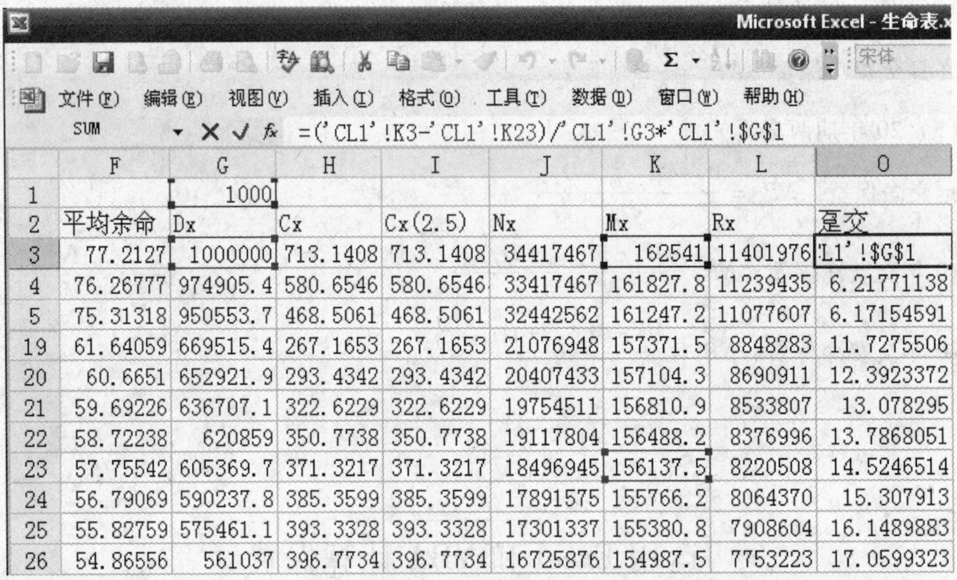

	F	G	H	I	J	K	L	O
1		1000						
2	平均余命	Dx	Cx	Cx(2.5)	Nx	Mx	Rx	趸交
3	77.2127	1000000	713.1408	713.1408	34417467	162541	11401976	L1'!$G$1
4	76.26777	974905.4	580.6546	580.6546	33417467	161827.8	11239435	6.21771138
5	75.31318	950553.7	468.5061	468.5061	32442562	161247.2	11077607	6.17154591
19	61.64059	669515.4	267.1653	267.1653	21076948	157371.5	8848283	11.7275506
20	60.6651	652921.9	293.4342	293.4342	20407433	157104.3	8690911	12.3923372
21	59.69226	636707.1	322.6229	322.6229	19754511	156810.9	8533807	13.078295
22	58.72238	620859	350.7738	350.7738	19117804	156488.2	8376996	13.7868051
23	57.75542	605369.7	371.3217	371.3217	18496945	156137.5	8220508	14.5246514
24	56.79069	590237.8	385.3599	385.3599	17891575	155766.2	8064370	15.307913
25	55.82759	575461.1	393.3328	393.3328	17301337	155380.8	7908604	16.1489883
26	54.86556	561037	396.7734	396.7734	16725876	154987.5	7753223	17.0599323

图 2－2　净保费的计算

输入以上公式后，回车，得到投保年龄为零岁的投保人所需要的趸交净保费，为 6.4035。接下来利用 Excel 单元格拖拽的方法，得到同样假设下（利率 2.5%），其他投保年龄的投保人所需的净保费。

（2）计算其他交费方式的净保费。当交费期间发生变化时，比如 10 年交费，20 年交费，甚至终生交费，都可以按照各自的公式进行类似的操作，方便快捷地得到结果，在此不再赘述。

下面给出 20～40 岁几种不同方式的保费结果（如表 2－2、表 2－3、表 2－4 所示）：

表 2－2　　20 年定期寿险保费

生命表：CL1（2000—2003）

利率假设：2.50%

保险金额：1000

年龄	趸交净保费	10 年期交净保费	20 年期交净保费
20	14.5246514	1.6239533	0.91527518
21	15.307913	1.71172582	0.96492774
22	16.1489883	1.80595906	1.01826646

续表

年龄	趸交净保费	10 年期交净保费	20 年期交净保费
23	17.0599323	1.90801768	1.07607054
24	18.050455	2.01900823	1.13897429
25	19.1285071	2.13983632	1.20750044
26	20.3066158	2.27192256	1.28246426
27	21.6023436	2.41725744	1.36500548
28	23.0389247	2.57848269	1.45663561
29	24.6314658	2.75732349	1.55835292
30	26.3881235	2.95472815	1.67072116
31	28.3086082	3.17069071	1.79376862
32	30.3877791	3.40466178	1.92722017
33	32.6225062	3.65631757	2.07093275
34	35.0266047	3.92727764	2.22587011
35	37.6229008	4.22016374	2.3935733
36	40.455358	4.53997369	2.57694621
37	43.5877508	4.89394463	2.78018836
38	47.0963961	5.29073698	3.00834399
39	51.0603869	5.73934626	3.26669753
40	55.5513344	6.24796886	3.56014256

表 2-3　　终身寿险净保费

生命表：CL1（2000—2003）

利率假设：2.50%

保险金额：1000

年龄	趸交净保费	10 年交净保费	20 年交净保费	交费至 65 岁	终身交费
20	257.9259923	28.83785328	16.25328221	9.528961347	8.441424847
21	263.9093152	29.5102533	16.63541075	9.87097924	8.706290335
22	270.0163174	30.19622073	17.02574527	10.22915973	8.981033347
23	276.2572988	30.89718061	17.42517702	10.60502121	9.266513313
24	282.6412076	31.61443442	17.83451267	11.00014845	9.563582956
25	289.1734797	32.34878247	18.25427901	11.41608251	9.872985085
26	295.8589447	33.1009665	18.68497076	11.85448111	10.19548429
27	302.7025463	33.87178702	19.12712069	12.31717594	10.53190489
28	309.7114544	34.66245208	19.58150123	12.80632187	10.88324373
29	316.8873793	35.47336649	20.04843632	13.32397137	11.2502907
30	324.2301055	36.30465868	20.52810229	13.87228215	11.63379301

续表

年龄	趸交净保费	10年交净保费	20年交净保费	交费至65岁	终身交费
31	331. 7361732	37. 15593491	21. 02038831	14. 45344583	12. 03437845
32	339. 4023224	38. 02680385	21. 52519929	15. 06992053	12. 45273034
33	347. 226175	38. 91697217	22. 04251428	15. 72451688	12. 8896306
34	355. 2134735	39. 8274952	22. 57310003	16. 42096777	13. 34638856
35	363. 3662179	40. 7588172	23. 11740084	17. 16321014	13. 82420106
36	371. 6853327	41. 71120256	23. 67580354	17. 95561909	14. 32429823
37	380. 1713454	42. 68487094	24. 24873806	18. 80313555	14. 84798751
38	388. 8231683	43. 67979902	24. 83658921	19. 71126584	15. 39658256
39	397. 6387854	44. 69583599	25. 43979233	20. 68624129	15. 97144543
40	406. 6171297	45. 73303579	26. 05904911	21. 73532156	16. 57411646

表 2－4　　20 年期两全净保费

生命表：CL1（2000—2003）

利率假设：2. 50%

保险金额：1000

年龄	趸交净保费	10年期交净保费	20年期交净保费
20	613. 1255	68. 55153	38. 63628
21	613. 2534	68. 5738	38. 65617
22	613. 3861	68. 59564	38. 67676
23	613. 5284	68. 61827	38. 69886
24	613. 6851	68. 64288	38. 72321
25	613. 8589	68. 67016	38. 75027
26	614. 0526	68. 70076	38. 78049
27	614. 2692	68. 73545	38. 81435
28	614. 5136	68. 77546	38. 85261
29	614. 7879	68. 82128	38. 89563
30	615. 0933	68. 87316	38. 94363
31	615. 4293	68. 93084	38. 99654
32	615. 7955	68. 99403	39. 0543
33	616. 1913	69. 06248	39. 11689
34	616. 6215	69. 13727	39. 18505
35	617. 0885	69. 21887	39. 25924
36	617. 5951	69. 30764	39. 33989
37	618. 145	69. 40407	39. 42758
38	618. 7424	69. 50857	39. 52298
39	619. 3928	69. 62168	39. 62698
40	620. 104	69. 74433	39. 74088

2.2.2 用 Excel VBA 计算保费

在 VBA 中编写程序，计算净保费的步骤如下：

（1）输入定价假设。建立一张新的工作表，输入定价假设包括定价利率，生命表和费用率假设。然后进入 VBA 编辑器，如图 2－3 所示。

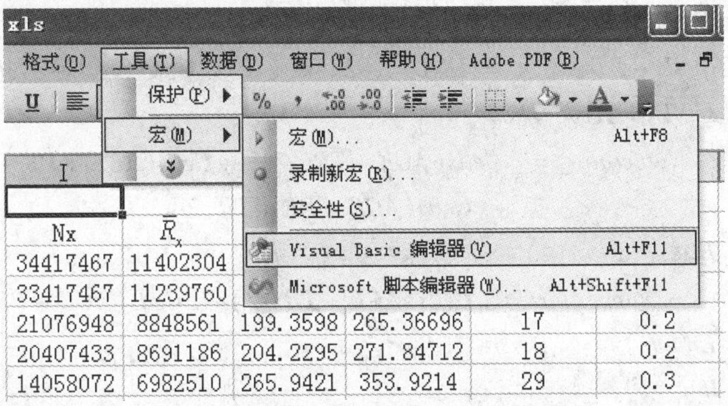

图 2－3 从 Excel 进入 VBA 编辑器

（2）插入模块进行编程。点击 VBA 编辑器进入，就为当前 Excel 文件建立了一个宏，选中图 2－4 中左边框内的 Sheet1，点击鼠标右键→插入→模块，然后就会弹出一个模块窗口，如图 2－4 右边部分。然后在这个模块里面编写程序。

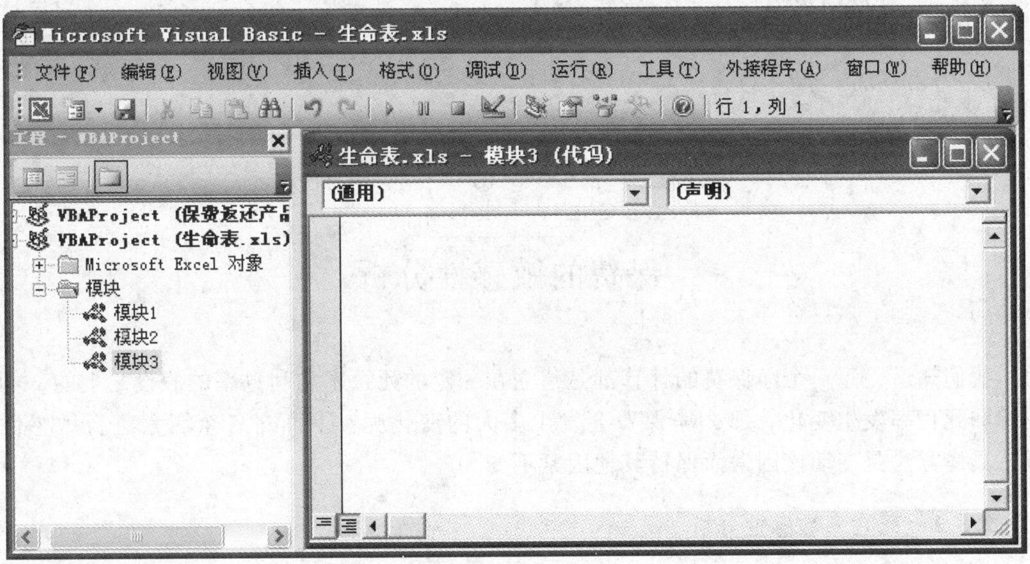

图 2－4 插入模块

以下给出净保费 pp 计算程序（以 CL1M_NEW 为例）：

Private Function GP_Benefit(AGE As Integer, PR As Integer, PT As Integer, SP As Boolean)

'AGE：被保险人年龄，PR：保单有效期，PT：交费期限，

'SP：逻辑变量，True 代表两全保险，False 代表死亡保险

```
Dim Denominator As Double, Numerator As Double, TR As Integer
TR = 3          '数据的第一行所在工作表中的行
Dim i As Integer
......①
'毛保费计算程序
    With Worksheets("CF")
        If AGE + PT - 1 < = END_AGE Then    '如果交费年龄不超过极限年龄
        If SP = True Then
            Numerator = .Cells(AGE + TR, 7) -.Cells(AGE + PR + TR, 7)
                        +.Cells(AGE + PR + TR, 6)
        Else:
            Numerator = .Cells(AGE + TR, 7) -.Cells(AGE + PR + TR, 7)
        End If
    End If
    For i = 1 To PT
        Denominator = Denominator +.Cells(AGE + i + TR - 1, 6)②
    Next i
        GP_Benefit = B * Numerator / Denominator    'B:死亡给付额,为 1000
    End With
    ......
End Function
```

2.3

保费的敏感性分析

我们知道，每一个净保费的计算都是建立在一定的死亡率和利息率的假设之上的，如果利率和死亡率发生变化，那么净保费会发生多大的变化呢？下面对各个因素进行敏感性分析，具体方法是变动该因素而保持其他因素不变。

2.3.1 死亡率敏感性分析

首先我们来看，当死亡率发生变化时候，相应净保费产生的变化。我们以终身交费终身寿险和 20 年期交 20 年定期寿险为例，计算当利率假设不变（始终为 2.5%）死亡率发生正负 10% 的变化时，相应的净保费变为多少。以下截取 21 ~40 年龄段的结果作图分析（如图

① 为了突出程序的重点，只写出了主干语句，完整的程序代码见第三章附录。

② 这里用循环语句计算年金因子不如直接调用换算函数简洁，这样做是为了与毛保费的计算程序兼容。

2－5、图2－6)：

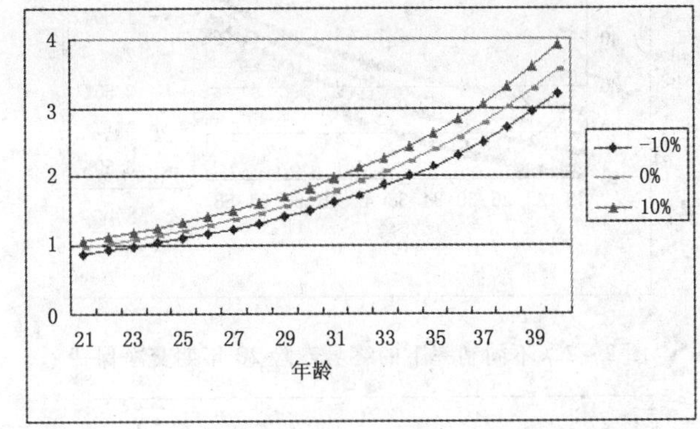

图2－5　20年期交20年定期寿险保费随死亡率的变化

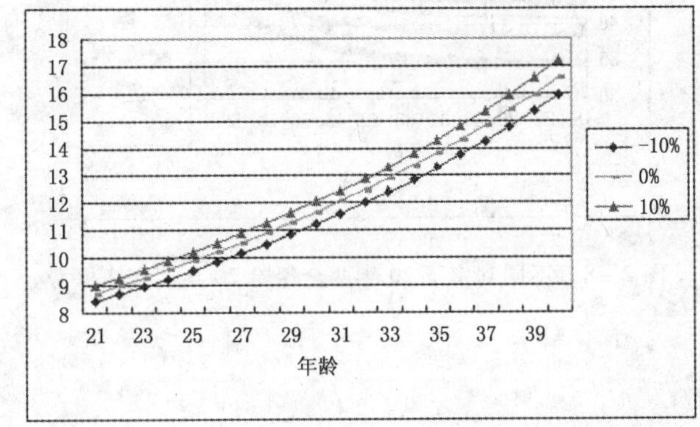

图2－6　终身交费终身寿险保费随死亡率变化

从图2－5、图2－6可以看出，随着死亡率升高，两种保险的保费都增加，这是死亡保险的共同特点。另外，以39岁的保费为例，定期寿险保费变化的相对比率大于终身寿险的保费变化的相对比率，因此，相比较而言，定期寿险对死亡率更加敏感。

2.3.2　利率敏感性分析

同样道理，我们将死亡率固定不变，改变利率假设，计算不同利率条件下的净保费。以交费期为20年的终身寿险和20年两全保险为例，观察利率的变动对净保费的影响，以下截取18～60年龄段的数据做图2－7、图2－8。

敏感性测试结果分析：我们通过图2－7、图2－8可以看到在其他条件不变的前提下，随着利率的升高，净保费减少，并且在利率较小的时候，净保费对利率的敏感性更强。从投保年龄上来看，随着投保年龄的增长，所交纳的净保费也随之升高。

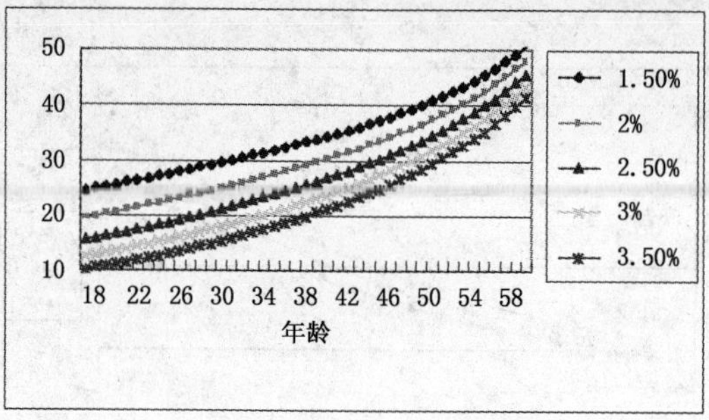

图 2-7　不同利率下的终身寿险 20 年期交净保费

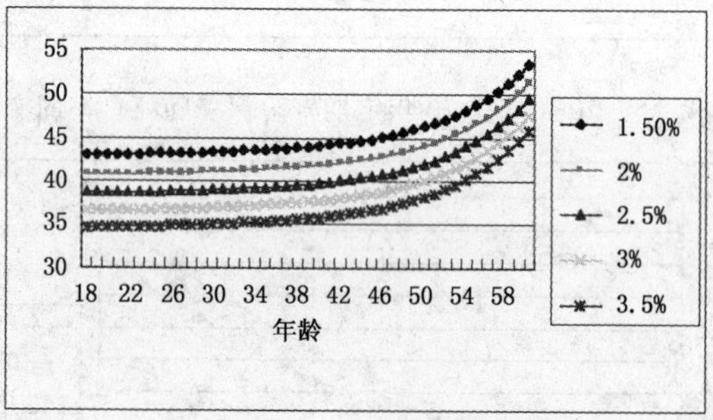

图 2-8　不同利率下 20 年两全保险 20 年期交净保费

实验三

SHIYANSAN

传统寿险的毛保费

实验目的和要求：

熟练掌握毛保费的计算，了解费用率结构对毛保费的影响。

实验内容：

设计定期寿险、终身寿险、两全保险的不同交费期的费用比例，计算毛保费费率表。

毛保费的定义：保险公司实际收取的保费为用于保险金给付的净保费和用于各种经营费用开支的附加费用之和，即毛保费，英文为 Gross Premium，简记为 GP。

由于毛保费是考虑了保险公司诸多费用因素后得到的保费，因而需要提前对一些费用进行假设。

3.1

毛保费计算公式

本章仍然计算上一章设计的产品，定期或两全寿险的费用率假设如表 3－1 所示：

表 3－1　　定期寿险、两全保险费用假设

年份	趸交	n＝10	n＝20
1	10%	50%	60%
2	—	30%	40%
3	—	15%	20%
4	—	8%	10%
5＋	—	8%	8%

首先我们来看 20 年定期寿险，趸交毛保费计算公式：

$$GP_x = \frac{1000(M_x - M_{x+20})}{0.9D_x}$$

下面我们来看20年定期寿险，10年交费，各年所需交纳的毛保费。首年其他费用为毛保费的50%，次年为30%，第三年为15%，第四年到第十年为8%。计算公式如下：

$$GP_x = \frac{1000(M_x - M_{x+20})}{N_x - N_{x+10} - (0.5D_x + 0.3D_{x+1} + \cdots + 0.08D_{x+10})}$$

最后我们来看20年定期寿险，20年交费，各年所需交纳的毛保费。首年其他费用为毛保费的60%，次年为40%，第三年为20%，第四年为10%，第五年到第十年为8% 。计算公式如下。

$$GP_x = \frac{1000(M_x - M_{x+20})}{N_x - N_{x+20} - (0.6D_x + 0.4D_{x+1} + \cdots + 0.08D_{x+20})}$$

3.2

用 Excel 和 VBA 方法计算毛保费

我们现在来看如何让利用 Excel 表格来实现上式的计算，我们以20年定期寿险，10年交费毛保费为例。

在 D4 单元格里输入公式“ = ('CL1'! K3 - 'CL1'! K23) / ('CL1'! J3 - 'CL1'! J13 - SUMPRODUCT($C$4:$C$13,'CL1'! G3:'CL1'! G12)) * 'CL1'! $G$1”。回车后我们得到20年期定期寿险，10年交费时，投保零岁儿童的毛保费。操作的过程如图3 - 1：

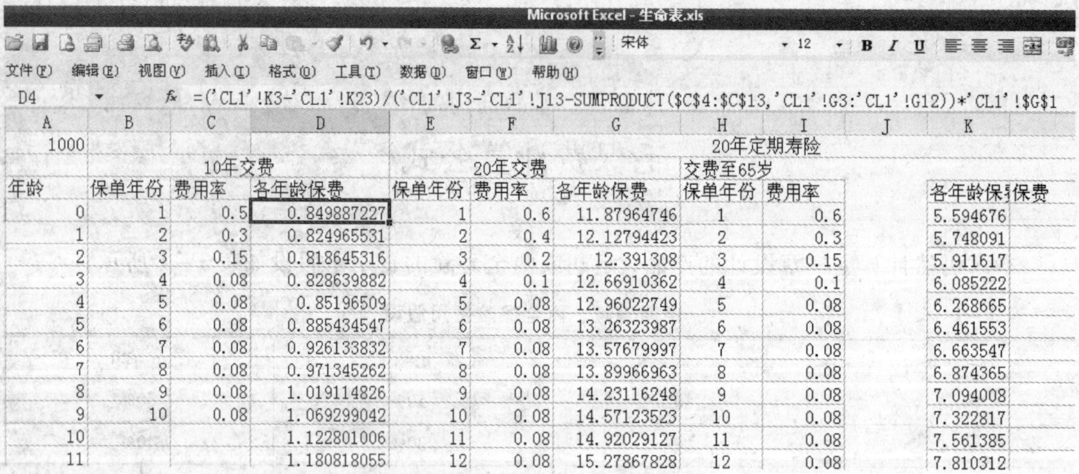

A	B	C	D	E	F	G	H	I	J	K
1000							20年定期寿险			
	10年交费			20年交费			交费至65岁			
年龄	保单年份	费用率	各年龄保费	保单年份	费用率	各年龄保费	保单年份	费用率		各年龄保费保费
0	1	0.5	0.849887227	1	0.6	11.87964746	1	0.6		5.594676
1	2	0.3	0.824965531	2	0.4	12.12794423	2	0.3		5.748091
2	3	0.15	0.818645316	3	0.2	12.391308	3	0.15		5.911617
3	4	0.08	0.828639882	4	0.1	12.66910362	4	0.1		6.085222
4	5	0.08	0.85196509	5	0.08	12.96022749	5	0.08		6.268665
5	6	0.08	0.885434547	6	0.08	13.26323987	6	0.08		6.461553
6	7	0.08	0.926133832	7	0.08	13.57679997	7	0.08		6.663547
7	8	0.08	0.971345262	8	0.08	13.89966963	8	0.08		6.874365
8	9	0.08	1.019114826	9	0.08	14.23116248	9	0.08		7.094008
9	10	0.08	1.069299042	10	0.08	14.57123523	10	0.08		7.322817
10			1.122801006	11	0.08	14.92029127	11	0.08		7.561385
11			1.180818055	12	0.08	15.27867828	12	0.08		7.810312

图3 - 1　在 Excel 表格中计算毛保费

通过复制单元格公式的操作，我们得到投保其他年龄的人，所需的毛保费。以上 Excel 公式的意义不再赘述，需要注意的是：Sumproduct 是以两个数组为参数的函数，表示两个数组对应元素相乘后求和。

我们按照表 3 - 1 的假设，分别求出20年定期寿险在趸交，10年交，20年交的毛保费，列出部分结果如表 3 - 2 所示：

表 3-2　　**20 年期定期寿险毛保费**

年龄	趸交	10 年交费	20 年交费
20	16.1385	1.9296	1.0652
21	17.0088	2.0339	1.1231
22	17.9433	2.1459	1.1852
23	18.9555	2.2671	1.2525
24	20.0561	2.3990	1.3257
25	21.2539	2.5426	1.4055
26	22.5629	2.6996	1.4928
27	24.0026	2.8723	1.5890
28	25.5988	2.5785	1.6957
29	27.3683	2.7573	1.8142
30	29.3201	2.9547	1.9451
31	31.4540	3.1707	2.0885
32	33.7642	3.4047	2.2440
33	36.2472	3.6563	2.4115
34	38.9184	3.9273	2.5921
35	41.8032	4.2202	2.7876
36	44.9504	4.5400	3.0014
37	48.4308	4.8939	3.2384
38	52.3293	5.2907	3.5045
39	56.7338	5.7393	3.8059
40	61.7237	6.2480	4.1483

接下来我们再来看，如何应用 Excel 实现对终身寿险毛保费的计算。我们给出假设如下表 3-3 所示：

表 3-3　　**终身寿险费用假设**

年份	n=10	n=20	交费至 65 岁（至少交费 10 年）	终身交费（至少交费 10 年）
1	50%	60%	60%	60%
2	30%	40%	30%	30%
3	15%	20%	15%	15%
4	8%	10%	10%	10%
5+	8%	8%	8%	8%

我们根据以上假设选取终身寿险，10 年交费为例，计算毛保费。用换算表函数表示的公式为：

$$GP_x = \frac{1000M_x}{N_x - N_{x+10} - (0.5D_x + 0.3D_{x+1} + \cdots + 0.08D_{x+10})}$$

我们在 D4 单元格里输入公式 = 'CL1'! K4/('CL1'! J4 - 'CL1'! J14 - SUMPRODUCT($C$4:$C$13,'CL1'! G4:'CL1'! G13)) * 'CL1'! $G$1 回车后我们得到终身寿险，10 年期交费零岁投保者的毛保费如图 3 - 2：

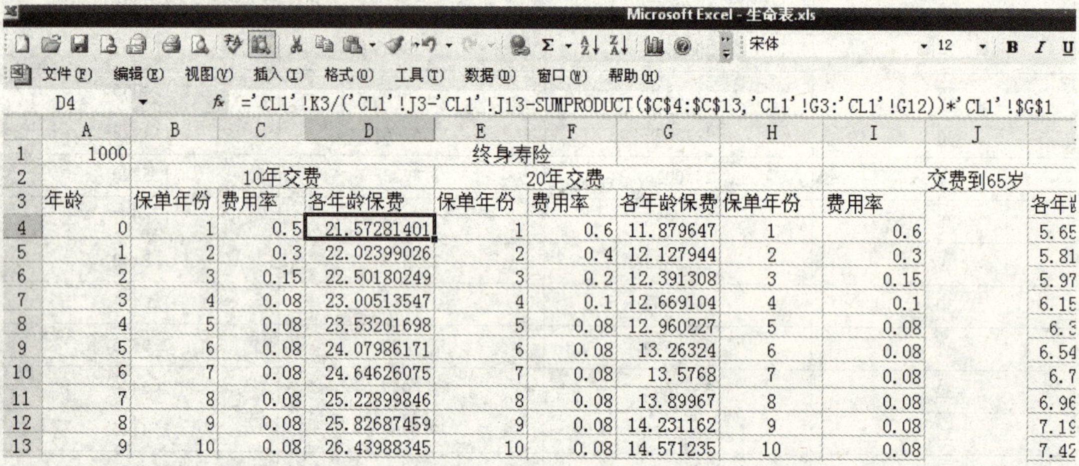

Microsoft Excel - 生命表.xls

D4 ='CL1'!K3/('CL1'!J3-'CL1'!J13-SUMPRODUCT($C$4:$C$13,'CL1'!G3:'CL1'!G12))*'CL1'!$G$1

	A	B	C	D	E	F	G	H	I	J	K
1	1000				终身寿险						
2		10年交费			20年交费					交费到65岁	
3	年龄	保单年份	费用率	各年龄保费	保单年份	费用率	各年龄保费	保单年份	费用率		各年龄
4	0	1	0.5	21.57281401	1	0.6	11.879647	1	0.6		5.65
5	1	2	0.3	22.02399026	2	0.4	12.127944	2	0.3		5.81
6	2	3	0.15	22.50180249	3	0.2	12.391308	3	0.15		5.97
7	3	4	0.08	23.00513547	4	0.1	12.669104	4	0.1		6.15
8	4	5	0.08	23.53201698	5	0.08	12.960227	5	0.08		6.3
9	5	6	0.08	24.07986171	6	0.08	13.26324	6	0.08		6.54
10	6	7	0.08	24.64626075	7	0.08	13.5768	7	0.08		6.7
11	7	8	0.08	25.22899846	8	0.08	13.89967	8	0.08		6.96
12	8	9	0.08	25.82687459	9	0.08	14.231162	9	0.08		7.19
13	9	10	0.08	26.43988345	10	0.08	14.571235	10	0.08		7.42

图 3 - 2　10 年交费终身寿险毛保费的计算

类似的可以得到其他年龄的保费。

我们按照表 3 - 3 的假设，分别求出终生寿险在趸交，10 年交，20 年交，交费至 65 岁，终身交费的毛保费，然后制成如表 3 - 4 所示。

表 3 - 4　　终身寿险毛保费

年龄	10 年交费	20 年交费	交费至 65 岁	终身交费
20	34.2647	18.9164	10.7101	9.4510
21	35.0640	19.3616	11.0991	9.7499
22	35.8794	19.8163	11.5070	10.0601
23	36.7125	20.2816	11.9353	10.3825
24	37.5651	20.7586	12.3861	10.7183
25	38.4381	21.2478	12.8611	11.0681
26	39.3323	21.7498	13.3622	11.4330
27	40.2487	22.2653	13.8918	11.8139
28	41.1889	22.7952	14.4522	12.2119
29	42.1533	23.3398	15.0461	12.6279
30	43.1421	23.8994	15.6760	13.0629

续表

年龄	10 年交费	20 年交费	交费至 65 岁	终身交费
31	44.1548	24.4739	16.3446	13.5176
32	45.1909	25.0632	17.0548	13.9929
33	46.2502	25.6672	17.8102	14.4895
34	47.3338	26.2869	18.6153	15.0092
35	48.4424	26.9228	19.4749	15.5533
36	49.5763	27.5755	20.3944	16.1233
37	50.7357	28.2454	21.3799	16.7207
38	51.9207	28.9330	22.4382	17.3471
39	53.1310	29.6389	23.5772	18.0042
40	54.3667	30.3639	24.8059	18.6938

计算毛保费的 VBA 程序与净保费的程序结构是一样的，只是细节方面有所差别。下面只给出主过程，相关函数的定义附在附录中。

```
Private Function GP_Benefit(AGE As Integer, PR As Integer, PT As Integer, SP As Boolean)
    Dim Denominator As Double, Numerator As Double, TR As Integer
    TR = 3
    Dim i As Integer
    Dim Loading() As Double        '定义费用率数组 loading
    '为 loading 数组赋值程序
    If PT > 0 Then
        ReDim Loading(PT)
        If PT = 1 Then
            Loading(0) = Worksheets("C3").Range("B4")
        Else If PT > 1 And PT <= 4 Then
            For i = 1 To PT
                Loading(i - 1) = Worksheets("C3").Range("C" & i + 3)
            Next i
        Else If PT > 4 And PT <= 10 Then
            For i = 1 To 4
                Loading(i - 1) = Worksheets("C3").Range("C" & i + 3)
            Next i
            For i = 5 To PT
                Loading(i - 1) = Worksheets("C3").Range("C8")
            Next i
        Else
```

```
        For i = 1 To 4
            Loading(i - 1) = Worksheets("C3").Range("D" & i + 3)
        Next i
        For i = 5 To PT
            Loading(i - 1) = Worksheets("C3").Range("D8")
        Next i
    End If
    '毛保费计算程序
    With Worksheets("CF")
        If AGE + PT - 1 < = END_AGE Then        '如果交费年龄不超过极限年龄
            If SP = True Then
                Numerator =.Cells(AGE + TR,7) -.Cells(AGE + PR + TR,7)
                              +.Cells(AGE + PR + TR, 6)
            Else:
                Numerator = .Cells(AGE + TR, 7) -.Cells(AGE + PR + TR, 7)
            End If
        End If
        For i = 1 To PT
         Denominator = Denominator +.Cells(AGE + i + TR - 1, 6) * (1 - Loading(i
                    -1))
        Next i
        GP_Benefit = B * Numerator / Denominator
    End With
    Else:
        GP_Benefit = 0
    End If
End Function
```

3.3

毛保费敏感性分析

与上一章一样，我们仍然对保费的计算结果进行敏感性分析。所不同的是，毛保费的计算结果不仅依赖于死亡率和利率，也依赖于费用率假设，因此本节增加了费用率敏感性分析。

以 20 年交费的 20 年定期寿险和 20 年交费的终身寿险为例，观察死亡率分别增加和减少 10% 对毛保费的影响，截取 21 ~ 40 年龄段的数据做图 3 - 3、图 3 - 4 分析：

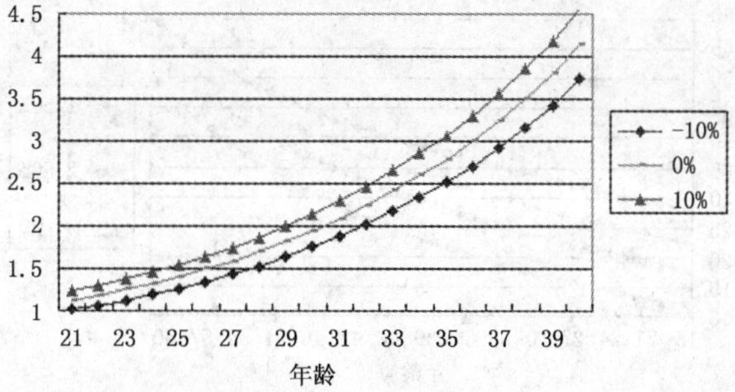

图 3－3　20 年交费的 20 年定期寿险毛保费随死亡率的变化

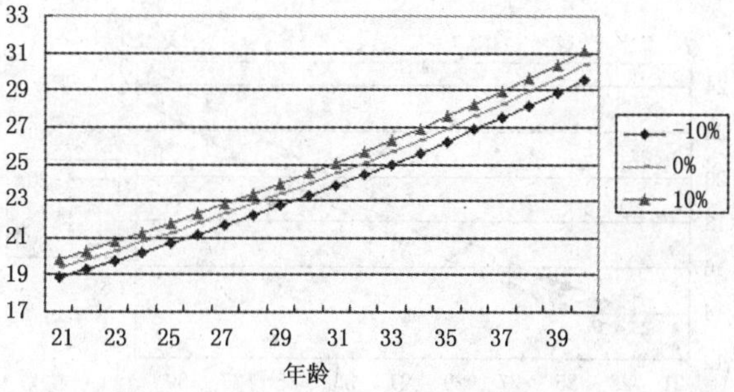

图 3－4　20 年交费的终身寿险毛保费随死亡率的变化

毛保费随死亡率的变化趋势与净保费基本一致。从图 3－3 与图 3－4 的比较可以看出，在对死亡率的敏感性方面，定期寿险毛保费的变化的相对比率大于终身寿险变化的相对比率，因此，相比较而言，定期寿险的毛保费对死亡率更加敏感。这里的比较对于比图 3－5、图 3－6 消除了交费期限不同的影响。

以 20 年交费的 20 年两全保险和 20 年交费的终身寿险为例，说明利率变化对保费的影响，截取 18～60 岁的数据做图分析：

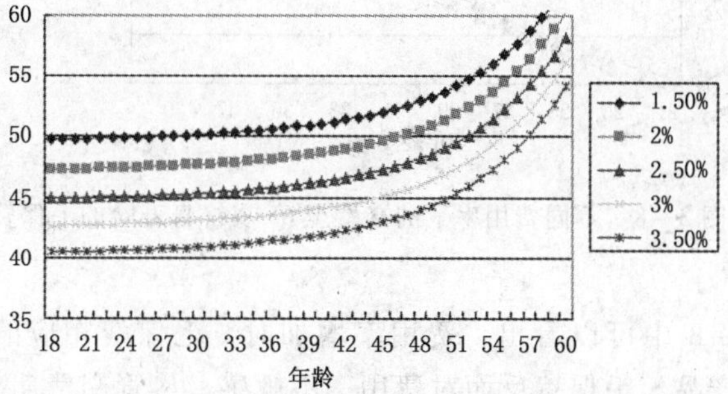

图 3－5　不同利率下的 20 年交费 20 年两全保险的毛保费

与净保费一样，各种产品的毛保费随着利率的增大而减小，并且在利率较小时，敏感性较强。通过比较图 3－5 和图 3－6 发现，终身寿险的保费对利率的敏感性强于两全保险，主要的原因仍然是终身寿险保险期限较长。

以 20 年交费的终身寿险和交费至 65 岁的终身寿险为例，说明费用率对毛保费的影响。截取 21～40 岁的数据做图 3－7、图 3－8 分析：

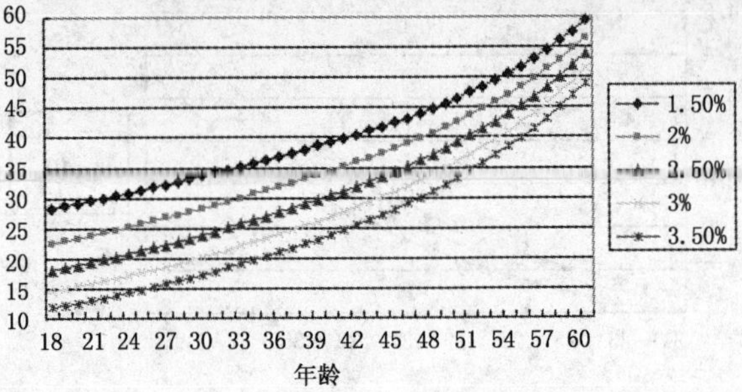

图 3－6　不同利率下的 20 年交费终身寿险的毛保费

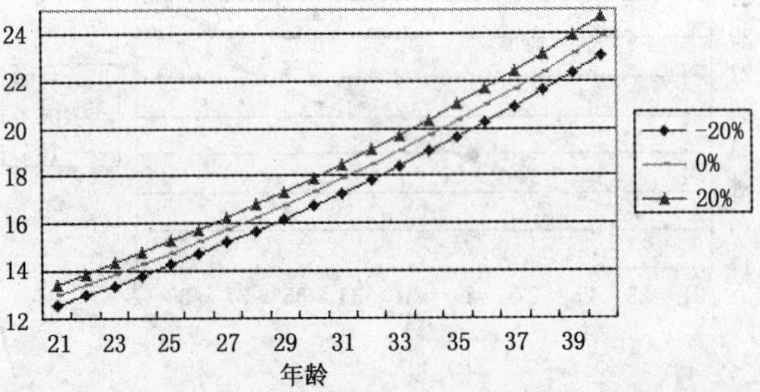

图 3－7　不同费用率下的 20 年交费终身寿险的毛保费

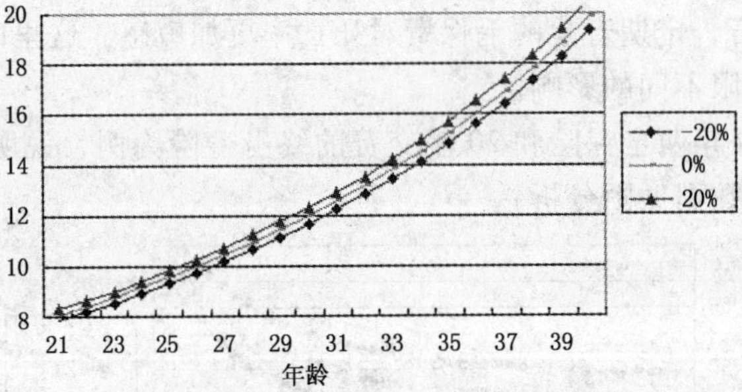

图 3－8　不同费用率下的交费至 65 岁终身寿险的毛保费

从图 3－7、图 3－8 中可以看出，费用率增加时，毛保费相应的增加。比较这两图发现，交费期限较长的产品，毛保费反而对费用率不敏感。尽管交费期越长受费用率影响的年限越长，但又由于交费期越长，保费在更长的时间之内分摊导致变化幅度较小，这种分摊效果超过了费用率的影响。

以上分别分析了影响定价的三个因素，通过比较发现，利率对定价的影响最大，远超过死亡率和费用率假设对定价的影响。这也是保险监管机构对利率控制比较严格的原因。

实验四

SHIYANSI

年金产品的净保费和毛保费

实验目的和要求：

熟悉年金产品的特点，熟练计算各种年金的保费。

实验内容：

设计年金产品，计算不同交费模式下的净保费费率表。设计年金产品的费用率，计算毛保费费率表。

4.1 设计产品

设计如下产品：

60 岁给付终生年金，利率 2.5%，给付金额 1000 元，死亡率 CL3（2000—2003），不同交费模式下的费用假设如表 4－1 所示：

表 4－1　年金产品费用假设

年份	趸交	n = 10	n = 20	n = 60 － x
1	10%	50%	60%	60%
2	—	30%	40%	40%
3	—	15%	20%	20%
4	—	8%	10%	10%
5 +	—	8%	8%	8%

4.2

计算产品的保费

4.2.1 保费计算公式

各种交费模式下的保费计算公式：

趸交净保费 $NP_x = \frac{N_{60}}{D_x}$

10 年交费净保费 $NP_x = \frac{N_{60}}{N_x - N_{x+10}}$

20 年交费净保费 $NP_x = \frac{N_{60}}{N_x - N_{x+20}}$

交费至 59 岁净保费 $NP_x = \frac{N_{60}}{N_x - N_{60}}$

趸交毛保费 $GP_x = \frac{1000N_{60}}{0.9D_x}$

10 年交费毛保费 $GP_x = \frac{1000N_{60}}{N_x - N_{x+10} - (0.5D_x + 0.3D_{x+1} + \cdots + 0.08D_{x+10})}$

20 年交费毛保费 $GP_x = \frac{1000N_{60}}{N_x - N_{x+20} - (0.6D_x + 0.4D_{x+1} + \cdots + 0.08D_{x+20})}$

交费至 59 岁毛保费 $GP_x = \frac{1000N_{60}}{N_x - N_{60} - (0.6D_x + 0.4D_{x+1} + \cdots + 0.08D_{60})}$

4.2.2 使用 Excel 表格进行计算

（1）年金产品的净保费

由于净保费的计算比较简单，我们仅以交费期为 10 年的情况为例，展示净保费的计算过程。由于生命表选取 CL3（2000—2003），我们将在工作表 CL3 上进行操作。如图 4－1 所示，在单元格 O3 中输入编辑栏所示的公式，得到 0 岁投保者的净保费。在 O 列粘贴相应的公式，得到 10 年交费情况下，各年龄的净保费（如图 4－1 所示）。

其他交费模式下的净保费不再叙述详细计算过程，下面给出部分计算结果（如表 4－2 所示）。

（2）趸交毛保费

在 R3 单元格输入相应公式，如图 4－2 中公式编辑栏所示，得到 60 岁给付终生年金、零岁投保者的趸交毛保费，粘贴单元格公式得到其他年龄相应的数值。操作过程如图 4－2 所示。

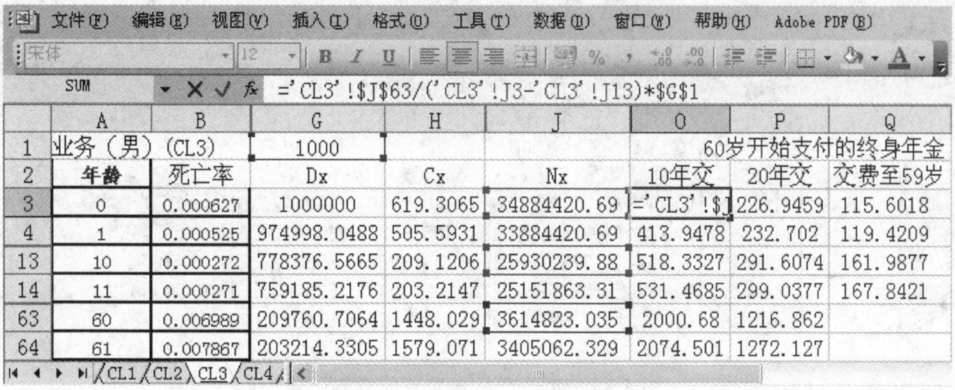

	A	B	G	H	J	O	P	Q
1	业务（男）（CL3）		1000			60岁开始支付的终身年金		
2	年龄	死亡率	Dx	Cx	Nx	10年交	20年交	交费至59岁
3	0	0.000627	1000000	619.3065	34884420.69	='CL3'!$J	226.9459	115.6018
4	1	0.000525	974998.0488	505.5931	33884420.69	413.9478	232.702	119.4209
13	10	0.000272	778376.5665	209.1206	25930239.88	518.3327	291.6074	161.9877
14	11	0.000271	759185.2176	203.2147	25151863.31	531.4685	299.0377	167.8421
63	60	0.006989	209760.7064	1448.029	3614823.035	2000.68	1216.862	
64	61	0.007867	203214.3305	1579.071	3405062.329	2074.501	1272.127	

图 4－1　年金产品净保费的计算

表 4－2　　**年金产品的净保费**

生命表：CL3（2000—2003）

利率假设：2.50%

保险金额：1000

年龄	趸交净保费	10 年期交净保费	20 年期交净保费	交费至 59 岁
20	5964.9787	666.6643	375.5094	235.6242
21	6117.4066	683.7696	385.1925	245.3145
22	6273.9493	701.3292	395.1388	255.5628
23	6434.6652	719.355	405.3568	266.4150
24	6599.6434	737.8601	415.8554	277.9218
25	6768.987	756.8585	426.6442	290.1401
26	6942.7939	776.3651	437.7334	303.1333
27	7121.1777	796.3959	449.1339	316.9728
28	7304.269	816.9681	460.8576	331.7390
29	7492.2101	838.1005	472.917	347.5224
30	7685.1563	859.8129	485.3259	364.4262
31	7883.2686	882.1269	498.0995	382.5673
32	8086.7227	905.0656	511.254	402.0798
33	8295.6932	928.6531	524.8063	423.1177
34	8510.3619	952.9149	538.774	445.8585
35	8730.9176	977.878	553.176	470.5084
36	8957.5749	1003.571	568.0328	497.3083
37	9190.5669	1030.025	583.3671	526.5409
38	9430.1668	1057.273	599.2046	558.5405
39	9676.6717	1085.35	615.5749	593.7052
40	9930.3958	1114.296	632.5125	632.5125

文件(F) 编辑(E) 视图(V) 插入(I) 格式(O) 工具(T) 数据(D) 窗口(W) 帮助(H) Adobe PDF(B)

SUM =('CL3'!$J$63)/'CL3'!G3*$G$1/0.9

	A	B	C	G	H	J	R	S
1	养老金业务（男）(CL3)			1000				60岁开始支付
2	年龄	死亡率	生存概率	Dx	Cx	Nx	趸交	10年交
3	0	0.000627	0.999373	1000000	619.3065	34884420.69	=('CL3'!$	
4	1	0.000525	0.999475	974998.0488	505.5931	33884420.69	4119.465	
13	10	0.000272	0.999728	778376.5665	209.1206	25930239.88	5160.06	
14	11	0.000271	0.999729	759185.2176	203.2147	25151863.31	5290.501	
63	60	0.006989	0.993011	209760.7064	1448.029	3614823.035	19147.87	

图 4－2　年金产品趸交毛保费的计算

（3）10 年交费的毛保费

在 S4 单元格输入图 4－3 中编辑栏的公式，回车得到零岁投保者的毛保费，拖拽单元格得到其他年龄相应的数值（如图 4－3 所示）。

文件(F) 编辑(E) 视图(V) 插入(I) 格式(O) 工具(T) 数据(D) 窗口(W) 帮助(H) Adobe PDF(B)

SUM =('CL3'!$J$63)/('CL3'!J3-'CL3'!J13-SUMPRODUCT($X$3:$X$12,G3:G12))*$G$1

	A	B	C	G	J	S	X	Y	Z
1	养老金业务（男）(CL3)			1000		支付的终身		费用率假设	
2	年龄	死亡率	生存概率	Dx	Nx	10年交	n=10	n=20	n=60-x
3	0	0.000627	0.999373	1000000	34884420.69	=('CL3'!$	50%	60%	60%
4	1	0.000525	0.999475	974998.0488	33884420.69	491.7861	30%	40%	40%
12	9	0.000271	0.999729	798052.2528	26728292.13	600.5768	8%		8%
13	10	0.000272	0.999728	778376.5665	25930239.88	615.7862			8%
14	11	0.000271	0.999729	759185.2176	25151863.31	631.3954			8%
63	60	0.006989	0.993011	209760.7064	3614823.035	2384.955			

CL1 / CL2 / CL3 / CL4

图 4－3　10 年期交年金的毛保费计算

（4）交费至 59 岁的毛保费

在 Z4 单元格中输入相关公式，得到 60 岁给付终生年金，交费至 59 岁，零岁投保者的毛保费，复制该公式到其他单元格得到其他年龄的毛保费（如图 4－4 所示）：

文件(F) 编辑(E) 视图(V) 插入(I) 格式(O) 工具(T) 数据(D) 窗口(W) 帮助(H) Adobe PDF(B)

SUM =('CL3'!$J$63)/('CL3'!J3-'CL3'!$J$63-SUMPRODUCT($Z$3:$Z$62,G3:G62))*$G$1

	A	B	C	G	J	U	Z	AA	AB
1	养老金业务（男）(CL3)			1000		支付的终身	费用率假设		
2	年龄	死亡率	生存概率	Dx	Nx	交费至59岁	n=60-x		
3	0	0.000627	0.999373	1000000	34884420.69	=('CL3'!J	60%		
4	1	0.000525	0.999475	974998.0488	33884420.69	134.426607	40%		
5	2	0.000434	0.999566	950718.2193	32909422.64	139.027379	20%		
6	3	0.000362	0.999638	927127.4221	31958704.42	143.827039	10%		
7	4	0.000311	0.999689	904187.1238	31031577		8%		
62	59	0.006039	0.993961	216311.0263	3831134.061		8%		
63	60	0.006989	0.993011	209760.7064	3614823.035				

CL1 / CL2 / CL3 / CL4

图 4－4　交费至 59 岁的毛保费计算

以上计算了年金产品不同交费期下的毛保费，表 4 - 3 给出了部分结果：

表 4 - 3　　各种年金产品的毛保费

年　龄	趸　交	10 年交费	20 年交费	交费至 59 岁
20	6627.7541	792.0958	437.0085	271.9565
21	6797.1184	812.4257	448.2840	283.6822
22	6971.0547	833.2952	459.8663	296.1231
23	7149.6280	854.7187	471.7655	309.3415
24	7332.9371	876.7120	483.9923	323.4069
25	7521.0966	899.2921	496.5583	338.3975
26	7714.2154	922.4769	509.4753	354.4016
27	7912.4196	946.2860	522.7566	371.5189
28	8115.8544	970.7399	536.4162	389.8630
29	8324.6779	995.8612	550.4687	409.5633
30	8539.0625	1021.6737	564.9309	430.7685
31	8759.1873	1048.2035	579.8206	453.6495
32	8985.2474	1075.4783	595.1572	478.4046
33	9217.4369	1103.5272	610.9608	505.2646
34	9455.9576	1132.3813	627.2524	534.5000
35	9701.0196	1162.0731	644.0546	566.4297
36	9952.8610	1192.6370	661.3918	601.4323
37	10211.7411	1224.1100	679.2909	639.9607
38	10477.9631	1256.5323	697.7827	682.5609
39	10751.8575	1289.9452	716.9025	729.8971
40	11033.7731	1324.3968	736.6917	782.7856

4.2.3　VBA 程序

以下给出通过 VBA 计算并输出各种毛保费的主程序，其中调用到的一些函数和过程见附录。

```
Private Function GP_Annuity(AGE As Integer, ST As Integer, PR As Integer, PT As Integer)
    'AGE:被保险人年龄, ST:年金给付开始年龄, PR:保单有效期, PT:交费期限
    Dim Denominator As Double, Numerator As Double, TR As Integer
    TR = 3                    '第一行数据所在工作表的行
    Dim i As Integer
    Dim Loading() As Double        '定义 loading 数组
      If PT > 0 Then
        ReDim Loading(PT)
```

```
If PT = 1 Then
    Loading(0) = Worksheets("C4").Range("B4")
Else If PT > 1 And PT <= 4 Then
    For i = 1 To PT
        Loading(i-1) = Worksheets("C4").Range("C" & i+3)
    Next i
Else If PT > 4 And PT <= 10 Then
    For i = 1 To 4
        Loading(i-1) = Worksheets("C4").Range("C" & i+3)
    Next i
    For i = 5 To PT
        Loading(i-1) = Worksheets("C4").Range("C8")
    Next i
Else
    For i = 1 To 4
        Loading(i-1) = Worksheets("C4").Range("D" & i+3)
    Next i
    For i = 5 To PT
        Loading(i-1) = Worksheets("C4").Range("D8")
    Next i
End If
'计算毛保费
With Worksheets("CF")
If AGE + PR - 1 <= END_AGE And AGE + PT - 1 <= END_AGE And AGE <= ST
Then
    '如果年龄 +保单有效期不超过极限年龄,并且年龄 +交费期限不超过极限
    年龄,
    '并且年龄不超过年金给付开始年龄
        Numerator = .Cells(ST + TR, 8) -.Cells(ST + PR + TR, 8)
        For i = 1 To PT
    Denominator = Denominator +.Cells(AGE + i + TR - 1,6) * (1 - Loading(i - 1))
        Next i
        GP_Annuity = A * Numerator / Denominator  'A:年金给付常数,为 1000
    Else:
        GP_Annuity = 0
    End If
End With
Else:
```

```
        GP_Annuity = 0
    End If
End Function
```

4.3 保费敏感性分析

本节以交费期为 20 年的产品为例，分别研究年金毛保费对死亡率、利率和费用率的敏感性，产品的其他细节同前。

改变死亡率假设（CL3（2000—2003））正负 10%（如图 4－5 所示）：

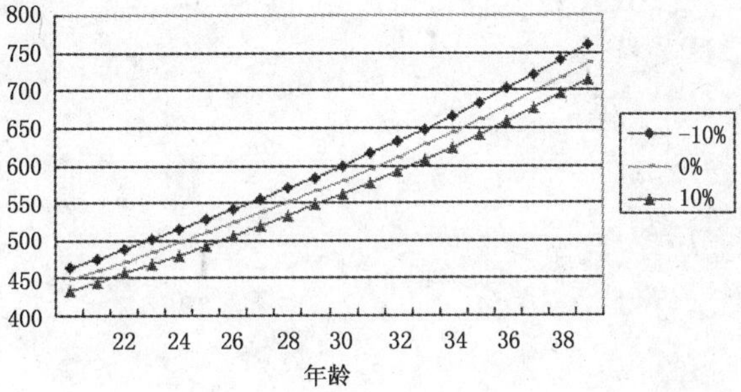

图 4－5 年金毛保费随死亡率变化

分别取利率为 1.5%，2%，2.5%，3%，3.5%，观察保费的变化（如图 4－6）：

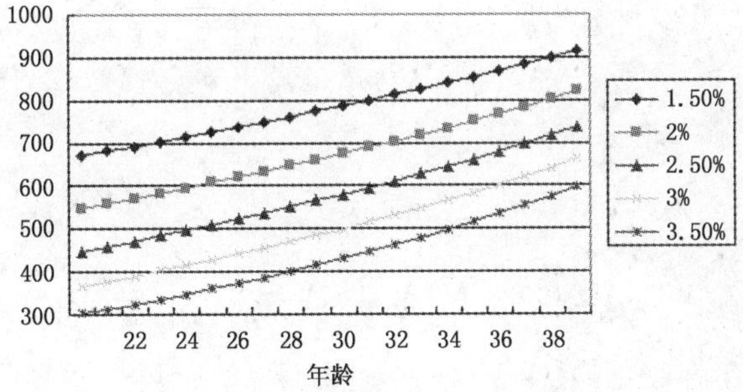

图 4－6 不同利率下的年金毛保费

改变费用率假设正负 20%，观察保费变化（如图 4－7 所示）：

敏感性测试结果分析：年金保费随着死亡率的增加而减少，这种变化趋势与寿险保费的变化趋势相反。这是因为年金是生存保险，死亡率越低，未来的给付现值越大。而利率增大的时候保费减少，费用率增加，保费增加。这两个趋势与寿险产品相同。但需要注意的是，利率对年金保费的影响比对寿险产品保费的影响大得多。

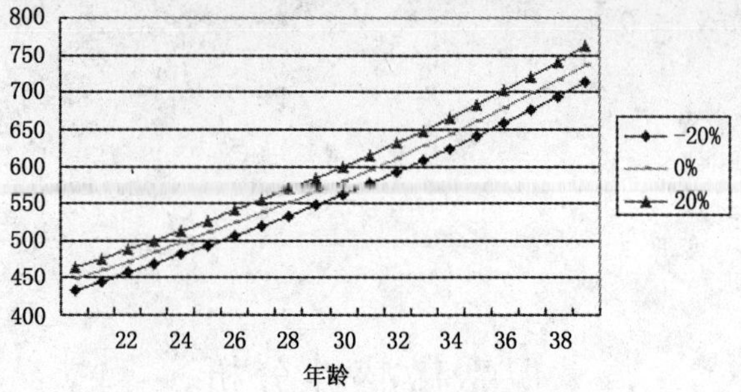

图 4－7　不同费用率下的年金毛保费

实
验
五　SHIYANWU

基础险种准备金计算

实验目的和要求：

了解各种类型准备金的区别，并根据险种的不同，计算基础险种理论责任准备金，修正责任准备金及毛保费准备金。

实验内容：

对于定期寿险、终身寿险、两全保险、年金保险分别利用不同的方法计算理论责任准备金、修正责任准备金和毛保费责任准备金。

首先，我们来说明责任准备金的计算思路和计算公式。读者应明确的是准备金的测算和定价以及利润测试是三个相对独立的环节，本章中所有的保费都是运用前面章节给定的保费计算方法进行计算得出的。由于准备金评估与定价可能使用不同的假设基础，因此应建立独立的评估计算基础，以免保费随评估假设的变化而发生变化。在5.1节至5.3节中，我们分别给出基础险种理论责任准备金，修正责任准备金和毛保费责任准备金的计算公式，在5.4节中给出利用Excel和VBA计算部分险种三种类型准备金的方法，因篇幅有限，剩余险种的计算留给读者思考练习。

5.1 理论责任准备金的计算公式

理论准备金不考虑费用等因素，我们这里给出的是用未来法计算理论准备金的公式，其基本思路是用未来责任的现值减去未来保费的现值。以下给出各险种理论准备金计算公式：

（1）定期寿险

$$ {}_tV^1_{x:\overline{n}|} = A^1_{x+t:\overline{n-t}|} - P^1_{x:\overline{n}|} \cdot \ddot{a}_{x+t:\overline{n-t}|} = \frac{M_{x+t} - M_{x+n}}{D_{x+t}} - P^1_{x:\overline{n}|} \cdot \frac{N_{x+t} - N_{x+n}}{D_{x+t}}, t < n $$

$$ {}_tV^1_{x:\overline{n}|} = 0, t = n $$

（2）终身寿险

$${}_tV_x = A_{x+t} - P_x \cdot \ddot{a}_{x+t} = \frac{M_{x+t}}{D_{x+t}} - P_x \cdot \frac{N_{x+t}}{D_{x+t}}$$

h 年限期交费

$${}_t^hV_x = A_{x+t} - {}_hP_x \cdot \ddot{a}_{x+t:\overline{h-t|}} = \frac{M_{x+t}}{D_{x+t}} - {}_hP_x \cdot \frac{N_{x+t} - N_{x+h}}{D_{x+t}}, t < h$$

$${}_t^hV_x = A_{x+t} = \frac{M_{x+t}}{D_{x+t}}, t \geqslant h$$

（3） 两全保险

n 年两全保险

$${}_tV_{x:\overline{n|}} = A_{x+t:\overline{n-t|}} - P_{x:\overline{n|}} \cdot \ddot{a}_{x+t:\overline{n-t|}} = \frac{M_{x+t} - M_{x+n} + D_{x+n}}{D_{x+t}} - P_{x:\overline{n|}} \cdot \frac{N_{x+t} - N_{x+n}}{D_{x+t}}, t < n$$

$${}_tV_{x:\overline{n|}} = 1, t = n$$

n 年两全保险，h 年期交

$${}_t^hV_{x:\overline{n|}} = A_{x+t:\overline{n-t|}} - {}_hP_{x:\overline{n|}} \cdot \ddot{a}_{x+t:\overline{h-t|}} = \frac{M_{x+t} - M_{x+n} + D_{x+n}}{D_{x+t}} - {}_hP_{x:\overline{n|}} \cdot \frac{N_{x+t} - N_{x+h}}{D_{x+t}}, t < h$$

$${}_t^hV_{x:\overline{n|}} = A_{x+t:\overline{n-t|}} = \frac{M_{x+t} - M_{x+n} + D_{x+n}}{D_{x+t}}, h \leqslant t < n$$

$${}_t^hV_{x:\overline{n|}} = 1, t = n$$

n 年生存保险，

$${}_tV_{x:\overline{n|}}^{\ \ 1} = A_{x+t:\overline{n-t|}}^{\ \ \ \ 1} - P_{x:\overline{n|}}^{\ \ 1} \cdot \ddot{a}_{x+t:\overline{n-t|}} = \frac{D_{x+n}}{D_{x+t}} - P_{x:\overline{n|}}^{\ \ 1} \cdot \frac{N_{x+t} - N_{x+n}}{D_{x+t}}, t < n$$

$${}_tV_{x:\overline{n|}}^{\ \ 1} = 1, t = n$$

（4） 年金保险

$${}_tV({}_{n|}\ddot{a}_x) = A_{x+t:\overline{n-t|}}^{\ \ \ \ 1} \cdot \ddot{a}_{x+n} - P({}_{n|}\ddot{a}_x) \cdot \ddot{a}_{x+t:\overline{n-t|}} = \frac{N_{x+n}}{D_{x+t}} - P({}_{n|}\ddot{a}_x) \cdot \frac{N_{x+t} - N_{x+n}}{D_{x+t}}, t < n$$

$${}_tV({}_{n|}\ddot{a}_x) = \ddot{a}_{x+t}, t \geqslant n$$

5.2

修正责任准备金的计算公式

在实际业务中，保险公司的费用分布是不均衡的，特别是第一年，新合同签订的第一年需要大量的初始费用（如广告宣传费用、佣金、体检费等），这些费用一般远大于第一年收取的均衡保费中的附加费用。由此，修正责任准备金就是使得修正后的第一年净保费小于均衡净保费，附加费大于均衡附加费；而此后各年的净保费大于均衡净保费，附加费小于均衡附加费。这样，每张保单在修正期满之前，各年的修正准备金小于均衡净保费准备金，两者的差额随时间的延长而逐步缩小，一直到修正期满时，两者的差额缩小至零。

对于首年费用处理方式的不同，导致了不同的修正责任准备金评估方法，如有一年定期修正法（FPT）、Zillmer 方法以及保险监督官准备金评估方法（CRVM）等。以下以 FPT 法为例介绍。

FPT 法是使第一年修正后的净保费 α 等于一年定期寿险的净保费，这样，首年准备金为 0。续年修正保费 β 等于自 x + 1 岁投保的原险种净保费，自 x + 1 年，准备金为未来责任现值减未来修正保费的现值。具体公式如下所示：

（1）定期寿险

$${}_tV^1_{x:\overline{n}|} = A^1_{x+t:\overline{n-t}|} - \beta \cdot \ddot{a}_{x+t:\overline{n-t}|} = \frac{M_{x+t} - M_{x+n}}{D_{x+t}} - \beta \cdot \frac{N_{x+t} - N_{x+n}}{D_{x+t}}, 1 < t < n$$

${}_tV^1_{x:\overline{n}|} = 0, t = n$ 和 $t = 1$

（2）终身寿险

${}_tV_x = 0, t = 1$

$${}_tV_x = A_{x+t} - \beta \cdot \ddot{a}_{x+t} = \frac{M_{x+t}}{D_{x+t}} - \beta \cdot \frac{N_{x+t}}{D_{x+t}}, t > 1$$

h 年限期交费

${}^h_tV_x = 0, t = 1$

$${}^h_tV_x = A_{x+t} - \beta \cdot \ddot{a}_{x+t:\overline{h-t}|} = \frac{M_{x+t}}{D_{x+t}} - \beta_x \cdot \frac{N_{x+t} - N_{x+h}}{D_{x+t}}, 1 < t < h$$

$${}^h_tV_x = A_{x+t} = \frac{M_{x+t}}{D_{x+t}}, t \geqslant h$$

（3）两全保险

n 年两全保险

${}_tV_{x:\overline{n}|} = 0, t = 1$

$${}_tV_{x:\overline{n}|} = A_{x+t:\overline{n-t}|} - \beta \cdot \ddot{a}_{x+t:\overline{n-t}|} = \frac{M_{x+t} - M_{x+n} + D_{x+n}}{D_{x+t}} - \beta \cdot \frac{N_{x+t} - N_{x+n}}{D_{x+t}}, 1 < t < n$$

${}_tV_{x:\overline{n}|} = 1, t = n$

n 年两全保险，h 年期交

${}^h_tV_{x:\overline{n}|} = 0, t = 1$

$${}^h_tV_{x:\overline{n}|} = A_{x+t:\overline{n-t}|} - \beta \cdot \ddot{a}_{x+t:\overline{n-t}|} = \frac{M_{x+t} - M_{x+n} + D_{x+n}}{D_{x+t}} - \beta \cdot \frac{N_{x+t} - N_{x+n}}{D_{x+t}}, 1 < t < h$$

$${}^h_tV_{x:\overline{n}|} = A_{x+t:\overline{n-t}|} = \frac{M_{x+t} - M_{x+n} + D_{x+n}}{D_{x+t}}, h \leqslant t < n$$

${}^h_tV_{x:\overline{n}|} = 1, t = n$

n 年生存保险，

${}_tV_{x:\overset{1}{\overline{n}|}} = 0, t = 1$

$${}_tV_{x:\overset{1}{\overline{n}|}} = A_{x+t:\overset{1}{\overline{n-t}|}} - \beta \cdot \ddot{a}_{x+t:\overline{n-t}|} = \frac{D_{x+n}}{D_{x+t}} - \beta \cdot \frac{N_{x+t} - N_{x+n}}{D_{x+t}}, 1 < t < h$$

${}_tV_{x:\overset{1}{\overline{n}|}} = 0, t = n$

（4）年金保险

$${}_tV({}_{n|}\ddot{a}_x)=0, t=1$$

$${}_tV({}_{n|}\ddot{a}_x)=A_{x+t:\overset{\;1}{\overline{n-t|}}}\cdot\ddot{a}_{x+n}-\beta\cdot\ddot{a}_{x+t:\overline{n-t|}}=\frac{N_{x+n}}{D_{x+t}}-\beta\cdot\frac{N_{x+t}-N_{x+n}}{D_{x+t}}, 1<t<n$$

$${}_tV({}_{n|}\ddot{a}_x)=\ddot{a}_{x+t}=\frac{N_{x+t}}{D_{x+t}}, t\geqslant n$$

5.3

毛保费责任准备金的计算公式

（1）定期寿险

$${}_tV^1_{x:\overline{n|}}=A^1_{x+t:\overline{n-t|}}-\sum_{T=t}^{n-1}G_T\cdot(1-expense_T)\cdot v^{T-t}\cdot p_{T-t}$$

$$=\frac{M_{x+t}-M_{x+n}}{D_{x+t}}-\frac{\sum\limits_{T=t}^{n-1}D_{x+T}\cdot G_T\cdot(1-expense_T)}{D_{x+t}},$$

其中 $t<n$，G_T 为毛保费，$expense_T$ 为费用率，p_{T-t} 为生存概率。

$${}_tV^1_{x:\overline{n|}}=0，t=n$$

（2）终身寿险

$${}_tV_x=A_{x+t}-\sum_{T=t}^{\infty}G_T\cdot(1-expense_T)\cdot v^{T-t}\cdot p_{T-t}$$

$$=\frac{M_{x+t}}{D_{x+t}}-\frac{\sum\limits_{T=t}^{\infty}D_{x+T}\cdot G_T\cdot(1-expense_T)}{D_{x+t}}$$

h 年限期交费

$${}^h_tV_x=A_{x+t}-\sum_{T=t}^{h-1}G_T\cdot(1-expense_T)\cdot v^{T-t}\cdot p_{T-t}$$

$$=\frac{M_{x+t}}{D_{x+t}}-\frac{\sum\limits_{T=t}^{h-1}D_{x+T}\cdot G_T\cdot(1-expense_T)}{D_{x+t}}, \text{其中 } 1<t<h$$

$${}^h_tV_x=A_{x+t}=\frac{M_{x+t}}{D_{x+t}}, t\geqslant h$$

（3）两全保险

n 年两全保险

$${}_tV_{x:\overline{n|}}=A_{x+t:\overline{n-t|}}-\sum_{T=t}^{n-1}G_T\cdot(1-expense_T)\cdot v^{T-t}\cdot p_{T-t}$$

$$= \frac{M_{x+t} - M_{x+n} + D_{x+n}}{D_{x+t}} - \frac{\sum_{T=t}^{n-1} D_{x+T} \cdot G_T \cdot (1 - \text{expense}_T)}{D_{x+t}}, 1 < t < n$$

$${}_tV_{x:\overline{n|}} = 1, t = n$$

n 年两全保险，h 年期交

$${}_t^hV_{x:\overline{n|}} = A_{x+t:\overline{n-t|}} - \sum_{T=t}^{h-1} G_T \cdot (1 - \text{expense}_T) \cdot v^{T-t} \cdot p_{T-t}$$

$$= \frac{M_{x+t} - M_{x+n} + D_{x+n}}{D_{x+t}} - \frac{\sum_{T=t}^{h-1} D_{x+T} \cdot G_T \cdot (1 - \text{expense}_T)}{D_{x+t}}, 1 < t < h$$

$${}_t^hV_{x:\overline{n|}} = A_{x+t:\overline{n-t|}} = \frac{M_{x+t} - M_{x+n} + D_{x+n}}{D_{x+t}}, h \leqslant t < n$$

$${}_t^hV_{x:\overline{n|}} = 1, t = n$$

n 年生存保险，

$${}_tV_{x:\overset{1}{\overline{n|}}} = A_{x+t:\overset{1}{\overline{n-t|}}} - \sum_{T=t}^{n-1} G_T \cdot (1 - \text{expense}_T) \cdot v^{T-t} \cdot p_{T-t}$$

$$= \frac{D_{x+n}}{D_{x+t}} - \frac{\sum_{T=t}^{n-1} D_{x+T} \cdot G_T \cdot (1 - \text{expense}_T)}{D_{x+t}}, 1 < t < n$$

$${}_tV_{x:\overset{1}{\overline{n|}}} = 1, t = n$$

（4）年金保险

$${}_tV({}_{n|}\ddot{a}_x) = A_{x+t:\overset{1}{\overline{n-t|}}} \cdot \ddot{a}_{x+n} - \sum_{T=t}^{n-1} G_T \cdot (1 - \text{expense}_T) \cdot v^{T-t} \cdot p_{T-t}$$

$$= \frac{N_{x+n}}{D_{x+t}} - \frac{\sum_{T=t}^{n-1} D_{x+T} \cdot G_T \cdot (1 - \text{expense}_T)}{D_{x+t}}, 1 < t < n$$

$${}_tV({}_{n|}\ddot{a}_x) = \ddot{a}_{x+t} = \frac{N_{x+t}}{D_{x+t}}, t \geqslant n$$

5.4

运用 Excel 和 VBA 计算准备金

（1）用 Excel 计算准备金

以下说明如何直接应用 Excel 的单元格操作来实现准备金的计算。可以分为以下几个步骤：

①输入基本假设。在实验一所完成的生命表上进行操作。可以先把生命表复制到新的工作表，然后将其中代表利率的单元格改为评估利率 2.5%，这样就得到了新的生命表换算函

数（如图5－1所示）（对于已经学习了以前内容的读者而言这是非常简单的一步，这里只是再强调一下，生命表的选取一定要区分年金表和非年金表，以免评估产品时出现错误）。

B2　2.5%

	A	B	C	D	E	F	G	H	I
1									
2	利率	2.50%							udd假设
3	1	2	3	4	5	6	7	8	9
4	年龄	q_x	l_x	d_x	L_x	T_x	$\mathring{e}_x$	Dx	Nx
5	0	0.000722	1000000	722	999639	76712703.61	76.71270361	1000000.0	34417467.0
6	1	0.000603	999278	602.564634	998976.7177	75713064.61	75.76776894	974905.4	33417467.0
7	2	0.000499	998675.4354	498.3390422	998426.2658	74714087.9	74.81318279	950553.7	32442561.6
8	3	0.000416	998177.0963	415.2416721	997969.4755	73715661.63	73.85028358	926906.7	31492008.0
9	4	0.000358	997761.8547	357.198744	997583.2553	72717692.16	72.88081	903923.0	30565101.3
10	5	0.000323	997404.6559	322.1617039	997243.5751	71720108.9	71.90673161	881560.4	29661178.3
11	6	0.000309	997082.4942	308.0984907	996928.445	70722865.33	70.92980344	859781.1	28779617.9
12	7	0.000308	996774.3957	307.0065139	996620.8925	69725936.88	69.95157297	838551.6	27919836.8
13	8	0.000311	996467.3892	309.901358	996312.4385	68729315.99	68.97297065	817847.2	27081285.2
14	9	0.000312	996157.4878	310.8011362	996002.0873	67733003.55	67.99427237	797651.6	26263438.0
15	10	0.000312	995846.6867	310.7041663	995691.3346	66737001.46	67.01533715	777953.8	25465786.4
16	11	0.000312	995535.9825	310.6072266	995380.6789	65741310.13	66.03609641	758742.6	24687832.6
17	12	0.000313	995225.3753	311.5055425	995069.6225	64745929.45	65.05655006	740005.7	23929090.0
18	13	0.00032	994913.8698	318.3724383	994754.6836	63750859.83	64.07676259	721730.8	23189084.3
19	14	0.000336	994595.4973	334.1840871	994428.4053	62756105.14	63.09711366	703902.3	22467353.5

图5－1　生命表评估假设输入

②准备费率表。将前面算好的费率表复制到一张表单上面。准备金使用的保费如下所示：

理论准备金：净保费

修正准备金：α，β

毛保费准备金：毛保费

在这里有一个小技巧可供参考，我们可将保费表定名，比如 prem，这样在后面引用过程中会相对方便清楚。定名方法是，选中整张表格，在名称框处键入 prem，回车，具体见图5－2：

③输入相应公式进行计算。在公式输入时要注意引用单元格的正确性。如前文所示，准备金的公式是一个关于换算函数的表达式。而换算函数我们已经在一个表中录入了，现在只需要正确的引用对应的数字即可。

在这里我们使用了 Excel 函数 Index。事实上，实现类似运算的函数和方法有很多，读者在熟练掌握 Excel 基础之后可以自行研究。

Index 函数基本用法如下：

INDEX(array,row_num,column_num)

Array 是一个单元格区域或数组常量。

如果数组中只包含一行或一列，则可以不使用相应的 row_num 或 column_num 参数。

如果数组中包含多个行和列，但只使用了 row_num 或 column_num，INDEX 将返回数组中整行或整列的数组。

Row_num 用于选择要从中返回值的数组中的行。如果省略 row_num，则需要使用

prem　　60岁开始支付的终身年金

	S	T	U	V	W
1	性别：	男			
2	生命表：	CL1（00-03）			
3	利率假设：	2.50%			
4	保险金额：	1000			
5	60岁开始支付的终身年金				
6	年龄	趸交	10年期交	20年期交	交费至59岁
7	0	3614.82	403.70	226.95	115.60
8	1	3707.52	413.95	232.70	119.42
9	2	3802.20	424.44	238.60	123.40
10	3	3898.95	435.18	244.65	127.53
11	4	3997.87	446.19	250.85	131.85
12	5	4099.09	457.47	257.22	136.34
13	6	4202.75	469.03	263.74	141.03
14	7	4308.98	480.89	270.44	145.93
15	8	4417.89	493.06	277.31	151.05
16	9	4529.56	505.53	284.37	156.39
17	10	4644.05	518.33	291.61	161.99
18	11	4761.45	531.47	299.04	167.84

图 5－2　保费的计算

column_num。

Column_num 用于选择要从中返回值的数组中的列。如果省略 column_num，则需要使用 row_num。

下面我们使用 Index 函数来计算趸交保费的理论责任准备金（如图 5－3 所示）：

B9　　=$B$4*(INDEX('CL1 (00-03)'!$A$1:$M$110,5+$A9+B$8,12))/INDEX('CL1 (00-03)'!$A$1:$M$110,5+$A9+B$8,8)

编辑栏

A	B
险种：	终身寿险
性别：	男
定价利率：	2.50%
保险金额：	1000
评估生命表：	CL1（00-03）
评估利率：	2.50%
交费方式：	趸交

保单年度末＼投保年龄	1	2	3	4	5	6	7	8	9	10	11	12
0	165.9965	169.6383	173.4606	177.4497	181.5885	185.8613	190.2538	194.7583	199.3744	204.1065	208.9585	213.9333
1	169.6383	173.4606	177.4497	181.5885	185.8613	190.2538	194.7583	199.3744	204.1065	208.9585	213.9333	219.0334
2	173.4606	177.4497	181.5885	185.8613	190.2538	194.7583	199.3744	204.1065	208.9585	213.9333	219.0334	224.257
3	177.4497	181.5885	185.8613	190.2538	194.7583	199.3744	204.1065	208.9585	213.9333	219.0334	224.257	229.6004
4	181.5885	185.8613	190.2538	194.7583	199.3744	204.1065	208.9585	213.9333	219.0334	224.257	229.6004	235.0574
5	185.8613	190.2538	194.7583	199.3744	204.1065	208.9585	213.9333	219.0334	224.257	229.6004	235.0574	240.622
6	190.2538	194.7583	199.3744	204.1065	208.9585	213.9333	219.0334	224.257	229.6004	235.0574	240.622	246.289
7	194.7583	199.3744	204.1065	208.9585	213.9333	219.0334	224.257	229.6004	235.0574	240.622	246.289	252.0562
8	199.3744	204.1065	208.9585	213.9333	219.0334	224.257	229.6004	235.0574	240.622	246.289	252.0562	257.926
9	204.1065	208.9585	213.9333	219.0334	224.257	229.6004	235.0574	240.622	246.289	252.0562	257.926	263.9093

图 5－3　趸交保费的理论责任准备金

（终身寿险，男性，趸交，评估利率 2.5%）

方法说明：

首先我们要设定出一个投保年龄×保单年度的二维表。

读者可以先从以下趸交保费的准备金熟悉 INDEX 的用法，如图 5－3 所示，其中 INDEX 的第一个参数'CL1（00－03）'！$A$1:$M$110 表明所选定的区域，第二个参数 5＋$A9

+B$8 表明表格中所读取的行数，以第一个单元格为例：5+0+1=6 行，12 列，对应图 5-1生命表评估假设输入，可知所读取的数字是 M1/N1 = 161830.9263/974509.4 = 165.9965。

将公式输入 B9 单元格后只需要向右拖动鼠标填满横向单元格，再向下填充满所有单元格即可。

这里只提出一点需要注意的地方，$A9 表明会锁定 A 列而不锁定行，同样的 B$8 表明锁定 8 行而不锁定 B 列。读者应注意，$B$4 表明同时锁定行与列。$在准备金的计算中十分有用，而且容易出错。这样的错误主要是疏忽造成的。读者可以通过观察准备金的变动是否平缓来达到初步检验的目的。通常情况下，准备金是平缓变动的。如果忘记某个$一般会造成准备金两列或两行之间的突然变动，读者可以在实践中体会。

由于趸交保费只有首期交费，是一种最为简单的准备金，所有理论责任准备金、一年定期修正以及毛保费准备金对于趸交保费的险种都是一样的。所以仅以此一例说明趸交准备金的 Excel 算法。

在熟悉了以上的趸交保费准备金算法之后，我们进一步给出较为复杂的准备金的计算。事实上这里所说的复杂，不过是相比较前面例子中的趸交保费的准备金而言，公式中增加了一些项，读者只需熟悉了前面 5.1 节中公式之后按照前面趸交保费准备金的方法计算即可。

下面以最为简单的期交保费理论责任准备金为例：

首先我们需要净保费，对于准备金的计算而言，保费为外部变量，以前章节已经作过论述，这里就直接引用了（如图 5-4、图 5-5 所示）：

	F	G	H	I	J	K	L
1		性别：	男				
2		生命表：	CL1（00-03）				
3		利率假设：	2.50%				
4		保险金额：	1000				
5		终身寿险					
6		年龄	趸交	10年期交	20年期交	交费至65岁	终身交费
7		0	162.54	18.16	10.21	5.03	4.72
8		1	166.00	18.54	10.42	5.17	4.84
9		2	169.64	18.94	10.65	5.32	4.97
10		3	173.46	19.36	10.89	5.47	5.11
11		4	177.45	19.81	11.14	5.64	5.25
12		5	181.59	20.27	11.40	5.81	5.40
13		6	185.86	20.75	11.67	5.99	5.55
14		7	190.25	21.24	11.95	6.18	5.71
15		8	194.76	21.74	12.23	6.38	5.88
16		9	199.37	22.26	12.52	6.58	6.06
17		10	204.11	22.79	12.82	6.80	6.24
18		11	208.96	23.33	13.13	7.02	6.42
19		12	213.93	23.89	13.45	7.26	6.62
20		13	219.03	24.46	13.77	7.50	6.82
21		14	224.26	25.05	14.10	7.75	7.03

图 5-4　期交保费

（终身寿险，男性，终身交费，评估利率 2.5%）

方法说明：

以初始单元格为例分析，读者通过观察可以看到初始单元格中公式的首项与前例趸交保费理论准备金是一致的，表明未来赔付的现值。

B9　=$B$4*(INDEX('CL1 (00-03)'!$A$1:$M$110,5+$A9+B$8,12))/INDEX('CL1 (00-03)'!$A$1:$M$110,8)-纯保费!$L7*(INDEX('CL1 (00-03)'!$A$1:$M$110,5+$A9+B$8,9))/INDEX('CL1 (00-03)'!$A$1 $A9+B$8,8)

	A	B
1	险种：	终身寿险
2	性别：	男
3	定价利率：	2.50%
4	保险金额：	1000
5	评估生命表：	CL1（00-03）
6	评估利率：	2.50%
7	交费方式：	终身交费

8	保单年度末 / 投保年龄	1	2	3	4	5	6	7	8	9	10	11
9	0	4.112788	8.451001	13.00435	17.75647	22.68685	27.77676	33.00933	38.37535	43.8743	49.51152	55.29147
10	1	4.355908	8.927834	13.69933	18.64982	23.7605	29.01441	34.40231	39.9237	45.58391	51.38743	57.3379
11	2	4.591682	9.383799	14.35567	19.48844	24.76505	30.17624	35.72148	41.40615	47.23475	53.21093	59.33748
12	3	4.81395	9.808478	14.96463	20.26528	25.70112	31.27162	36.98219	42.83735	48.84076	54.99522	61.29886
13	4	5.01839	10.19917	15.52515	20.98696	26.58408	32.32193	38.20506	44.23715	50.42102	56.75477	63.23375
14	5	5.20659	10.5591	16.04812	21.67312	27.43955	33.35199	39.41413	45.6288	51.99411	58.50536	65.15511
15	6	5.380179	10.89757	16.55165	22.34789	28.29089	34.38437	40.63117	47.02937	53.57429	60.25841	67.07431
16	7	5.546867	11.23115	17.05836	23.03312	29.15915	35.43932	41.87171	48.45159	55.17142	62.02373	69.00205
17	8	5.7156	11.57491	17.58258	23.74236	30.05713	36.52495	43.14109	49.89794	56.788	63.80476	70.94559
18	9	5.892578	11.93436	18.12911	24.47973	30.98427	37.63797	44.43319	51.36236	58.41896	65.60033	72.90956
19	10	6.077148	12.30817	18.69596	25.23859	31.93124	38.76624	45.73598	52.83389	60.05731	67.40932	74.90348

图 5-5　期交保费的理论责任准备金示例

（终身寿险，男性，终身交费，评估利率 2.5%）

与趸交保费理论责任准备金不同的是期交保费准备金多一个减项，净保费！$L7 *（INDEX('CL1(00-03)'! $A$1:$M$110,5+$A9+B$8,9))/INDEX('CL1(00-03)'! $A$1:$M$110,5+$A9+B$8,8)，我们可以用前文的方法来自行计算，可以发现，后两项事实上是 N1/D1。

后续步骤与趸交保费一样，填充满单元格即可。

下面仅仅给出准备金初始单元格的公式，如无特别说明都表示可以直接拖动填充即可（如图 5-6、图 5-7 所示）。

=$B$4*(INDEX('CL1 (00-03)'!$A$1:$M$110,5+$A9+B$8,12)-'CL1 (00-03)'!$L25+'CL1 (00-03)'!$H25)/INDEX('CL1 (00-03)'!$A$1:$M$110,5+$A9+B$8,8)-纯保费!$Q7*(INDEX('CL1 (00-03)'!$A$1:$M$110,5+$A9+B$8,9)-'CL1 (00-03)'!$I25)/INDEX('CL1 (00-03)'!$A$1:$M$110,5+$A9+B$8,8)

A	B
：	20年期两全保险
：	男
利率：	0.025
金额：	1000
生命表：	CL1（00-03）
利率：	0.025
方式：	20年期交

年度末 / 年龄	1	2	3	4	5	6	7	8	9	10	11	12
0	38.684329	78.47564	119.3793	161.3971	204.5302	248.7841	294.1692	340.7039	388.4148	437.3331	487.49	538.9169
1	38.779838	78.65033	119.6121	161.6648	204.8125	249.0639	294.4363	340.9553	388.6515	437.5554	487.6975	539.1087
2	38.867729	78.80457	119.8087	161.8827	205.0338	249.2781	294.6404	341.1505	388.8382	437.7334	487.8661	539.2649
3	38.941753	78.92783	119.9595	162.0424	205.1916	249.4308	294.7894	341.2964	388.9811	437.8725	487.9982	539.3859
4	38.997155	79.01624	120.0615	162.1468	205.2951	249.5351	294.8953	341.404	389.0896	437.9786	488.0976	539.4735
5	39.034673	79.07121	120.1222	162.21	205.3625	249.6076	294.973	341.4864	389.1732	438.0587	488.1684	539.5306
6	39.055074	79.09983	120.1557	162.2502	205.4105	249.6636	295.0365	341.5536	389.2389	438.1166	488.2136	539.5596
7	39.065005	79.11617	120.1805	162.2846	205.4547	249.7171	295.0953	341.6121	389.2904	438.1555	488.2356	539.5638
8	39.072523	79.13338	120.2086	162.3238	205.5046	249.7734	295.1519	341.6618	389.3269	438.174	488.2347	539.5453
9	39.08329	79.15617	120.2437	162.3707	205.5587	249.8284	295.2	341.696	389.3419	438.1678	488.2092	539.5077

图 5-6　期交保费的理论责任准备金

（两全保险，男性，20 年期，20 年交费，评估利率 2.5%）

需要注意的是：上面的准备金加入了判断函数 if，表明准备金应区分交费期以内情况和

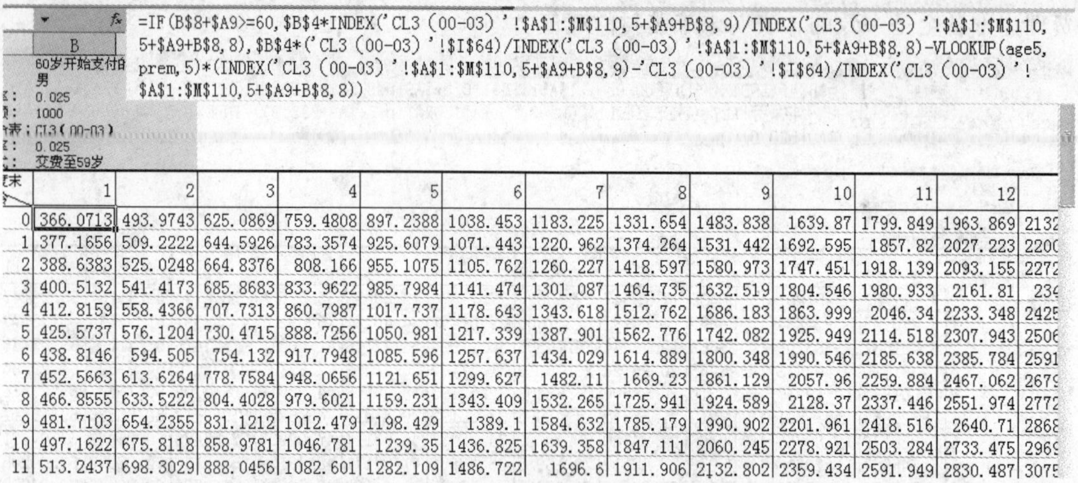

=IF(B$8+$A9>=60,$B$4*INDEX('CL3 (00-03)'!$A$1:$M$110,5+$A9+B$8,9)/INDEX('CL3 (00-03)'!$A$1:$M$110,5+$A9+B$8,8),$B$4*('CL3 (00-03)'!$I$64)/INDEX('CL3 (00-03)'!$A$1:$M$110,5+$A9+B$8,8)-VLOOKUP(age5,prem,5)*(INDEX('CL3 (00-03)'!$A$1:$M$110,5+$A9+B$8,9)-'CL3 (00-03)'!$I$64)/INDEX('CL3 (00-03)'!$A$1:$M$110,5+$A9+B$8,8))

B

60岁开始支付的
男
0.025
1000
CL3(00-03)
0.025
交费至59岁

末	1	2	3	4	5	6	7	8	9	10	11	12	
0	366.0713	493.9743	625.0869	759.4808	897.2388	1038.453	1183.225	1331.654	1483.838	1639.87	1799.849	1963.869	2132
1	377.1656	509.2222	644.5926	783.3574	925.6079	1071.443	1220.962	1374.264	1531.442	1692.595	1857.82	2027.223	2200
2	388.6383	525.0248	664.8376	808.166	955.1075	1105.762	1260.227	1418.597	1580.973	1747.451	1918.139	2093.155	2272
3	400.5132	541.4173	685.8683	833.9622	985.7984	1141.474	1301.087	1464.735	1632.519	1804.546	1980.933	2161.81	234
4	412.8159	558.4366	707.7313	860.7987	1017.737	1178.643	1343.618	1512.762	1686.183	1863.999	2046.34	2233.348	2425
5	425.5737	576.1204	730.4715	888.7256	1050.981	1217.339	1387.901	1562.776	1742.082	1925.949	2114.518	2307.943	2506
6	438.8146	594.505	754.132	917.7948	1085.596	1257.637	1434.029	1614.889	1800.348	1990.546	2185.638	2385.784	2591
7	452.5663	613.6264	778.7584	948.0656	1121.651	1299.627	1482.11	1669.23	1861.129	2057.96	2259.884	2467.062	2679
8	466.8555	633.5222	804.4028	979.6021	1159.231	1343.409	1532.265	1725.941	1924.589	2128.37	2337.446	2551.974	2772
9	481.7103	654.2355	831.1212	1012.479	1198.429	1389.1	1584.632	1785.179	1990.902	2201.961	2418.516	2640.71	2868
10	497.1622	675.8118	858.9781	1046.781	1239.35	1436.825	1639.358	1847.111	2060.245	2278.921	2503.284	2733.475	2969
11	513.2437	698.3029	888.0456	1082.601	1282.109	1486.722	1696.6	1911.906	2132.802	2359.434	2591.949	2830.487	3075

图 5-7　期交保费的理论责任准备金

（年金保险，男性，60 岁领取，交费至 59，评估利率 2.5%）

交费期以外情况。事实上，过了交费期，期交准备金和趸交准备金是完全一致的。

If 的使用方法：第一个参数表示判断语句，第二个表示判断结果为真时的函数的价值，第三个参数表示判断语句为假时的值。

VLOOKUP（age5，prem，5）表示，查找在 prem 区域查找 age5 的值，查到后返回第 5 列的值。Age5 是对 A9: A114 的重新命名，会随单元格行变化而变化。比如对于B9: DB9而言，age5 都是 0，而对于 C9 而言，age5 的值为 1。

Prem 的命名在前文中已经有所提及。

一年定期修正法计算准备金和理论责任准备金的计算方法几乎完全相同，不同的是改变了评估所使用的保费。

以下首先说明修正保费的计算，（终身寿险，20 年交费）。

$$\alpha = \frac{C_x}{D_x}, \beta = \frac{M_{x+1}}{N_{x+1} - N_{x+20}}$$

按照公式可以得到修正保费 α，β（如图 5-8、图 5-9 所示）。

用 β 代替原先使用的净保费即可以得到一年定期修正法准备金（如图 5-10 所示）。

毛保费准备金由于和费用结构相关计算起来相对复杂，主要是要利用未来保费剔除费用来贴现作为减项。下面给出一例供读者参考（如图 5-11、图 5-12、图 5-13 所示）。

这里我们特别提醒对于费用结构不同的情况的处理。

首年表达式：

首项：

sa5 * INDEX('CL1(00-03)'! $A$1:$M$110,5+$A9+B$8,12)/INDEX('CL1(00-03)'! $A$1:$M$110,5+$A9+B$8,8) - VLOOKUP(age,prem1,4) *

((1-费用! $D$6) * INDEX('CL1(00-03)'! $A$1:$M$110,5+$A9+B$8,8)

(次年保费剔除费用)

+(1-费用! $D$7) * INDEX('CL1(00-03)'! $A$1:$M$110,5+$A9+B$8+1,8)

N6 =$I$4*'CL1 (00-03)'!K5/'CL1 (00-03)'!H5

	H	I	J	K	L	M	N	O
1	险种：	终身寿险						
2	生命表：	CL1（00-03）						
3	利率假设：	2.50%						
4	保险金额：	1000						
5	年龄	趸交	10年交费	20年交费	交费至65岁（至少交10年）	终身交费（至少交10年）	α	β
6	0	180.6011	21.57281	11.87965	5.623798	5.269689	0.713140769	10.84619709
7	1	184.4371	22.02399	12.12794	5.778973	5.404163	0.595600947	11.08174144
8	2	188.4833	22.5018	12.39131	5.944404	5.547233	0.492877069	11.3301033
9	3	192.7303	23.00514	12.6691	6.12007	5.698768	0.410895512	11.59030954
10	4	197.1626	23.53202	12.96023	6.305741	5.858435	0.353607196	11.86108828
11	5	201.7612	24.07986	13.26324	6.501033	6.025755	0.31903666	12.14125337
12	6	206.5085	24.64626	13.5768	6.705616	6.200294	0.305208445	12.42970771
13	7	211.389	25.229	13.89967	6.919221	6.381667	0.304220716	12.72584218
14	8	216.3939	25.82687	14.23116	7.141863	6.569745	0.307183905	13.02961917
15	9	221.5228	26.43988	14.57124	7.373901	6.764704	0.308171634	13.34139375
16	10	226.7806	27.06885	14.92029	7.615949	6.966942	0.308171634	13.66146993

图 5-8 修正保费 α 的计算

（终身寿险，20 年交费，男性，评估利率 2.5%）

O6 =$B$4*'CL1 (00-03)'!L6/('CL1 (00-03)'!I6-'CL1 (00-03)'!I25)

	H	I	J	K	L	M	N	O	P
1	险种：	终身寿险							
2	生命表：	CL1（00-03）							
3	利率假设：	2.50%							
4	保险金额：	1000							
5	年龄	趸交	10年交费	20年交费	交费至65岁（至少交10年）	终身交费（至少交10年）	α	β	
6	0	180.6011	21.57281	11.87965	5.623798	5.269689	0.713140769	10.84619709	
7	1	184.4371	22.02399	12.12794	5.778973	5.404163	0.595600947	11.08174144	
8	2	188.4833	22.5018	12.39131	5.944404	5.547233	0.492877069	11.3301033	
9	3	192.7303	23.00514	12.6691	6.12007	5.698768	0.410895512	11.59030954	
10	4	197.1626	23.53202	12.96023	6.305741	5.858435	0.353607196	11.86108828	
11	5	201.7612	24.07986	13.26324	6.501033	6.025755	0.31903666	12.14125337	
12	6	206.5085	24.64626	13.5768	6.705616	6.200294	0.305208445	12.42970771	
13	7	211.389	25.229	13.89967	6.919221	6.381667	0.304220716	12.72584218	
14	8	216.3939	25.82687	14.23116	7.141863	6.569745	0.307183905	13.02961917	
15	9	221.5228	26.43988	14.57124	7.373901	6.764704	0.308171634	13.34139375	
16	10	226.7806	27.06885	14.92029	7.615949	6.966942	0.308171634	13.66146993	

图 5-9 修正保费 β 的计算

（终身寿险，20 年交费，男性，评估利率 2.5%）

（第三年保费剔除费用）

+(1-费用! $D$8) * INDEX('CL1(00-03)'! $A$1:$M$110,5+$A9+B$8+2,8)

（第四年保费剔除费用）

+(1-费用! $D$9) * (INDEX('CL1(00-03)'! $A$1:$M$110,5+$A9+B$8+3,9) - 'CL1(00-03)'!$I25))

（四年以后保费剔除费用）

```
=IF(B$8>20,$B$4*(INDEX('CL1 (00-03)'!$A$1:$M$110,5+$A9+B$8,12))/INDEX('CL1 (00-03)'!$A$1:$M$110,5+
$A9+B$8,8),$B$4*(INDEX('CL1 (00-03)'!$A$1:$M$110,5+$A9+B$8,12))/INDEX('CL1 (00-03)'!$A$1:$M$110,5+
$A9+B$8,8)-VLOOKUP(age2,prem2,8)*(INDEX('CL1 (00-03)'!$A$1:$M$110,5+$A9+B$8,9)-'CL1 (00-03)'!$I25)/
INDEX('CL1 (00-03)'!$A$1:$M$110,5+$A9+B$8,8))
```

	终身寿险
	男
率：	2.50%
额：	1000
命表：	CL1（00-03）
率：	2.50%
式：	20年

度末 龄	1	2	3	4	5	6	7	8	
0	0.000000	10.513201	21.398862	32.643597	44.230426	56.144661	68.373918	80.913713	93.7682
1	0.000000	10.859005	22.077281	33.637593	45.525010	57.726919	70.238684	83.064406	96.2139
2	0.000000	11.196846	22.735815	34.601730	46.781746	59.271075	72.073759	85.199665	98.6579
3	0.000000	11.521745	23.370392	35.532860	48.004208	60.788422	73.895379	87.334203	101.1132
4	0.000000	11.834425	23.982473	36.439048	49.208080	62.299459	75.722310	89.485027	103.5953
5	0.000000	12.135696	24.579617	37.335640	50.413669	63.822832	77.571514	91.667390	106.1138
6	0.000000	12.432453	25.176682	38.242605	51.639356	65.375311	79.458127	93.891100	108.6751
7	0.000000	12.733085	25.787570	39.172593	52.896524	66.966998	81.387230	96.158034	111.2779
8	0.000000	13.043553	26.417368	40.129807	54.188484	68.596531	83.354637	98.461181	113.9150
9	0.000000	13.363222	27.064799	41.112328	55.508852	70.254934	85.348781	100.789129	116.5761
10	0.000000	13.691402	27.728485	42.114205	56.848994	71.930886	87.358439	103.131679	119.2547
11	0.000000	14.027355	28.403006	43.127251	58.197948	73.613471	89.373673	105.482608	121.9501
12	0.000000	14.366299	29.080730	44.140970	59.545209	75.293122	91.388636	107.841608	124.6720
13	0.000000	14.705129	29.755429	45.148898	60.885033	76.967632	93.406508	110.221766	127.4326
14	0.000000	15.040546	30.423425	46.147948	62.217784	78.642700	95.442916	112.637823	130.2468
15	0.000000	15.372027	31.084653	47.141415	63.552032	80.336842	97.515345	115.107121	133.1300
16	0.000000	15.700026	31.742974	48.138513	64.907104	82.068352	99.641952	117.645876	136.0938

图 5－10　修正准备金的计算

（终身寿险，20 年交费，男性，评估利率 2.5%）

prem1　年龄

	A	B	C	D	E	F
1	险种：	终身寿险				
2	生命表：	CL1（00-03）				
3	利率假设：	2.50%				
4	保险金额：	1000				
5	年龄	趸交	10年交费	20年交费	交费至65岁（至少交10年）	终身交费（至少交10年）
6	0	180.6011	21.57281	11.87965	5.623798159	5.269688889
7	1	184.4371	22.02399	12.12794	5.778973127	5.404162974
8	2	188.4833	22.5018	12.39131	5.944403946	5.547232507
9	3	192.7303	23.00514	12.6691	6.120070369	5.698767543
10	4	197.1626	23.53202	12.96023	6.305741254	5.858435184
11	5	201.7612	24.07986	13.26324	6.501032594	6.025755208
12	6	206.5085	24.64626	13.5768	6.705615801	6.20029406
13	7	211.389	25.229	13.89967	6.919220782	6.381666768
14	8	216.3939	25.82687	14.23116	7.141862873	6.569744613
15	9	221.5228	26.43988	14.57124	7.373900901	6.764704292
16	10	226.7806	27.06885	14.92029	7.615949208	6.966942143

图 5－11　毛保费的计算

（终身寿险，男性，评估利率 2.5%）

/INDEX('CL1(00－03)'! $A$1:$M$110,5＋$A9＋B$8,8)

对比第二项：

sa5 * INDEX('CL1(00－03)'! $A$1:$M$110,5＋$A9＋C$8,12)/INDEX('CL1(00－03)'! $A$1:$M$110,5＋$A9＋C$8,8) － VLOOKUP(age,prem1,4) *

	A	B	C	D
1	计算毛保费			
2	终身险费用假设			
3				
4	年份	Single Premium	n=10	n=20
5	1	10%	50%	60%
6	2		30%	40%
7	3		15%	20%
8	4		8%	10%
9	5		8%	8%
10	6		8%	8%
11	7		8%	8%
12	8		8%	8%
13	9		8%	8%
14	10		8%	8%
15	11			8%

图 5－12　费用率假设

（与实验三假设同）

39　=sa5*INDEX('CL1(00-03)'!$A$1:$M$110,5+$A9+B$8,12)/INDEX('CL1(00-03)'!$A$1:$M$110,5+$A9+B$8,8)-VLOOKUP(age,prem1,4)*((1-费用!$D$6)*INDEX('CL1(00-03)'!$A$1:$M$110,5+$A9+B$8,8)+(1-费用!$D$7)*INDEX('CL1(00-03)'!$A$1:$M$110,5+$A9+B$8+1,8)+(1-费用!$D$8)*INDEX('CL1(00-03)'!$A$1:$M$110,5+$A9+B$8+2,8)+(1-费用!$D$9)*(INDEX('CL1(00-03)'!$A$1:$M$110,5+$A9+B$8+3,9)-'CL1(00-03)'!$I25))/INDEX('CL1(00-03)'!$A$1:$M$110,5+$A9+B$8,8)

A	B
种：	终身寿险
别：	男
价利率：	2.50%
险金额：	1000
估生命表：	CL1（00-03）
估利率：	2.50%
费方式：	20年交

单年度末 / 保年龄	1	2	3	4	5	6	7	8	9	10	11	1
0	4.15	10.95	20.47	31.53	43.18	55.15	67.44	80.04	92.96	106.20	119.78	133.71
1	4.37	11.44	21.25	32.62	44.56	56.82	69.39	82.27	95.47	109.02	122.90	137.14
2	4.58	11.90	22.00	33.67	45.90	58.44	71.29	84.47	97.98	111.83	126.03	140.59
3	4.78	12.33	22.71	34.66	47.18	60.01	73.16	86.65	100.48	114.66	129.19	144.07
4	4.96	12.73	23.37	35.61	48.42	61.55	75.02	88.83	102.99	117.50	132.36	147.58
5	5.12	13.09	23.99	36.52	49.64	63.09	76.89	91.03	105.52	120.37	135.56	151.11
6	5.26	13.43	24.59	37.43	50.87	64.65	78.77	93.25	108.08	123.26	138.80	154.68
7	5.39	13.77	25.20	38.35	52.11	66.23	80.69	95.51	110.68	126.19	142.06	158.28
8	5.53	14.10	25.82	39.29	53.39	67.84	82.65	97.80	113.30	129.15	145.36	161.92
9	5.66	14.46	26.46	40.26	54.70	69.49	84.63	100.12	115.95	132.14	148.69	165.62
10	5.81	14.82	27.11	41.24	56.02	71.15	86.63	102.45	118.62	135.15	152.07	169.38
11	5.95	15.19	27.78	42.24	57.36	72.82	88.63	104.79	121.31	138.20	155.50	173.21
12	6.10	15.56	28.45	43.24	58.69	74.49	90.63	107.13	124.02	141.30	158.99	177.12
13	6.25	15.93	29.11	44.23	60.01	76.14	92.63	109.50	126.76	144.44	162.55	181.12

图 5－13　毛保费准备金示例

((1－费用! $D$7) * INDEX('CL1(00－03)'! $A$1:$M$110,5＋$A9＋C$8,8)

（第三年保费剔除费用）

＋(1－费用! $D$8) * INDEX('CL1(00－03)'! $A$1:$M$110,5＋$A9＋C$8＋1,8)

（第四年保费剔除费用）

＋(1－费用! $D$9) * (INDEX('CL1(00－03)'! $A$1:$M$110,5＋$A9＋C$8＋2,9)－'CL1(00－03)'! $I25))

（四年以后保费剔除费用）

/INDEX('CL1(00－03)'! $A$1:$M$110,5＋$A9＋C$8,8)

同理从第四列开始为

sa2 * INDEX('CL1(00 -03)'! $A$1:$M$110,5 +$A9 +E$8,12)/INDEX('CL1(00 -03)'! $A$1:$M$110,5 +$A9 +E$8,8) - VLOOKUP(age,prem1,4) *

((1 - 费用! $D$9) * (INDEX('CL1(00 -03)'! $A$1:$M$110,5 +$A9 +E$8,9) -'CL1(00 -03)'! $I25))

(四年以后保费剔除费用)

/INDEX('CL1(00 -03)'! $A$1:$M$110,5 +$A9 +E$8,8)

在这里还需要注意保单年度21,此时已经没有保费收入,表达式为

sa2 * INDEX('CL1(00 -03)'! $A$1:$M$110,5 +$A9 +V$8,12)/INDEX('CL1(00 -03)'! $A$1:$M$110,5 +$A9 +V$8,8)

从以上可以看出，毛保费准备金只是在准备金计算的过程中加入了费用结构，从理论上与其他准备金一致。表达起来相对繁琐，容易出错。

(2) 用 Excel VBA 计算准备金

①用 VBA 计算准备金的特点。VBA 定价的优点在于，可以大批量的处理数据，特别适合准备金和现金价值的计算，运算速度也非常快，修改容易。

②在 VBA 中编写准备金程序（以理论责任准备金为例，已经加入了批注，不再详细说明）。程序如下：

```
Sub reserve()
'声明所使用变量,也可以不声明,会影响运算速度
Dim age As Integer
Dim year As Integer
Dim sa As Double
Dim D(105) As Double, M(105) As Double, N(105) As Double, R(105) As Double, prem(105) As Double
'读入换算函数表
For age = 0 To 105
    D(age) = Sheets("CL1(00 -03)").Cells(age +5, 8)
    M(age) = Sheets("CL1(00 -03)").Cells(age +5, 12)
    N(age) = Sheets("CL1(00 -03)").Cells(age +5, 9)
Next age

'读入保费表和保额
Sheets("净保费").Select
For age = 0 To 105
prem(age) = Cells(age +7, 4).Value
Next age
sa = Sheets("净保费").Range("B4").Value

'输出数据表(空表)
```

```
Sheets("Sheet1").Select
Range("B2").Select
Range("B2").Value = "年龄/保单年"
For age = 0 To 80
ActiveCell.Offset(age + 1, 0).Value = age
Next age

For year = 1 To 20
ActiveCell.Offset(0, year).Value = year
Next year

'对已输出的数据表进行格式设置
    Sheets("Sheet1").Select
    Range("B2").Select
    Range(Selection, Selection.End(xlDown)).Select
    Range(Selection, Selection.End(xlDown)).Select
    Range(Selection, Selection.End(xlToRight)).Select
    Range(Selection, Selection.End(xlToRight)).Select
    Selection.Borders(xlDiagonalDown).LineStyle = xlNone
    Selection.Borders(xlDiagonalUp).LineStyle = xlNone
    With Selection.Borders(xlEdgeLeft)
        .LineStyle = xlContinuous
        .Weight = xlThin
        .ColorIndex = xlAutomatic
    End With
    With Selection.Borders(xlEdgeTop)
        .LineStyle = xlContinuous
        .Weight = xlThin
        .ColorIndex = xlAutomatic
    End With
    With Selection.Borders(xlEdgeBottom)
        .LineStyle = xlContinuous
        .Weight = xlThin
        .ColorIndex = xlAutomatic
    End With
    With Selection.Borders(xlEdgeRight)
        .LineStyle = xlContinuous
        .Weight = xlThin
```

```
            .ColorIndex = xlAutomatic
        End With
        With Selection.Borders(xlInsideVertical)
            .LineStyle = xlContinuous
            .Weight = xlThin
            .ColorIndex = xlAutomatic
        End With
        With Selection.Borders(xlInsideHorizontal)
            .LineStyle = xlContinuous
            .Weight = xlThin
            .ColorIndex = xlAutomatic
        End With

    '定位指针
        Sheets("Sheet1").Select
        Range("B2").Select
    '对年龄循环
    For age = 0 To 80
    '对保单年度循环
    For year = 1 To 20
    '准备金表达式
    ActiveCell.Offset(age + 1, year).Value = sa * (M(age + year) - M(age + 20)) / D(age +
                    year) - prem(age) * (N(age + year) - N(age + 20)) / D(age
                    + year)
    Next year
    Next age
    End Sub
```

读者为了能够熟悉使用这段程序还需要自己结合 Excel 使用。事实上，上面的小段程序是做成一个准备金的基本步骤，读者只需要在准备金表达式那段小程序里面写清楚准备金通项公式就可以处理各种准备金的情况。与前面用 Excel 来比，公式更直观地说明计算逻辑，同时也避免了一些单元格引用上的错误。

毛保费准备金的计算会相对麻烦一些，主要是将上面的表达式转化为一个逻辑表达式。分情况列出公式。（最简单的可以使用 if – then 语句）读者可以自己试验。

以下给出理论责任准备金的部分计算结果（如表 5 – 1、表 5 – 2、表 5 – 3、表 5 – 4 所示）。

表 5－1　　　　　　　　趸交终身寿险的理论责任准备金

投保年龄 \ 保单年度末	1	2	3	4	5
20	263.9093	270.0163	276.2573	282.6412	289.1735
21	270.0163	276.2573	282.6412	289.1735	295.8589
22	276.2573	282.6412	289.1735	295.8589	302.7025
23	282.6412	289.1735	295.8589	302.7025	309.7115
24	289.1735	295.8589	302.7025	309.7115	316.8874
25	295.8589	302.7025	309.7115	316.8874	324.2301
26	302.7025	309.7115	316.8874	324.2301	331.7362
27	309.7115	316.8874	324.2301	331.7362	339.4023
28	316.8874	324.2301	331.7362	339.4023	347.2262
29	324.2301	331.7362	339.4023	347.2262	355.2135
30	331.7362	339.4023	347.2262	355.2135	363.3662
31	339.4023	347.2262	355.2135	363.3662	371.6853
32	347.2262	355.2135	363.3662	371.6853	380.1713
33	355.2135	363.3662	371.6853	380.1713	388.8232
34	363.3662	371.6853	380.1713	388.8232	397.6388
35	371.6853	380.1713	388.8232	397.6388	406.6171
36	380.1713	388.8232	397.6388	406.6171	415.7593
37	388.8232	397.6388	406.6171	415.7593	425.0696
38	397.6388	406.6171	415.7593	425.0696	434.5533
39	406.6171	415.7593	425.0696	434.5533	444.2165
40	415.7593	425.0696	434.5533	444.2165	454.0628
41	425.0696	434.5533	444.2165	454.0628	464.0913
42	434.5533	444.2165	454.0628	464.0913	474.2971
43	444.2165	454.0628	464.0913	474.2971	484.6742
44	454.0628	464.0913	474.2971	484.6742	495.2177
45	464.0913	474.2971	484.6742	495.2177	505.9273
46	474.2971	484.6742	495.2177	505.9273	516.8061
47	484.6742	495.2177	505.9273	516.8061	527.8621
48	495.2177	505.9273	516.8061	527.8621	539.1029
49	505.9273	516.8061	527.8621	539.1029	550.5325
50	516.8061	527.8621	539.1029	550.5325	562.1444

表 5-2　　终身寿险终身交费的理论责任准备金

投保年龄＼保单年度末	1	2	3	4	5
20	8.028732	16.22342	24.59789	33.16415	41.92949
21	8.260196	16.70161	25.33634	34.17175	43.21436
22	8.510852	17.21661	26.1247	35.2417	44.57435
23	8.779568	17.76317	26.95746	36.36923	46.00834
24	9.062192	18.33691	27.83101	37.55443	47.50956
25	9.358484	18.93833	28.74958	38.79462	49.07316
26	9.669226	19.57201	29.71077	40.08521	50.69042
27	9.998275	20.2348	30.70927	41.41675	52.35258
28	10.33863	20.91757	31.73184	42.77676	54.04888
29	10.68809	21.61393	32.7728	44.16121	55.78754
30	11.04242	22.32034	33.83027	45.58065	57.57441
31	11.40229	23.03913	34.91908	47.04511	59.41859
32	11.7694	23.78467	36.04882	48.56324	61.32872
33	12.15659	24.56499	37.2266	50.14223	63.31022
34	12.5592	25.37469	38.44729	51.77532	65.35566
35	12.97647	26.21327	39.70871	53.45964	67.46439
36	13.40866	27.07932	41.00879	55.19538	69.6408
37	13.85414	27.97057	42.34757	56.98688	71.89546
38	14.31228	28.88875	43.73116	58.84658	74.24353
39	14.78549	29.84073	45.1729	60.79063	76.70395
40	15.27837	30.83777	46.68696	62.83613	79.29129
41	15.79781	31.88984	48.28644	64.99373	82.01007
42	16.34711	33.00362	49.97575	67.26181	84.85367
43	16.92987	34.18053	51.75029	69.63085	87.81144
44	17.54403	35.41259	53.59724	72.08701	90.87332
45	18.18366	36.68898	55.50481	74.6224	94.04098
46	18.84377	38.00372	57.47095	77.24467	97.33102
47	19.52333	39.35977	59.50851	79.9758	100.7765
48	20.22648	40.77141	61.64115	82.85086	104.415
49	20.96375	42.25893	63.90101	85.90473	108.2779
50	21.74545	43.84514	66.31412	89.16039	112.3711

表 5-3　　终身寿险 20 年交费的 FPT 责任准备金

年龄	α	β	保单年度末			
			1	2	3	4
20	0.61338	17.305117	0.000000	17.079823	34.567888	52.482513
21	0.652889	17.710639	0.000000	17.464894	35.355340	53.685080
22	0.683509	18.125544	0.000000	17.866580	36.171454	54.927685
23	0.707214	18.550669	0.000000	18.280759	37.011877	56.206717
24	0.728944	18.986559	0.000000	18.706992	37.876718	57.525715
25	0.749687	19.433722	0.000000	19.145802	38.769958	58.881636
26	0.769441	19.8927	0.000000	19.600724	39.687981	60.268484
27	0.785245	20.364278	0.000000	20.064612	40.621355	61.672663
28	0.805	20.848768	0.000000	20.534818	41.562848	63.087125
29	0.831668	21.346333	0.000000	21.006553	42.507747	64.508204
30	0.87019	21.856838	0.000000	21.479700	43.456799	65.947946
31	0.920564	22.380172	0.000000	21.955151	44.422465	67.413347
32	0.981803	22.916305	0.000000	22.444786	45.411098	68.909033
33	1.042055	23.466027	0.000000	22.943471	46.416323	70.428365
34	1.107245	24.029781	0.000000	23.449692	47.436101	71.966926
35	1.179349	24.60793	0.000000	23.962842	48.467314	73.520060
36	1.259355	25.200841	0.000000	24.480344	49.505801	75.084877
37	1.350226	25.808796	0.000000	25.000531	50.551146	76.664115
38	1.453938	26.432102	0.000000	25.524724	51.607949	78.267536
39	1.569502	27.071326	0.000000	26.056491	52.685297	79.906020
40	1.693956	27.72747	0.000000	26.601817	53.791347	81.589937
41	1.822361	28.40213	0.000000	27.163340	54.931427	83.321772
42	1.953729	29.097245	0.000000	27.744050	56.105833	85.095514
43	2.087073	29.815112	0.000000	28.341386	57.305713	86.897107
44	2.22733	30.557989	0.000000	28.948816	58.519095	88.713005
45	2.383392	31.327839	0.000000	29.560507	59.738275	90.538395
46	2.563158	32.126413	0.000000	30.174366	60.963961	92.382420
47	2.770582	32.955559	0.000000	30.793331	62.207853	94.264673
48	3.004673	33.817636	0.000000	31.426771	63.487819	96.213434
49	3.25852	34.716025	0.000000	32.084116	64.824735	98.251925
50	3.526195	35.655194	0.000000	32.777880	66.234250	100.392740

表 5－4　　终身寿险 20 年交费的毛保费准备金

投保年龄＼保单年度末	1	2	3	4	5
20	7.14	18.29	33.58	51.18	69.61
21	7.28	18.68	34.32	52.33	71.19
22	7.43	19.10	35.10	53.53	72.82
23	7.60	19.53	35.91	54.77	74.52
24	7.78	19.98	36.74	56.05	76.26
25	7.95	20.45	37.61	57.37	78.05
26	8.14	20.93	38.50	58.72	79.88
27	8.34	21.43	39.40	60.09	81.72
28	8.53	21.93	40.32	61.47	83.57
29	8.73	22.43	41.22	62.84	85.44
30	8.92	22.92	42.13	64.23	87.33
31	9.11	23.40	43.03	65.62	89.24
32	9.29	23.89	43.95	67.04	91.18
33	9.47	24.39	44.89	68.48	93.14
34	9.66	24.89	45.83	69.94	95.13
35	9.85	25.39	46.78	71.41	97.12
36	10.04	25.90	47.74	72.87	99.13
37	10.22	26.39	48.68	74.35	101.16
38	10.40	26.88	49.63	75.83	103.21
39	10.57	27.37	50.58	77.34	105.31
40	10.74	27.87	51.56	78.89	107.45
41	10.92	28.37	52.56	80.48	109.64
42	11.10	28.90	53.60	82.10	111.88
43	11.29	29.45	54.66	83.76	114.14
44	11.48	30.00	55.73	85.42	116.41
45	11.68	30.54	56.79	87.07	118.69
46	11.86	31.07	57.83	88.72	120.98
47	12.03	31.57	58.86	90.39	123.32
48	12.18	32.08	59.91	92.10	125.73
49	12.34	32.58	60.99	93.87	128.24
50	12.50	33.12	62.13	95.74	130.85

5.5 敏感性分析

以下用30岁的男性投保人各年的毛保费准备金为例，通过控制其他因素，仅变动单个因素，来比较分析各代表性的险种的准备金对各因素的敏感性①。

5.5.1 利率

对于30岁男性投保的20年定期寿险（20年交费）、终身寿险（终身交费）和60岁开始给付的终身年金（20年交费），前两者的费用率采用实验三的假设，年金采用的费用率如下：第1年是10%，第2年是5%，第3年是3%，第4年是1%。生命表采用CL（2000—2003），变动利率为1%、2.5%和4%，可以发现毛保费责任准备金随利率变动分别如图5－14、图5－15和图5－16所示。由这三个图可以看出，三种保险的毛保费准备金都会随着利率的上升而减少。

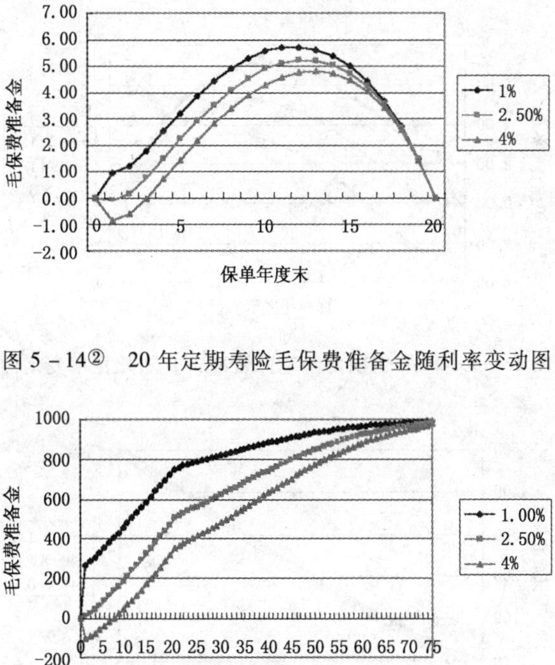

图5－14② 20年定期寿险毛保费准备金随利率变动图

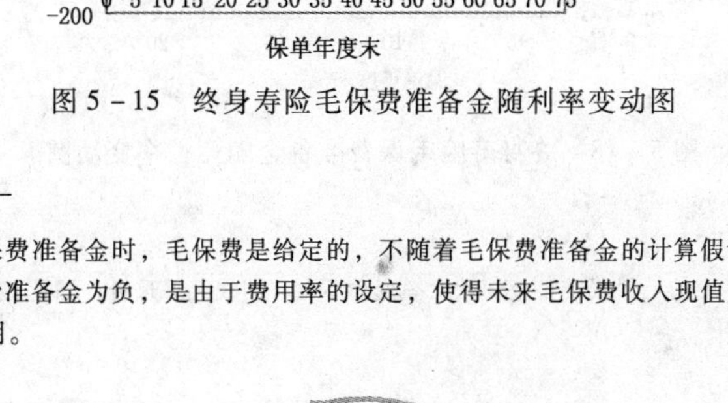

图5－15 终身寿险毛保费准备金随利率变动图

① 需要注意：调整毛保费准备金时，毛保费是给定的，不随着毛保费准备金的计算假设的变化而变化。

② 图中前几年的毛保费准备金为负，是由于费用率的设定，使得未来毛保费收入现值大于了未来给付和费用之和。以下有类似情况，不再作说明。

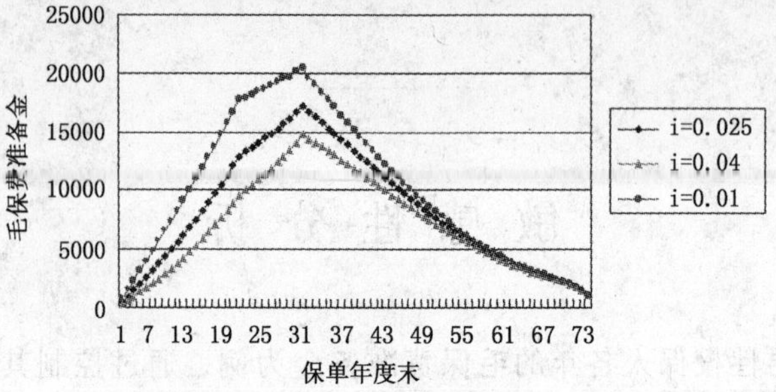

图 5－16　终身年金毛保费准备金随利率变动图

5.5.2　死亡率

对于上述险种，利率采用 2.5%，其他假设不变，变动生命表，以 CL（2000—2003）为基础，对其死亡率分别乘以 0.9、不变和乘以 1.1，可以发现毛保费责任准备金随死亡率变动分别如图5－17、图 5－18 和图 5－19 所示。由这三个图可以看出，定期寿险和终身寿险的毛保费准备金都会随着死亡率上升而上升，并且定期寿险的毛保费准备金变动的相对比率大于终身寿险的变动的相对比率；与前两种相反的是，终身年金的毛保费准备金会随着死亡率的上升而下降。

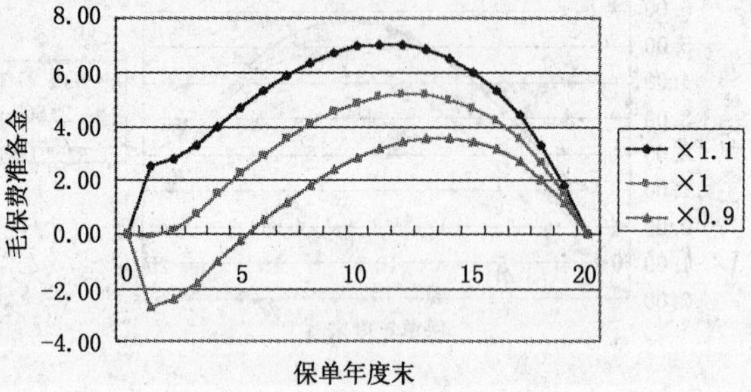

图 5－17　20 年定期寿险毛保费准备金随死亡率变动图

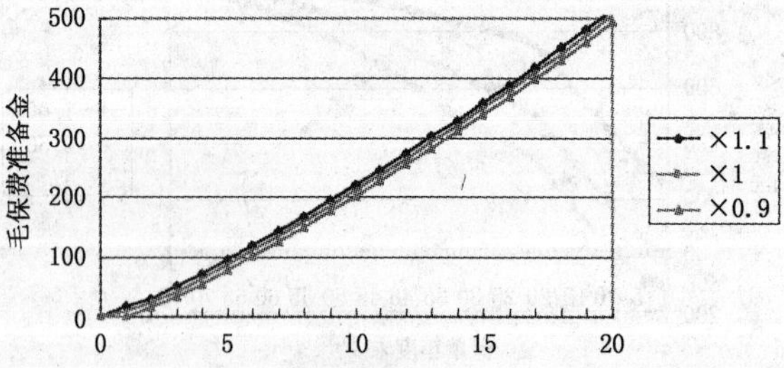

图 5－18　终身寿险毛保费准备金随死亡率变动图①

① 因终身寿险各保单年度的毛保费准备金随死亡率变动不大，曲线几乎重合，因此截取 20 的作图展示，增加清晰度。与图 5－19 类似。

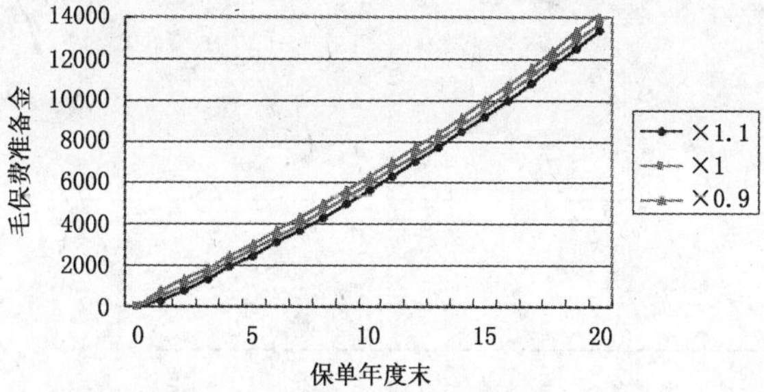

图 5－19　终身年金毛保费准备金随死亡率变动图

5.5.3　费用率

仍然对于上述 30 岁男性投保的 20 年定期寿险、终身寿险和 60 岁开始给付的终身年金，利率采用 2.5%，生命表采用 CL（2000—2003），对费用率进行变化，分别乘以 0.9、不变和乘以 1.1，可以发现毛保费责任准备金随费用率变动分别如图 5－20、图 5－21 所示。由这两个图可以看出，这两个险种的毛保费准备金都会随着费用率上升而上升，但幅度都不大。年金的毛保费准备金变动也很小，此处不作比较。

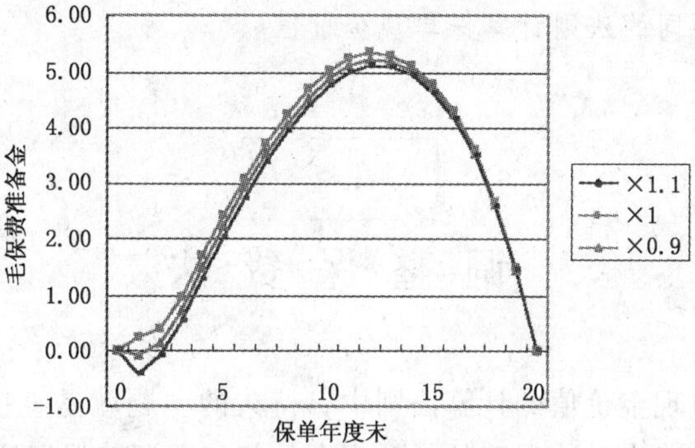

图 5－20　20 年定期寿险毛保费准备金随费用率变动图

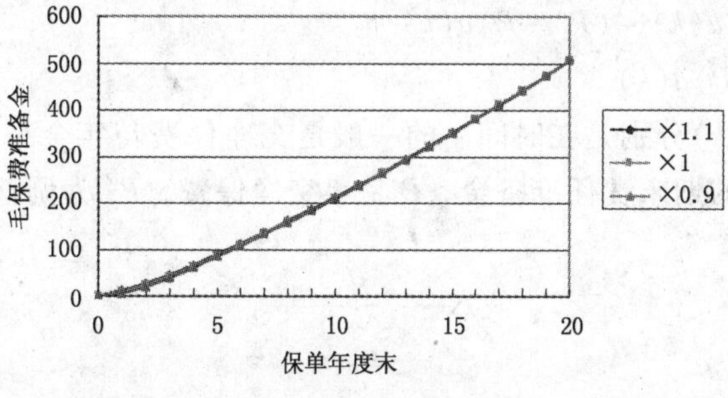

图 5－21　终身寿险毛保费准备金随费用率变动图

实验六 SHIYANLIU

使用调整保费法计算保单现金价值

实验目的和要求：

理解调整保费法的思想，熟悉美国1941年和1980年法规，并按照这两项法规使用VBA来计算保单现金价值。

实验内容：

设计产品，根据不同的法则计算保单现金价值。

6.1 调整保费法

在不丧失保单利益现金价值的计算法则中，持久的主题就是直接确认数额及费用分摊。与此相符的一种思路是确定单位保险的最低现金价值，即调整保费法：

$$
\begin{aligned}
{}_kCV &= A(k) - P^{\alpha}\cdot\ddot{a}(k)\\
&= A(k) - P^{\alpha}\cdot\ddot{a}(k) + P\cdot\ddot{a}(k) - P\cdot\ddot{a}(k)\\
&= A(k) - P\cdot\ddot{a}(k) - (P^{\alpha} - P)\ddot{a}(k)\\
&= {}_kV - (P^{\alpha} - P)\ddot{a}(k)
\end{aligned}
$$

其中，$A(k)$与$\ddot{a}(k)$分别是在时间k的一般趸交净保费与年金精算现值符号，$k=1, 2, 3, \ldots$，${}_kV$是时间k时的期末责任准备金，P是年交净保费，P^{α}为调整保费。

6.2 1941年与1980年法规

北美精算学会研究不丧失保单利益及相关事物的委员会在1975年报告中确定了调整保

费的两类费用：一类是每单位保险在整个交费期内每年分摊的均衡费用，记为 E；另一类是第一年额外费用补偿，记为 E_1，假设毛保费 G 是由调整保费和均衡年费用 E 所组成的，并假设第一年的费用部分 E_1 是由调整保费确定的，于是：

$$G = P^{\alpha} + E$$

$$G\ddot{a} = (P^{\alpha} + E)\ddot{a} = A + E_1 + E\ddot{a}$$

$$P^{\alpha} = \frac{A + E_1}{\ddot{a}}$$

美国保险监督官协会（NAIC）的 1941 年规则中对每单位保险的第一年费用补偿 E_1 作了明确规定。

$$E_1 = 0.4\min(P^{\alpha}, 004) + 0.25\min(P^{\alpha}, P_x^{\alpha}, 0.04) + 0.02$$

其中 P_x^{α} 为终身调整保费，即按上述公式计算的终身寿险的调整保费，对于其他类型的寿险产品，终身调整保费是一个中间判断的量。

相应得出表 6－1：

表 6－1　　1941 年中的调整保费

美国 1941 年法规中的调整保费

险种	终身	该险种调整保费范围	每单位保险的调整保费公式
终身	<0.04	<0.04	$(A_x + 0.02)/(\ddot{a}_x - 0.65)$
	≥0.04	≥0.04	$(A_x + 0.046)/\ddot{a}_x$
其他	<0.04	<0.04 且 $\leqslant P_x^{\alpha}$	$(A + 0.02)/(\ddot{a} - 0.65)$
	<0.04	<0.04 但 $> P_x^{\alpha}$	$(A + 0.02 + 0.25P_x^{\alpha})/(\ddot{a} - 0.4)$
	≥0.04	<0.04	$(A + 0.02)/(\ddot{a} - 0.65)$
	<0.04	≥0.04	$(A + 0.036 + 0.25P_x^{\alpha})/\ddot{a}$
	≥0.04	≥0.04	$(A + 0.046)/\ddot{a}$

其中，P^{α} 表示对应保单的调整保费，P 表示该保单的净保险费率，而 P_x^{α} 则是（x）的终身寿险保单的调整保险费率。

由于 1941 年规则过于复杂，1980 年，美国保险监督官协会（NAIC）对 E_1 进行了简化。

$$E_1 = 1.25\min(P, 0.04) + 0.01$$

则其调整保费如下：

$p < 0.04$ 时，　　$P^{\alpha} = (A + 1.25P + 0.01)/\ddot{a}$

$p \geqslant 0.04$ 时，　　$P^{\alpha} = (A + 0.06)/\ddot{a}$

6.3 示例

以一个20年期20年交费保险金额为1000元的两全保险为例，按照1941年及1980年法规计算其现金价值。

计算基础：死亡率采用中国保险业生命表CL1（2000—2003），利率=2.5%

6.3.1 按照1941年法规来计算保单现金价值

进入VBA编辑器，选中左边框内的模块，点击鼠标右键->插入->模块，然后就会弹出一个模块窗口。然后在这个模块里面编写程序。VBA的语法介绍参考前面的章节，这里不再作介绍。

首先进行生命表换算函数的变量声明，这样就避免了在每个过程里进行重复声明的麻烦。

```
Dim c(105) As Double
Dim d(105) As Double
Dim m(105) As Double
Dim n(105) As Double
```

下面给出单位保额的终身调整保费的计算程序：

```
Sub 终身调整保费1941()
    Dim a As Double
    Dim b As Double
    Dim pp As Double

For i = 0 To 105
        c(i) = Sheets("cl1").Cells(3 + i, 8)
        d(i) = Sheets("cl1").Cells(3 + i, 9)
        m(i) = Sheets("cl1").Cells(3 + i, 10)
        n(i) = Sheets("cl1").Cells(3 + i, 11)
Next i

For i = 0 To 85
        a = n(i) / d(i)
        b = m(i) / d(i)
        pp = (b + 0.02) / (a - 0.65)
        If pp >= 0.04 Then
```

```
            pp = (b + 0.046) / a
        End If
        ThisWorkbook.Sheets("1941cso").Cells(15 + i, 3) = pp
Next i
End Sub
```

下面是该险种单位保额的调整保费的计算程序：

```
Sub 调整保费1941()
Dim p As Double
    Dim a As Double
    Dim b As Double
    Dim pp As Double
    Dim i As Integer

    For i = 0 To 105
        c(i) = Sheets("cl1").Cells(3 + i, 8)
        d(i) = Sheets("cl1").Cells(3 + i, 9)
        m(i) = Sheets("cl1").Cells(3 + i, 10)
        n(i) = Sheets("cl1").Cells(3 + i, 11)
    Next i
    For i = 0 To 85
      b = (m(i) - m(20 + i) + d(20 + i)) / d(i)
      a = (n(i) - n(20 + i)) / d(i)
       pp = Sheets("1941CSO").Cells(15 + i, 3).Value
    If pp < 0.04 Then
        p = (b + 0.02) / (a - 0.65)
        If Not (p < 0.04 And p <= pp) Then
            p = (b + 0.02 + 0.25 * pp) / (a - 0.4)
                If Not (p < 0.04 And p > pp) Then
                    p = (b + 0.036 + 0.25 * pp) / a
                End If
        End If
    Else
       p = (b + 0.02) / (a - 0.65)
       If Not (p < 0.04) Then
           p = (b + 0.046) / a
       End If
    End If
```

```
    Sheets("1941cso").Cells(15 + i, 4).Value = p
    Next i
End Sub
```

下面是现金价值的计算程序：

```
Sub 现金价值1941()
    Dim i As Integer
    Dim j As Integer
    Dim b As Integer
    Dim a As Double
    Dim aa As Double
    Dim ben as Double
ben = Sheets("1941cso").Range("g11")
    For i = 1 To 20
        For j = 0 To 85
    aa = (Sheets("cl1").Cells(i + j + 3, 10).Value
        - Sheets("cl1").Cells(j + 23, 10).Value
        + Sheets("cl1").Cells(j + 23, 9).Value)
        / Sheets("cl1").Cells(i + j + 3, 9).Value
    a = (Sheets("cl1").Cells(i + j + 3, 11).Value
            - Sheets("cl1").Cells(j + 23, 11).Value)
            / Sheets("cl1").Cells(i + j + 3, 9).Value
    Sheets("1941CSO").Cells(j + 105, i + 1).Value
        = ben * (aa - a * Sheets("1941CSO").Cells(15 + j, 4).Value)
      If Sheets("1941CSO").Cells(j + 105, i + 1).Value < 0 Then
                Sheets("1941CSO").Cells(j + 105, i + 1).Value = 0
            End If
        Next j
    Next i
End Sub
```

给出部分结果如表 6－2、表 6－3 所示：

表 6－2　　1941 规则下的调整保费

年龄	终身调整保费	调整保费	年龄	终身调整保费	调整保费
21	9.571325301	41.07624	41	18.5326704	42.4755
22	9.859412409	41.10214	42	19.23710765	42.63208
23	10.15886802	41.12978	43	19.97866838	42.80691
24	10.47059986	41.15996	44	20.76046624	43.00331
25	10.79540214	41.19317	45	21.58573562	43.22459
26	11.1340939	41.22986	46	22.45765531	43.47382

续表

年龄	终身调整保费	调整保费	年龄	终身调整保费	调整保费
27	11.48755896	41.27058	47	23.37939006	43.75398
28	11.85686488	41.31612	48	24.35428962	44.06825
29	12.24286438	41.36688	49	25.38617399	44.42049
30	12.64636788	41.42308	50	26.4797242	44.81572
31	13.06806276	41.48469	51	27.64056916	45.26021
32	13.50869753	41.55164	52	28.87555864	45.76173
33	13.96912754	41.62392	53	30.19241042	46.32906
34	14.4507678	41.70236	54	31.59945934	46.97157
35	14.95491955	41.78742	55	33.10480752	47.69821
36	15.48292421	41.8796	56	34.71539508	48.51639
37	16.03621039	41.9795	57	36.43698319	49.43217
38	16.6162195	42.08787	58	38.27444743	50.45077
39	17.22445073	42.20565	59	40.22347155	51.57363
40	17.86259944	42.33422	60	42.22318092	52.77865

表 6－3　　1941 规则下的现金价值

	投保年龄				
保单年度	20	30	40	50	60
1	2.1686468	1.4273425	0.1792824	0	0
2	43.660034	43.018202	41.78551	40.795498	41.345019
3	86.188104	85.631088	84.387064	83.914905	85.589248
4	129.78836	129.29883	128.02057	128.02748	130.27895
5	174.4922	174.05015	172.72013	173.15426	175.46297
6	220.33084	219.91381	218.515	219.29257	221.18178
7	267.33621	266.9198	265.43201	266.42599	267.47108
8	315.54312	315.09821	313.4999	314.53745	314.37459
9	364.98155	364.48055	362.75367	363.62674	361.95477
10	415.68116	415.10209	413.23838	413.72685	410.30718
11	467.67079	467.00291	465.00763	464.90712	459.56498
12	520.98206	520.22854	518.12383	517.27178	509.90586
13	575.64998	574.82735	572.65236	570.95375	561.56492
14	631.71711	630.85043	628.65964	626.10644	614.84425
15	689.22525	688.34957	686.21006	682.90334	670.13238
16	748.21795	747.37742	745.36839	741.54164	727.92478
17	808.74123	807.99001	806.21069	802.2532	788.85741
18	870.84374	870.24963	868.8357	865.32037	853.7497
19	934.57777	934.22666	933.37527	931.09183	923.66581
20	1000	1000	1000	1000	1000

6.3.2 按照1980年法规来计算保单的现金价值

(1) 首先计算该两全保险的纯保费，计算程序如下

```
Sub 纯保费( )
    Dim aa As Double
    Dim a As Double
    Dim ben As Double
        Dim i as integer

For i = 0 To 105
        c(i) = Sheets("cl1"). Cells(3 + i, 8)
        d(i) = Sheets("cl1"). Cells(3 + i, 9)
        m(i) = Sheets("cl1"). Cells(3 + i, 10)
        n(i) = Sheets("cl1"). Cells(3 + i, 11)
    Next i

    ben = Sheets("1980CSO"). Range("j6"). Value

    For i = 0 To 85
            aa = (m(i) - m(i + 20) + d(i + 20)) / d(i)
            a = (n(i) - n(i + 20)) / d(i)
            Sheets("1980CSO"). Cells(i + 11, 3). Value = aa / a
    Next i
End Sub
```

(2) 再计算该两全保险的调整保费，计算程序如下

```
Sub 调整保费1980()
    Dim p As Double
    Dim a As Double
    Dim b As Double
    Dim i As Integer
    Dim ben As Double

    For i = 0 To 105
        c(i) = ThisWorkbook. Sheets("cl1"). Cells(3 + i, 8)
        d(i) = ThisWorkbook. Sheets("cl1"). Cells(3 + i, 9)
        m(i) = ThisWorkbook. Sheets("cl1"). Cells(3 + i, 10)
        n(i) = ThisWorkbook. Sheets("cl1"). Cells(3 + i, 11)
```

```
    Next i

    ben = Sheets("1980CSO").Range("j6").Value
    For i = 0 To 85
        b = (m(i) - m(20 + i) + d(20 + i)) / d(i)
        a = (n(i) - n(20 + i)) / d(i)

        If (Sheets("1980CSO").Cells(i + 11, 3)) < 0.04 Then
          p = (b + 1.25 * Sheets("1980CSO").Cells(i + 11, 3) + 0.01)/a
        Else
          p = (b + 0.06) / a
        End If
        Sheets("1980CSO").Cells(i + 11, 4).Value = p
    Next i
End Sub
```

(3) 再计算保单现金价值

```
Sub 现金价值1980()
Dim i As Integer
Dim j As Integer
Dim ben As Integer    'ben 投保金额
    Dim a As Double
    Dim aa As Double
    ben = Sheets("1980CSO").Range("j6").Value
    For i = 0 To 105
        c(i) = Sheets("cl1").Cells(3 + i, 8)
        d(i) = Sheets("cl1").Cells(3 + i, 9)
        m(i) = Sheets("cl1").Cells(3 + i, 10)
        n(i) = Sheets("cl1").Cells(3 + i, 11)
    Next i
For i = 1 To 20
        For j = 0 To 85
            aa = (Sheets("cl1").Cells(i + j + 3, 10).Value
            - Sheets("cl1").Cells(j + 23, 10).Value
            + Sheets("cl1").Cells(j + 23, 9).Value)
            / Sheets("cl1").Cells(i + j + 3, 9).Value
            a = (Sheets("cl1").Cells(i + j + 3, 11).Value
                - Sheets("cl1").Cells(j + 23, 11).Value)
                / Sheets("cl1").Cells(i + j + 3, 9).Value
```

```
            Sheets("1980CSO").Cells(j+101, i+1).Value
                = ben * (aa - a * Sheets("1980CSO").Cells(11+j, 4).Value)
          If Sheets("1980CSO").Cells(j+101, i+1).Value < 0 Then
                Sheets("1980CSO").Cells(j+101, i+1).Value = 0
          End If
        Next j
    Next i
End Sub
```

给出部分结果如表6-4、表6-5所示：

表6-4　　1980规则下的调整保费

年龄	净保费	调整保费	年龄	净保费	调整保费
21	38.65617	42.33236	41	39.86648	43.70831
22	38.67676	42.35573	42	40.00624	43.86689
23	38.69886	42.38082	43	40.16293	44.03267
24	38.72321	42.40847	44	40.33969	44.21968
25	38.75027	42.4392	45	40.53962	44.43122
26	38.78049	42.47352	46	40.76561	44.67034
27	38.81435	42.51197	47	41.02044	44.93997
28	38.85261	42.55543	48	41.3071	45.2433
29	38.89563	42.6043	49	41.6292	45.58412
30	38.94363	42.65883	50	41.99144	45.96744
31	38.99654	42.71895	51	42.3997	46.39947
32	39.0543	42.78458	52	42.86128	46.88793
33	39.11689	42.85571	53	43.38439	47.44152
34	39.18505	42.9332	54	43.9778	48.06953
35	39.25924	43.01754	55	44.64982	48.78078
36	39.33989	43.10924	56	45.40734	49.58253
37	39.42758	43.20896	57	46.2559	50.48067
38	39.52298	43.31747	58	47.20022	51.48021
39	39.62698	43.43578	59	48.24544	52.58655
40	39.74088	43.56536	60	49.39872	53.80733

表6-5　　1980规则下的现金价值

	投保年龄	投保年龄	投保年龄	投保年龄	投保年龄
保单年度	20	30	40	50	60
1	0	0	0	0	0
2	25.264903	25.043417	24.092844	24.803493	28.508646

续表

	投保年龄	投保年龄	投保年龄	投保年龄	投保年龄
保单年度	20	30	40	50	60
3	68.610931	68.456502	67.480567	68.640498	73.342494
4	113.04978	112.94427	111.91932	113.48726	118.6279
5	158.61343	158.53597	157.44382	159.36515	164.41436
6	205.33371	205.26092	204.08389	206.2715	210.74293
7	253.24318	253.14967	251.86684	254.18962	257.6498
8	302.3773	302.23288	300.82197	303.10219	305.17931
9	352.76663	352.54266	350.98492	353.00902	353.3948
10	404.4414	404.11493	402.40159	403.9437	402.39314
11	457.43101	456.99054	455.12658	455.97673	452.30934
12	511.7677	511.21588	509.22343	509.21412	503.3235
13	567.48715	566.84022	564.75877	563.79102	555.67397
14	624.63274	623.91561	621.80021	619.86343	609.66694
15	683.24707	682.49481	680.41337	677.60776	665.69624
16	743.37453	742.63148	740.66425	737.22453	724.26409
17	805.06203	804.3827	802.6303	798.94953	786.01512
18	868.35917	867.81194	866.41215	863.06986	851.77992
19	933.31924	932.99091	932.14413	929.94011	922.63714
20	1000	1000	1000	1000	1000

实验七 SHIYANQI

根据精算规定计算保费

实验目的和要求：

熟悉我国保险监管部门对保费计算的精算规定，了解如何对各种寿险产品按照精算规定计算保费。

实验内容：

1. 熟悉我国关于保费计算的精算规定。
2. 根据精算规定计算各种险种和产品的保费。

7.1 有关保费计算的精算规定

中国保险监督管理委员会颁布的《人寿保险精算规定》中规定的人寿保险是指以人的生存或死亡为给付保险金条件的保险。分为年金保险（包括定期年金、终身年金）和非年金保险（包括定期死亡保险、终身死亡保险、两全保险）。本规定适用于非利差返还型的长期（保险期间1年以上）人寿保险（非分红）和保证续保保险费的1年期定期寿险，其他一年定期人寿保险的精算规定按《意外伤害保险精算规定》执行。具体的规定可以参考《寿险精算实务》的相关章节。以下简要介绍如下：

人寿保险的毛保费由净保费和附加费用构成。保险费应当根据预定利息率、预定死亡率、预定附加费用率等事项采用换算表方法进行计算。其中，预定利息率目前仍采用不超过年复利2.5%；预定死亡率由公司自行决定；平均附加费用率指的是预定附加费用精算现值之和占保单毛保费精算现值之和的百分比，它以及预定附加费用率、直接佣金占保费比例均不得超过一定标准，该标准参考《人寿保险精算规定》等相关规定。

7.2

根据精算规定计算保费

7.2.1　终身寿险的保费计算

假设A保险公司需要开发一款个人（非团体）的终身寿险，交费期10年，根据精算规定可知该产品的预定附加费用率的上限为：第一年为70%，第二年为40%，第三年为40%，以后各年为30%。平均附加费用率不能超过35%。期交保费方式的直接佣金总额占保费总额的比例不得超过5%，直接佣金占各保单年度保费的比例的上限为：第一年为35%，第二年为20%，第三年为15%。

由此，我们设定该终身寿险的假设如表7－1和表7－2所示：

表7－1　　终身寿险的相关参数

预定利息率：	2.50%
预定死亡率①：	$q_x+0.0005$
保险金额：	100000元
交费期：	10年

表7－2　　终身寿险费用率假设

	直接佣金比例（%）	其他费用比例（%）	预定费用率（%）
第1年	30	10	40
第2年	10	20	30
第3年	5	10	15
第4—10年	—	8	8

平均附加费用率公式如下：

$$\frac{40\%\times G\times D_x+30\%\times G\times D_{x+1}+15\%\times G\times D_{x+2}+8\%\times G\times(N_{x+3}-N_{x+10})}{G\times(N_x-N_{x+10})}$$

净保费公式：

$$P\times(N_x-N_{x+10})=100000\times M_x$$

毛保费公式：

$$G\times(N_x-N_{x+10})=100000\times M_x+0.4G\times D_x+0.3G\times D_{x+1}+0.15G\times D_{x+2}+0.08G\times(N_{x+3}-N_{x+10})$$

① 假设A保险公司的终身寿险的经验死亡率大于《中国人寿保险业经验生命表（2000—2003）》，用调整后的CL1（00－03）作为定价生命表，并且仅以男性为例进行计算。

（1）用 Excel 计算

①输入费率表。如图 7－1 所示。

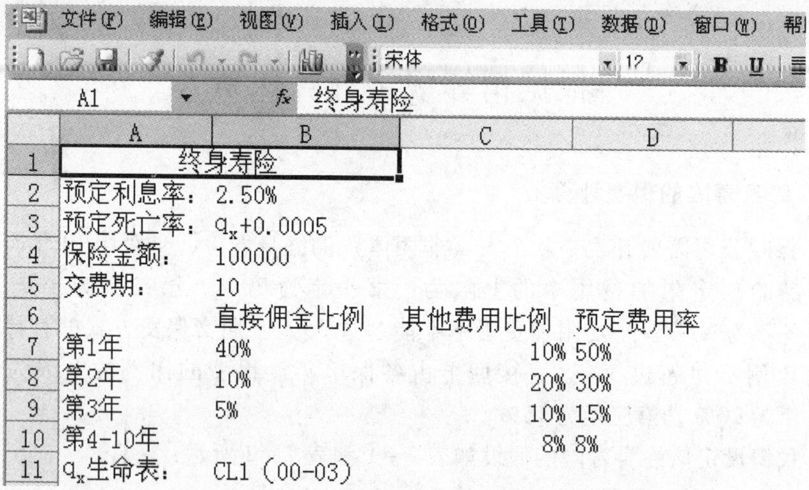

	A	B	C	D
1	终身寿险			
2	预定利息率：	2.50%		
3	预定死亡率：	q_x+0.0005		
4	保险金额：	100000		
5	交费期：	10		
6		直接佣金比例	其他费用比例	预定费用率
7	第1年	40%	10%	50%
8	第2年	10%	20%	30%
9	第3年	5%	10%	15%
10	第4-10年		8%	8%
11	q_x生命表：	CL1（00-03）		

图 7－1　输入终身寿险的费率信息

②修改生命表。在 CL1（00—03）的表中，插入一列命名为"q_x＋0.0005"（如图 7－2 所示）。将新的表更名为"CL1（00—03）改"。

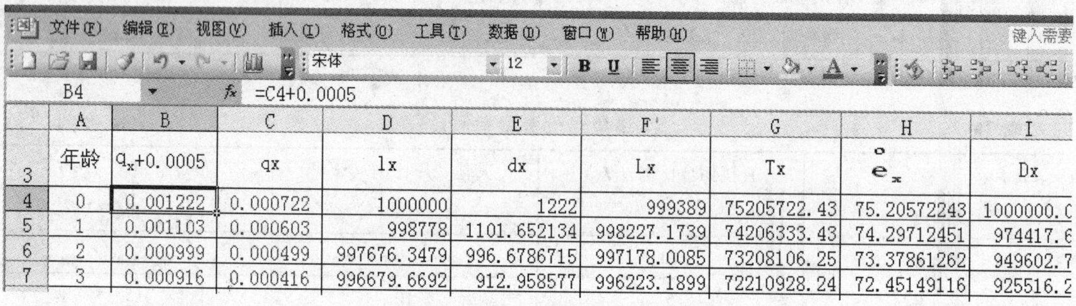

	A	B	C	D	E	F	G	H	I
3	年龄	q_x+0.0005	qx	lx	dx	Lx	Tx	$\mathring{e}_x$	Dx
4	0	0.001222	0.000722	1000000	1222	999389	75205722.43	75.20572243	1000000.0
5	1	0.001103	0.000603	998778	1101.652134	998227.1739	74206333.43	74.29712451	974417.6
6	2	0.000999	0.000499	997676.3479	996.6786715	997178.0085	73208106.25	73.37861262	949602.7
7	3	0.000916	0.000416	996679.6692	912.958577	996223.1899	72210928.24	72.45149116	925516.2

图 7－2　针对终身寿险修改生命表

③ 计算净保费。在"B14"单元格中输入公式，计算出 0 岁投保的净保费（如图 7－3 所示），用$符号锁定保险金额对应的单元格 B4，下拉 B14 单元格即可得出其他投保年龄的净保费。

④ 计算毛保费。在"C14"单元格中输入公式，计算出 0 岁投保的毛保费（如图 7－4 所示），同样的，下拉 C14 单元格即可得到所有年龄的毛保费。这里需要注意的是，由于对不同的年龄，预定的附加费用率和保险金额是一样的，所以在下拉单元格时，需要将相应的单元格用$符号锁定。

⑤ 计算平均附加费用率和直接佣金总额占保费总额的比例。如图 7－5 和图 7－6 所示，计算出的 0 岁投保时，平均附加费用率为 15%，低于精算规定要求的 35%，而直接佣金总额占保费总额的比例为 5%，满足不超过 5% 的要求。随后，下拉单元格可以很快得出所有年龄的平均附加费用率和直接佣金总额占保费总额的比例，发现 34 岁以前的直接佣金总额占保费总额的比例都不超过 5%，此后超过上限的佣金比例和费用率需要调整，本书就不详

细介绍，读者可以自己尝试。

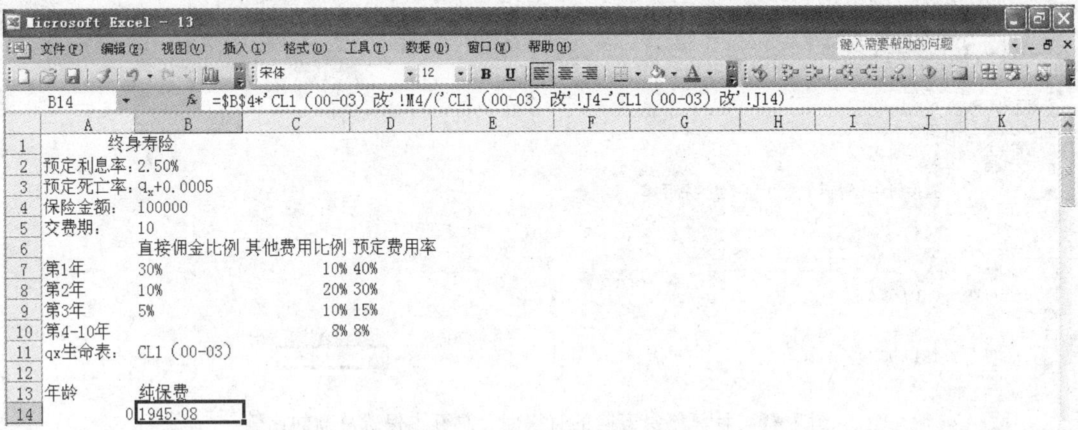

图 7－3　计算终身寿险的净保费

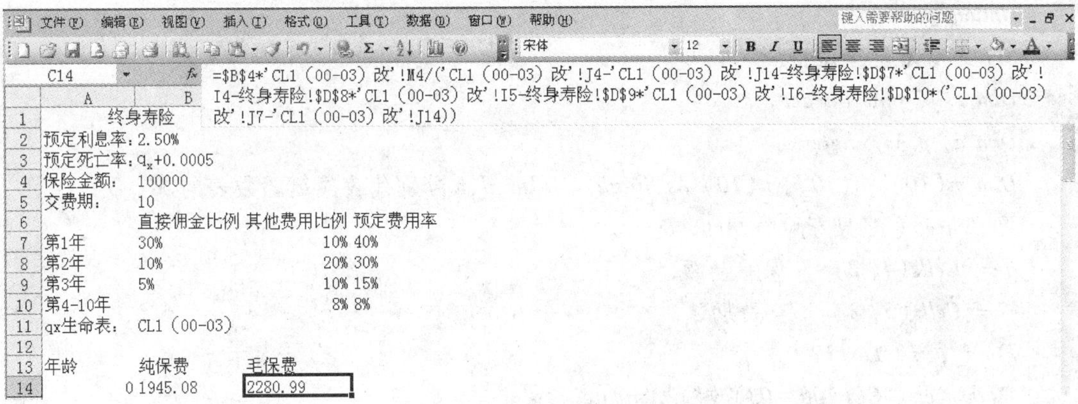

图 7－4　计算终身寿险的毛保费

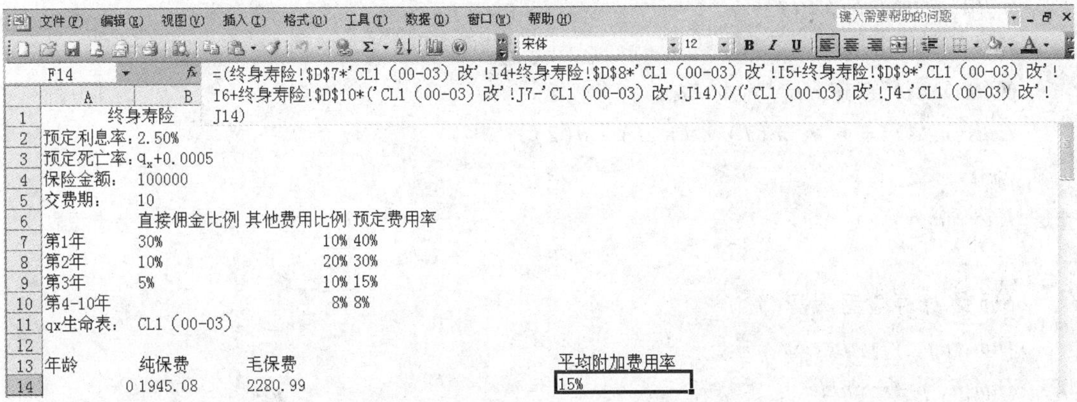

图 7－5　计算终身寿险的平均附加费用率

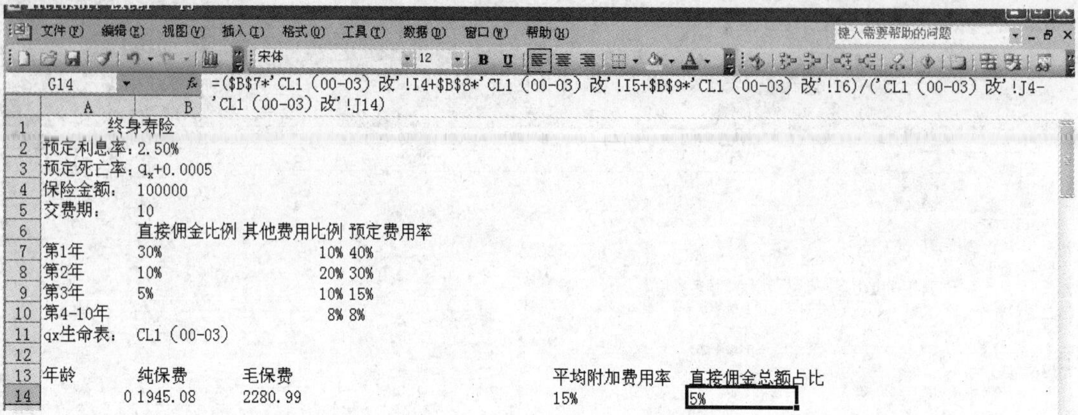

G14 =($B$7*'CL1 (00-03) 改'!I4+$B$8*'CL1 (00-03) 改'!I5+$B$9*'CL1 (00-03) 改'!I6)/('CL1 (00-03) 改'!J4-'CL1 (00-03) 改'!J14)

	A	B	C	D	E	F	G
1	终身寿险						
2	预定利息率：2.50%						
3	预定死亡率：q_x+0.0005						
4	保险金额：	100000					
5	交费期：	10					
6		直接佣金比例	其他费用比例	预定费用率			
7	第1年	30%	10%	40%			
8	第2年	10%	20%	30%			
9	第3年	5%	10%	15%			
10	第4-10年		8%	8%			
11	qx生命表：	CL1 (00-03)					
12							
13	年龄	纯保费	毛保费			平均附加费用率	直接佣金总额占比
14	0	1945.08	2280.99			15%	5%

图 7-6　计算终身寿险的直接佣金总额占保费总额的比例

（2）用 Excel VBA 计算

```
Option Explicit
Sub 终身寿险净保费()
Dim i, j, y As Integer
Dim a, p As Single
Dim m(10), d(10), n(10) As Single      'm,d,n分别代表换算函数表的 Mx, Dx, Nx
Worksheets("终身寿险").Activate
a = Cells(4, 2)    '保险金额
y = Cells(5, 2)    '交费期
For i = 14 To 119
Worksheets("CL1(00-03)改").Activate
j = i-10
m(1) = Cells(j, 13)
n(1) = Cells(j, 10)
n(2) = Cells(j+y, 10)
Worksheets("终身寿险").Activate
Cells(i, 4) = a * m(1) / (n(1) - n(2))
Next
End Sub

Sub 终身寿险毛保费()
Dim i, j, y As Integer
Dim a, p As Single
Dim m(10), d(10), n(10), e(10) As Single    'e代表各年的费用百分比
Worksheets("终身寿险").Activate
```

```
a = Cells(4, 2)
y = Cells(5, 2)
e(1) = Cells(7, 4)
c(2) = Cells(8, 4)
e(3) = Cells(9, 4)
e(4) = Cells(10, 4)
For i = 14 To 119
Worksheets("CL1(00-03)改").Activate
j = i-10
m(1) = Cells(j, 13)
d(1) = Cells(j, 9)
d(2) = Cells(j+1, 9)
d(3) = Cells(j+2, 9)
n(1) = Cells(j, 10)
n(2) = Cells(j+y, 10)
n(3) = Cells(j+3, 10)
Worksheets("终身寿险").Activate
Cells(i, 5) = a * m(1) / (n(1) -n(2) -e(1) * d(1) -e(2) * d(2)
-e(3) * d(3) -e(4) * (n(3) -n(2)))
Next
End Sub
```

表 7-3 给出该终身寿险的 20~50 岁投保的净保费和毛保费：

表 7-3　　终身寿险的保费表

投保年龄	净保费	毛保费
20	2982.55	3497.88
21	3048.17	3574.86
22	3115.14	3653.42
23	3183.60	3733.74
24	3253.68	3815.96
25	3325.47	3900.19
26	3399.04	3986.50
27	3474.47	4075.02
28	3551.88	4165.86
29	3631.31	4259.10
30	3712.79	4354.74
31	3796.26	4452.74
32	3881.70	4553.06
33	3969.07	4655.65
34	4058.48	4760.66
35	4149.98	4868.14

续表

投保年龄	净保费	毛保费
36	4243.59	4978.11
37	4339.34	5090.61
38	4437.22	5205.64
39	4537.23	5323.17
40	4639.36	5443.23
41	4743.67	5565.87
42	4850.27	5691.23
43	4959.30	5819.48
44	5070.92	5950.82
45	5185.25	6085.40
46	5302.35	6223.28
47	5422.21	6364.45
48	5544.83	6508.94
49	5670.30	6656.86
50	5798.89	6808.53

7.2.2 两全保险的保费计算

假设A保险公司需要开发一款个人的（非团体）两全保险，保险期限是20年，交费期是10年。根据精算规定可知该产品的预定附加费用率的上限为：第一年为45%，第二年为25%，第三年为25%，以后各年为15%。平均附加费用率不能超过18%。期交保费方式的直接佣金总额占保费总额的比例不得超过5%，直接佣金占各保单年度保费的比例的上限为：第一年为30%，第二年为15%，第三年为10%。

由此，我们设定该两全保险的假设如表7－4和表7－5所示：

表7－4　　两全保险的参数

预定利息率：	2.50%
预定死亡率①：	q_x
保险金额：	100000元
保险期限：	20年
交费期：	10年

表7－5　　两全保险的费用率假设

	直接佣金比例（%）	其他费用比例（%）	预定费用率（%）
第1年	30	10	40

① 以男性为例进行计算。

续表

	直接佣金比例（%）	其他费用比例（%）	预定费用率（%）
第 2 年	10	10	20
第 3 年	5	15	20
第 4—10 年	—	8	8

平均附加费用率公式如下：

$$\frac{40\%\times G\times D_x+20\%\times G\times D_{x+1}+20\%\times G\times D_{x+2}+8\%\times G\times(N_{x+3}-N_{x+10})}{G\times(N_x-N_{x+10})}$$

净保费公式：

$$P\times(N_x-N_{x+10})=100000\times(M_x-M_{x+20}+D_{x+20})$$

毛保费公式：

$$G\times(N_x-N_{x+10})=100000\times(M_x-M_{x+20}+D_{x+20})+0.4G\times D_x+0.2G\times D_{x+1}+0.2G\times D_{x+2}+0.08G\times(N_{x+3}-N_{x+10})$$

（1）用 Excel 计算

①输入费率表。如图 7－7 所示。

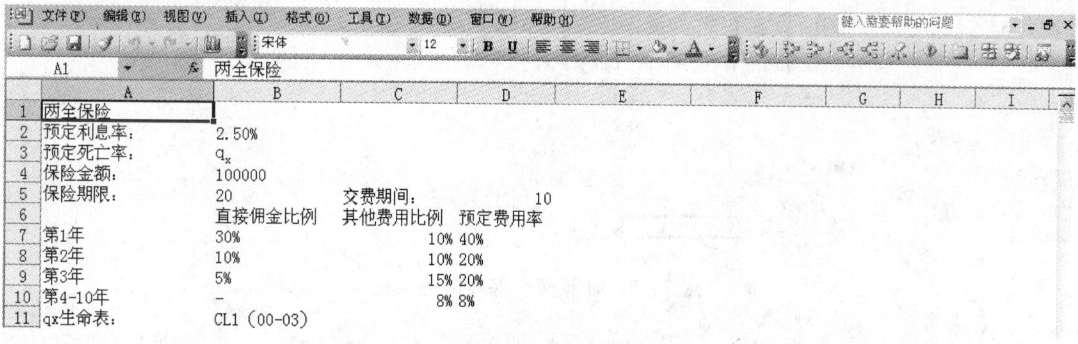

	A	B	C	D
1	两全保险			
2	预定利息率：	2.50%		
3	预定死亡率：	q_x		
4	保险金额：	100000		
5	保险期限：	20	交费期间：	10
6		直接佣金比例	其他费用比例	预定费用率
7	第1年	30%	10%	40%
8	第2年	10%	10%	20%
9	第3年	5%	15%	20%
10	第4-10年	-	8%	8%
11	qx生命表：	CL1（00-03）		

图 7－7　输入两全保险的费率信息

②计算净保费。在“B14”单元格中输入公式，计算出 0 岁投保的净保费（如图 7－8 所示），锁定保险金额对应的 B4 单元格，然后下拉即可得到所有年龄的净保费。

③计算毛保费。在“C14”单元格中输入公式，计算出 0 岁投保的毛保费（如图 7－9 所示），类似于终身寿险中的做法，将不随年龄变动的项锁定后，下拉单元格 C14 即可得到所有年龄的毛保费。

④计算平均附加费用率和直接佣金总额占保费总额的比例。如图 7－10 和图 7－11 所示，计算出的 0 岁投保时，平均附加费用率为 14%，低于精算规定要求的 18%，而直接佣金总额占保费总额的比例为 5%，满足不超过 5% 的要求。随后，可以很快得出所有年龄的平均附加费用率和直接佣金总额占保费总额的比例，发现 37 岁以前的直接佣金总额占保费总额的比例都不超过 5%，此后超过上限的佣金比例和费用率需要调整，本书就不详细介绍，读者可以自己尝试。

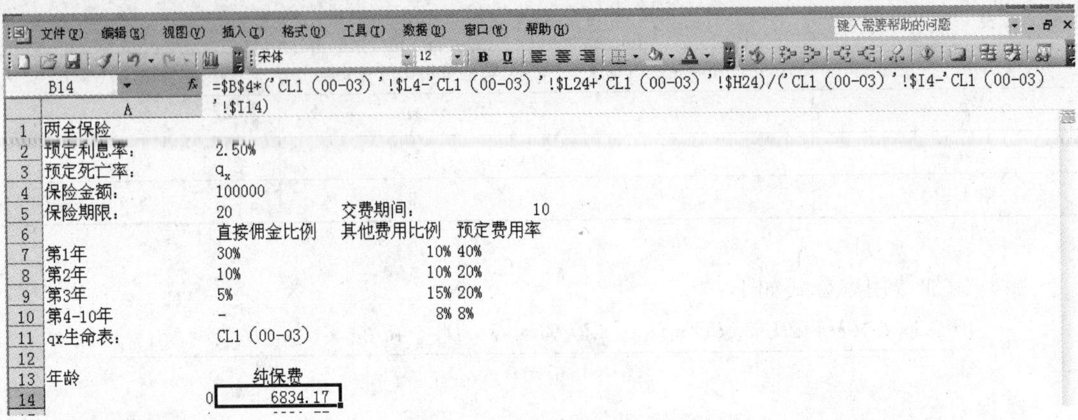

图 7-8 计算两全保险的净保费

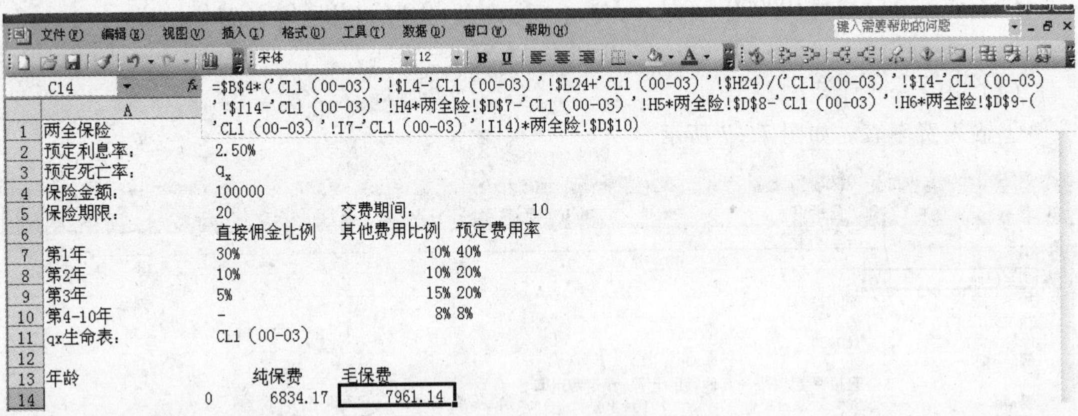

图 7-9 计算两全保险的毛保费

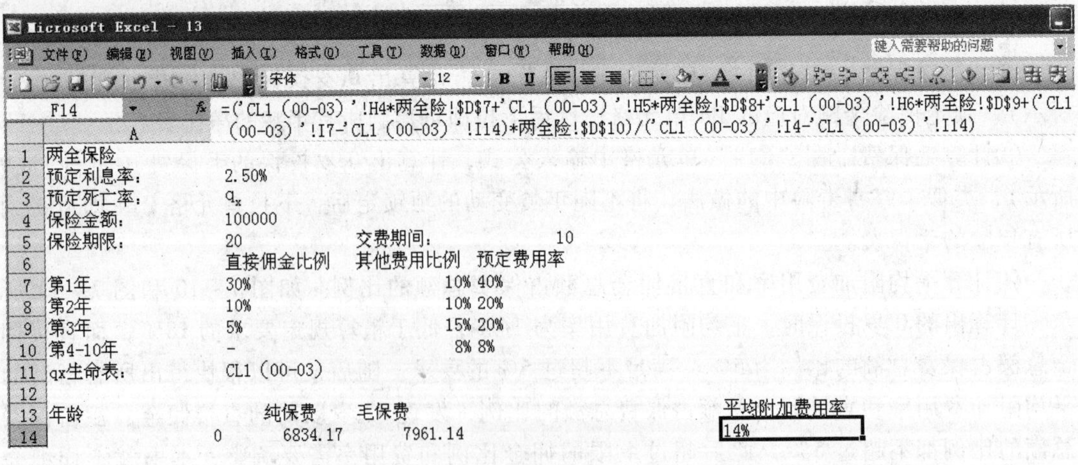

图 7-10 计算两全保险的平均附加费用率

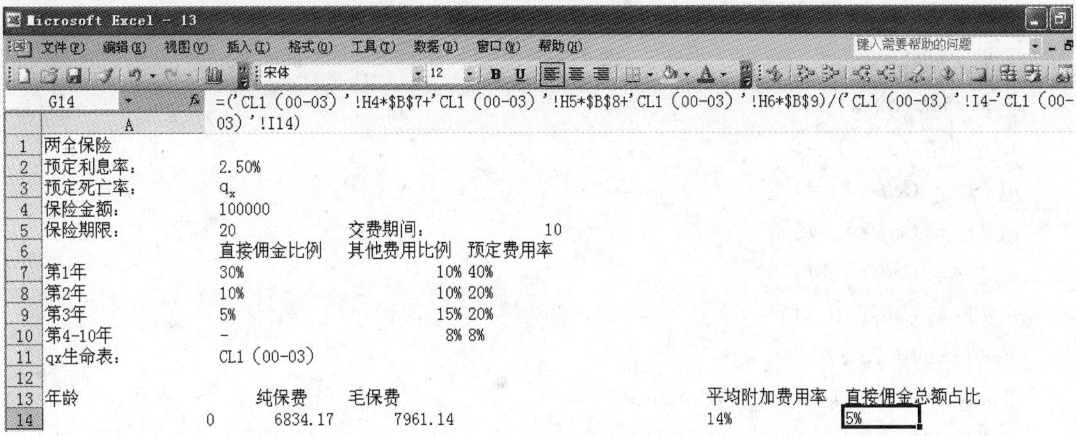

Microsoft Excel - 13

G14　=('CL1 (00-03)'!H4*$B$7+'CL1 (00-03)'!H5*$B$8+'CL1 (00-03)'!H6*$B$9)/('CL1 (00-03)'!I4-'CL1 (00-03)'!I14)

	A	B	C	D	E	F	G
1	两全保险						
2	预定利息率：	2.50%					
3	预定死亡率：	q_x					
4	保险金额：	100000					
5	保险期限：	20	交费期间：	10			
6		直接佣金比例	其他费用比例	预定费用率			
7	第1年	30%	10%	40%			
8	第2年	10%	10%	20%			
9	第3年	5%	15%	20%			
10	第4-10年	-	8%	8%			
11	qx生命表：	CL1 (00-03)					
12							
13	年龄	纯保费	毛保费			平均附加费用率	直接佣金总额占比
14	0	6834.17	7961.14			14%	5%

图 7－11　计算两全保险的直接佣金总额占保费总额的比例

（2）用 Excel VBA 计算

```
Sub 两全险净保费()
Dim i, j, y, x As Integer
Dim a, p As Single
Dim m(10), d(10), n(10) As Single
Worksheets("两全险").Activate
a = Cells(4, 2)
y = Cells(5, 2)
x = Cells(5, 4)                    'X代表交费期限
For i = 14 To 119
Worksheets("CL1(00-03)").Activate
j = i-10
m(1) = Cells(j, 12)
m(2) = Cells(j+y, 12)
n(1) = Cells(j, 9)
n(2) = Cells(j+x, 9)
d(1) = Cells(j+y, 8)
Worksheets("两全险").Activate
Cells(i, 4) = a * (m(1) -m(2) +d(1)) / (n(1) -n(2))
Next
End Sub

Sub 两全险毛保费()
Dim i, j, y, x As Integer
Dim a, p As Single
Dim m(10), d(10), n(10), e(10) As Single
```

```
Worksheets("两全险").Activate
a = Cells(4, 2)
y = Cells(5, 2)
x = Cells(5, 4)
e(1) = Cells(7, 4)
e(2) = Cells(8, 4)
e(3) = Cells(9, 4)
e(4) = Cells(10, 4)
For i = 14 To 119
Worksheets("CL1(00-03)").Activate
j = i-10
m(1) = Cells(j, 12)
m(2) = Cells(j+y, 12)
d(1) = Cells(j, 8)
d(2) = Cells(j+1, 8)
d(3) = Cells(j+2, 8)
d(4) = Cells(j+y, 8)
n(1) = Cells(j, 9)
n(2) = Cells(j+x, 9)
n(3) = Cells(j+3, 9)
Worksheets("两全险").Activate
Cells(i, 5) =a * (m(1) -m(2) +d(4)) / (n(1) -n(2) -e(1) * d(1)
        -e(2) * d(2) -e(3) * d(3) -e(4) * (n(3) -n(2)))
Next
End Sub
```

表 7－6 给出该两全保险的投保年龄为 20～50 岁人的保费：

表 7－6　　两全保险的保费表

年龄	纯保费	毛保费
20	6855.15	7986.09
21	6857.38	7988.74
22	6859.56	7991.33
23	6861.83	7994.02
24	6864.29	7996.93
25	6867.02	8000.17
26	6870.08	8003.80
27	6873.55	8007.93
28	6877.55	8012.69
29	6882.13	8018.14
30	6887.32	8024.32
31	6893.08	8031.18

续表

年龄	纯保费	毛保费
32	6899.40	8038.71
33	6906.25	8046.87
34	6913.73	8055.78
35	6921.89	8065.50
36	6930.76	8076.08
37	6940.41	8087.58
38	6950.86	8100.03
39	6962.17	8113.50
40	6974.43	8128.11
41	6987.81	8144.03
42	7002.52	8161.54
43	7018.82	8180.95
44	7037.02	8202.61
45	7057.37	8226.82
46	7080.08	8253.83
47	7105.33	8283.85
48	7133.32	8317.13
49	7164.39	8354.06
50	7199.05	8395.27

7.2.3　年金保险的保费计算

假设 A 保险公司需要开发一款 60 岁开始给付的个人（非团体）终身年金，交费期是 10 年，这样，投保年龄为 0～50 岁。根据精算规定可知该产品的预定附加费用率的上限为：第 1 年为 45%，第 2 年为 25%，第 3 年为 25%，以后各年为 15%。平均附加费用率不能超过 18%。期交保费方式的直接佣金总额占保费总额的比例不得超过 5%，直接佣金占各保单年度保费的比例的上限为：第 1 年为 30%，第 2 年为 15%，第 3 年为 10%。

由此，我们设定该终身年金的假设如表 7－7 和表 7－8 所示：

表 7－7　　终身年金的参数

预定利息率：	2.50%
预定死亡率①：	qx
保险金额：	100000 元
交费期：	10 年

① 以男性为例。

表 7－8　　终身年金的费用率假设

	直接佣金比例（%）	其他费用比例（%）	预定费用率（%）
第 1 年	10	35	45
第 2 年	1	20	21
第 3 年	1	20	21
第 4—10 年	—	10	10

平均附加费用率公式如下：

$$\frac{45\% \times G \times D_x + 21\% \times G \times D_{x+1} + 21\% \times G \times D_{x+2} + 10\% \times G \times (N_{x+3} - N_{x+10})}{G \times (N_x - N_{x+10})}$$

净保费公式：

$$P \times (N_x - N_{x+10}) = 100000 \times N_{60}$$

毛保费公式：

$$G \times (N_x - N_{x+10}) = 100000 \times N_{60} + 0.45G \times D_x + 0.21G \times D_{x+1} + 0.21G \times D_{x+2} + 0.1G \times (N_{x+3} - N_{x+10})$$

（1）用 Excel 计算

①输入费率表。如图 7－12 所示。

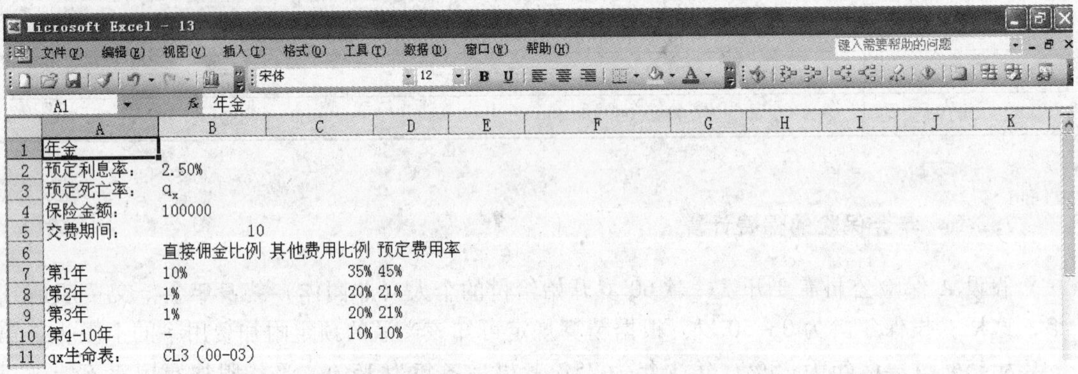

图 7－12　输入年金的费率信息

②计算净保费。在“B14”单元格中输入公式，计算出 0 岁投保的净保费（如图 7－12 所示）。由于对于不同的投保年龄，该保险均是从 60 岁开始给付年金的，所以在计算保费时，需要将给付生存年金开始的年龄锁定在 60 岁，如图 7－13 所显示的公式中的$I$64，当然不变的保险金额也需要锁定，然后下拉单元格 B14，即可得到其他投保年龄的净保费。

③计算毛保费。在“C14”单元格中输入公式，计算出 0 岁投保的毛保费（如图 7－14 所示），类似于终身寿险中的做法，将不随年龄变动的项锁定后，下拉单元格 C14 即可得到其他年龄的毛保费。

④计算平均附加费用率和直接佣金总额占保费总额的比例。如图 7－15 和图 7－16 所示，计算出的 0 岁投保时，平均附加费用率为 16%，低于精算规定要求的 18%，而直接佣

金总额占保费总额的比例为1.33%，满足不超过5%的要求。随后，可以很快得出所有年龄的平均附加费用率和直接佣金总额占保费总额的比例，发现0～50岁的所有投保年龄的平均附加费用率和直接佣金总额占保费总额的比例均在要求的上限以内。

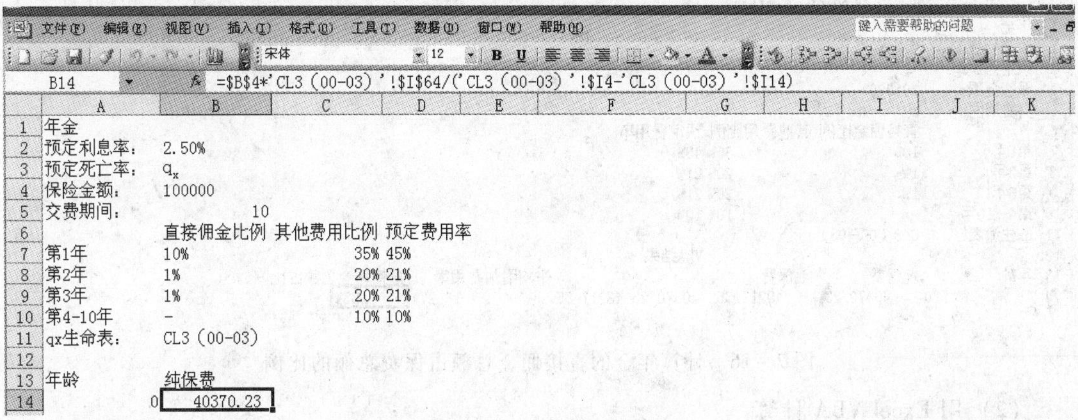

图7－13　计算年金的净保费

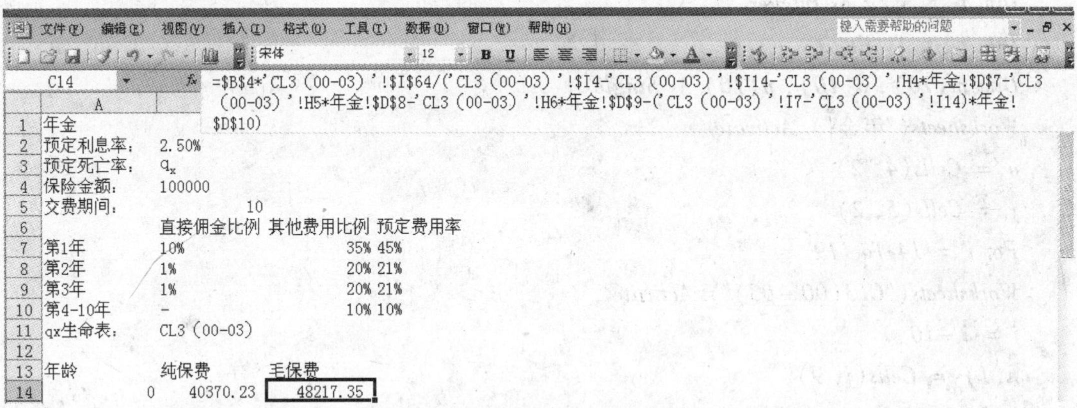

图7－14　计算年金的毛保费

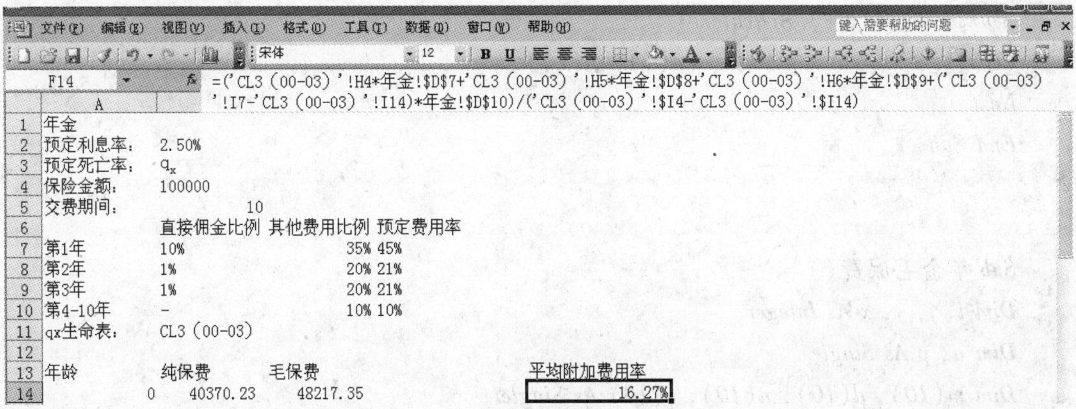

图7－15　计算年金的平均附加费用率

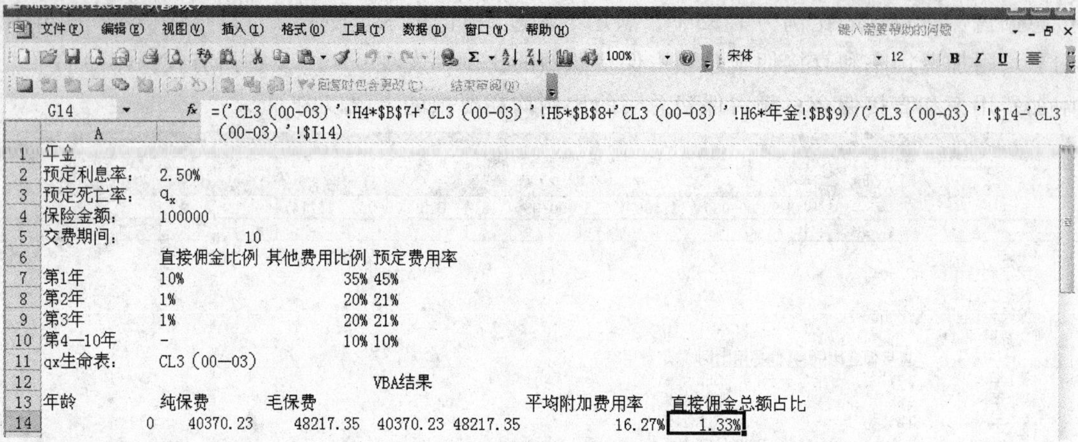

G14 =('CL3 (00-03)'!H4*$B$7+'CL3 (00-03)'!H5*$B$8+'CL3 (00-03)'!H6*年金!$B$9)/('CL3 (00-03)'!$I4-'CL3 (00-03)'!$I14)

	A	B	C	D	E	F	G
1	年金						
2	预定利息率:	2.50%					
3	预定死亡率:	q_x					
4	保险金额:	100000					
5	交费期间:	10					
6		直接佣金比例	其他费用比例	预定费用率			
7	第1年	10%	35%	45%			
8	第2年	1%	20%	21%			
9	第3年	1%	20%	21%			
10	第4—10年	-	10%	10%			
11	qx生命表:	CL3 (00—03)					
12				VBA结果			
13	年龄	纯保费	毛保费			平均附加费用率	直接佣金总额占比
14	0	40370.23	48217.35	40370.23	48217.35	16.27%	1.33%

图 7-16　计算年金的直接佣金总额占保费总额的比例

(2) 用 Excel VBA 计算

```
Sub 年金净保费()
Dim i, j, y, x As Integer
Dim a, p As Single
Dim m(10), d(10), n(10) As Single
Worksheets("年金").Activate
a = Cells(4, 2)
y = Cells(5, 2)
For i = 14 To 119
Worksheets("CL3(00-03)").Activate
j = i-10
n(1) = Cells(j, 9)
n(2) = Cells(j+y, 9)
n(3) = Cells(64, 9)
Worksheets("年金").Activate
Cells(i, 4) = a * n(3) / (n(1) -n(2))
Next
End Sub


Sub 年金毛保费()
Dim i, j, y, x As Integer
Dim a, p As Single
Dim m(10), d(10), n(10), e(10) As Single
Worksheets("年金").Activate
a = Cells(4, 2)
```

```
y = Cells(5, 2)
e(1) = Cells(7, 4)
e(2) = Cells(8, 4)
e(3) = Cells(9, 4)
e(4) = Cells(10, 4)
For i = 14 To 119
Worksheets("CL3(00 - 03)").Activate
j = i - 10
d(1) = Cells(j, 8)
d(2) = Cells(j + 1, 8)
d(3) = Cells(j + 2, 8)
d(4) = Cells(j + y, 8)
n(1) = Cells(j, 9)
n(2) = Cells(j + y, 9)
n(3) = Cells(j + 3, 9)
n(4) = Cells(64, 9)
Worksheets("年金").Activate
Cells(i, 5) = a * n(4) / (n(1) - n(2) - e(1) * d(1) - e(2) * d(2)
- e(3) * d(3) - e(4) * (n(3) - n(2)))
Next
End Sub
```

表 7 - 9 给出该年金的投保年龄为 20 ~ 50 岁人的保费:

表 7 - 9　　　　**年金的保费表**

年龄	纯保费	毛保费
20	66666.43	79629.59
21	68376.96	81673.23
22	70132.92	83771.12
23	71935.50	85924.70
24	73786.01	88135.55
25	75685.85	90405.39
26	77636.51	92736.00
27	79639.59	95129.33
28	81696.81	97587.47
29	83810.05	100112.64
30	85981.29	102707.27
31	88212.69	105373.96
32	90506.56	108115.48
33	92865.31	110934.76
34	95291.49	113834.90

续表

年龄	纯保费	毛保费
35	97787.80	116819.17
36	100357.10	119891.00
37	103002.48	123054.12
38	105727.30	126312.55
39	108535.02	129670.45
40	111429.64	133132.64
41	114415.54	136704.46
42	117497.42	140391.64
43	120680.18	144200.16
44	123968.89	148136.21
45	127369.00	152206.39
46	130886.62	156418.10
47	134528.63	160779.62
48	138303.10	165300.78
49	142219.98	169993.52

实验八

SHIYANBA

根据精算规定计算法定责任准备金

实验目的和要求：

熟悉我国保险监管部门对法定责任准备金计算的精算规定，了解如何对各种寿险产品按照精算规定计算准备金。

实验内容：

1. 熟悉我国关于法定责任准备金计算的精算规定。
2. 寿险产品根据精算规定计算各种险种和产品的法定责任准备金。

8.1 有关法定责任准备金计算的精算规定

中国保险监督管理委员会颁布的《人寿保险精算规定》中的第四部分规定了非利差返还型的长期（保险期间 1 年以上）人寿保险（非分红）和保证续保保险费的 1 年期定期寿险的法定责任准备金的计算基础和方法。具体的规定可以参考《寿险精算实务》的相关章节。以下简要介绍如下：

法定责任准备金包括法定未到期责任准备金和法定未决赔款准备金两部分。所谓未决赔款，是指保险事故已经发生，但由于受保险赔付的延误或需要进一步实际调查或受益人没有报案等原因的影响而造成的没有实现的保险赔付或给付。一般情况下，“未决赔款准备金”分为两类：已发生已报案，已发生未报案。已发生已报案的保险事件，其准备金可根据合同规定的相应赔付金额或受益人与保险人达成的赔款协议数额来进行提存。这种准备金的计算相对比较简单。对于“已发生未报案”的保险事件，精算师需要根据历史的经验来进行提存，通常的做法是提存实际赔付的一定比例，或根据历史发展趋势来进行。这种准备金的计算就带有一定的主观性。

相对比较麻烦的是未到期责任准备金，这指的是保险合同没有到期的未来责任，有时也称为长期责任准备金，这种准备金计算的主要困难之处是未来责任的不确定性，这种不确定性既体现在发生时刻的不确定，有时也表现为发生的金额不确定。

以下介绍法定未到期责任准备金在 Excel 和 Excel VBA 中的计算方法。各种产品的准备金中用到的保费就是实验七的计算结果。

8.2

根据精算规定计算法定未到期责任准备金

8.2.1 终身寿险产品的准备金

假设 A 保险公司需要开发一款个人的终身寿险，交费期 10 年，根据精算规定，对于法定未到期责任准备金采用 2.5% 的评估利率，用 1 年期完全修正方法和“未来法”逐单计算，评估生命表采用《中国人寿保险业经验生命表（2000—2003）》。如果续年评估均衡净保费高于毛保费，还应计提保费不足准备金。保单年度末保单法定未到期责任准备金为修正准备金和保费不足准备金之和，且不低于保单年度末保单现金价值。

我们设定该终身寿险的评估假设如表 8－1 和表 8－2 所示：

表 8－1　终身寿险的评估假设

评估利息率：	2.50%
评估死亡率①：	qx
保险金额：	100000 元
交费期：	10 年

表 8－2　终身寿险的费用率假设

	直接佣金比例（%）	其他费用比例（%）	评估费用率（%）
第 1 年	30	10	40
第 2 年	10	20	30
第 3 年	5	10	15
第 4—10 年	—	8	8

$$\alpha_x^{Mod} = 100000 \times A_{x:\overline{1}|}^{1} = 100000 \times \frac{M_x - M_{x+1}}{D_x}$$

$$\beta_x^{Mod} = {}_9P_{x+1} = 100000 \times \frac{A_{x+1}}{\ddot{a}_{x+1:\overline{9}|}} = 100000 \times \frac{M_{x+1}}{N_{x+1} - N_{x+10}}$$

$${}_t^{10}V_x^{Mod} = \begin{cases} 100000A_{x+t} - \beta^{Mod} \cdot \ddot{a}_{x+t:\overline{10-t}|} = 100000 \times \dfrac{M_{x+t}}{D_{x+t}} - \beta^{Mod} \times \dfrac{N_{x+t} - N_{x+10}}{D_{x+t}}, t < 10 \\ 100000 \times A_{x+t} = 100000 \times \dfrac{M_{x+t}}{D_{x+t}}, t \geqslant 10 \end{cases}$$

---

① 本章均以男性为例进行计算。

（1）用 Excel 计算

①输入基本信息（如图 8-1 所示）。

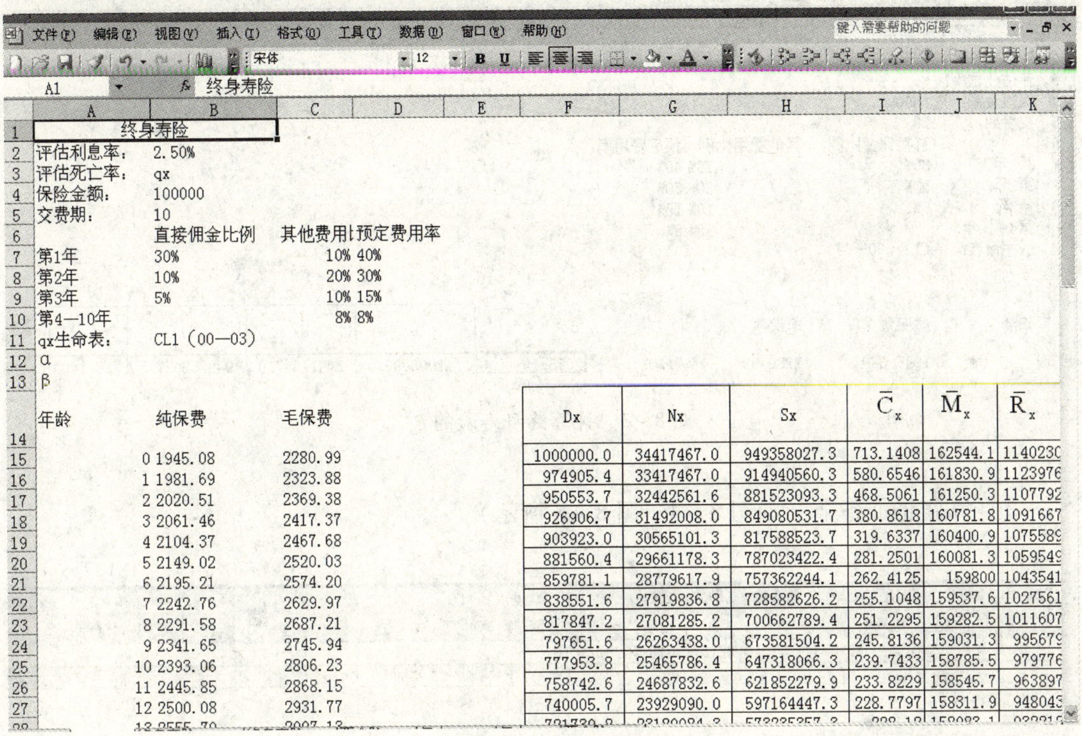

A1　终身寿险

	A	B	C	D
1	终身寿险			
2	评估利息率：	2.50%		
3	评估死亡率：	qx		
4	保险金额：	100000		
5	交费期：	10		
6		直接佣金比例	其他费用比	预定费用率
7	第1年	30%	10%	40%
8	第2年	10%	20%	30%
9	第3年	5%	10%	15%
10	第4—10年		8%	8%
11	qx生命表：	CL1（00—03）		
12	α			
13	β			

	年龄	纯保费	毛保费	Dx	Nx	Sx	$\bar{C}_x$	$\bar{M}_x$	$\bar{R}_x$
15	0	1945.08	2280.99	1000000.0	34417467.0	949358027.3	713.1408	162544.1	1140230
16	1	1981.69	2323.88	974905.4	33417467.0	914940560.3	580.6546	161830.9	1123976
17	2	2020.51	2369.38	950553.7	32442561.6	881523093.3	468.5061	161250.3	1107792
18	3	2061.46	2417.37	926906.7	31492008.0	849080531.7	380.8618	160781.8	1091667
19	4	2104.37	2467.68	903923.0	30565101.3	817588523.7	319.6337	160400.9	1075589
20	5	2149.02	2520.03	881560.4	29661178.3	787023422.4	281.2501	160081.3	1059549
21	6	2195.21	2574.20	859781.1	28779617.9	757362244.1	262.4125	159800	1043541
22	7	2242.76	2629.97	838551.6	27919836.8	728582626.2	255.1048	159537.6	1027561
23	8	2291.58	2687.21	817847.2	27081285.2	700662789.4	251.2295	159282.5	1011607
24	9	2341.65	2745.94	797651.6	26263438.0	673581504.2	245.8136	159031.3	995679
25	10	2393.06	2806.23	777953.8	25465786.4	647318066.3	239.7433	158785.5	979776
26	11	2445.85	2868.15	758742.6	24687832.6	621852279.9	233.8229	158545.7	963897
27	12	2500.08	2931.77	740005.7	23929090.0	597164447.3	228.7797	158311.9	948043

图 8-1　输入终身寿险的基本信息

②计算 α_x^{Mod} 和 β_x^{Mod}。在计算出 0 岁投保人的修正首年保费和续年保费后，分别锁定公式中的保险金额对应的单元格 B4，然后下拉，即可得到其他投保年龄的修正保费（如图8-2、图 8-3 所示）。

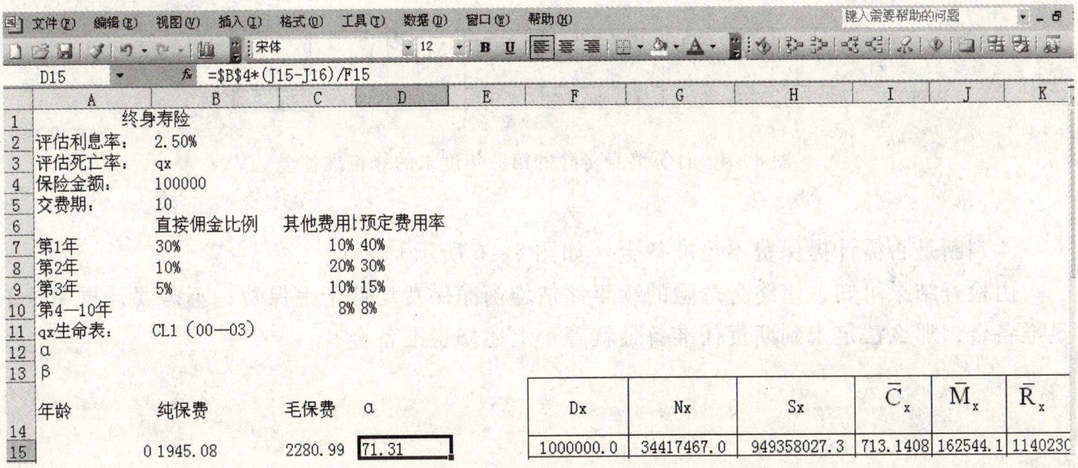

D15　=$B$4*(J15-J16)/F15

	A	B	C	D
1	终身寿险			
2	评估利息率：	2.50%		
3	评估死亡率：	qx		
4	保险金额：	100000		
5	交费期：	10		
6		直接佣金比例	其他费用比	预定费用率
7	第1年	30%	10%	40%
8	第2年	10%	20%	30%
9	第3年	5%	10%	15%
10	第4—10年		8%	8%
11	qx生命表：	CL1（00—03）		
12	α			
13	β			

	年龄	纯保费	毛保费	α	Dx	Nx	Sx	$\bar{C}_x$	$\bar{M}_x$	$\bar{R}_x$
15	0	1945.08	2280.99	71.31	1000000.0	34417467.0	949358027.3	713.1408	162544.1	1140230

图 8-2　计算终身寿险的 α_x^{Mod}

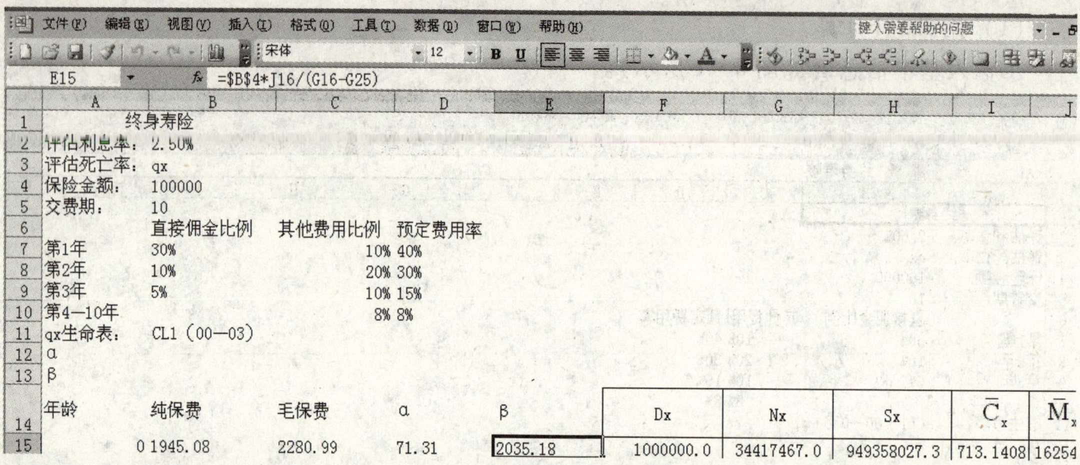

图 8-3　计算终身寿险的 β_x^{Mod}

③计算修正准备金（如图 8-4、图 8-5 所示）。

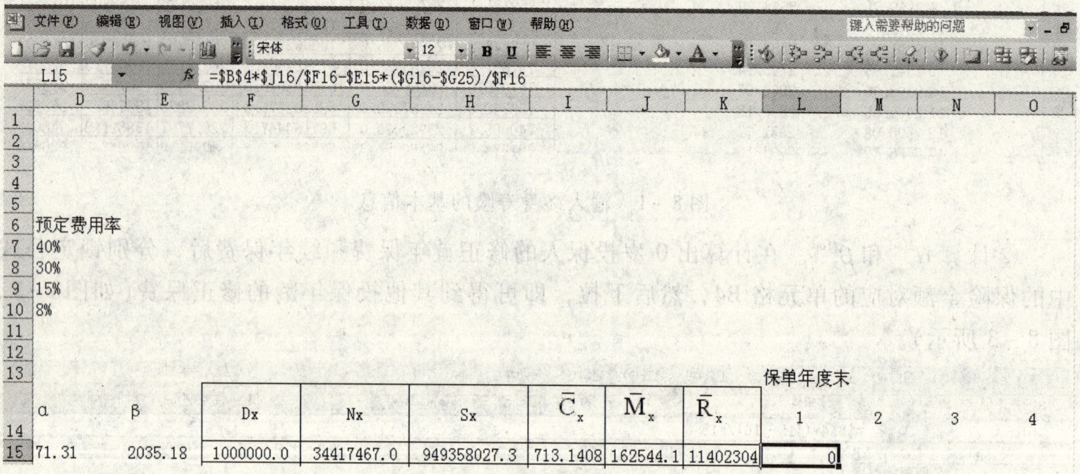

图 8-4　计算终身寿险的第一年度末的修正准备金

④判断是否需计提保费不足准备金（如图 8-6 所示）。

由检查结果可知，该终身寿险的续年评估均衡净保费均低于毛保费，不需要计提保费不足准备金，那么法定未到期责任准备金就等于上述修正准备金①。

① 现金价值的计算在其他实验，因此不在此计算。假设该法定未到期责任准备金满足不低于保单年度末保单现金价值的要求。本实验以下产品均做此假设。

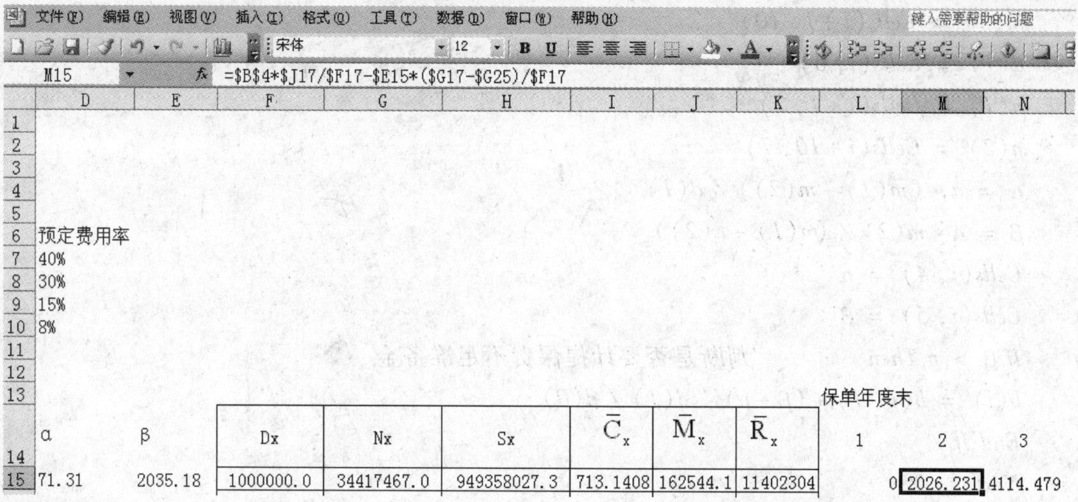

图 8-5　计算终身寿险的各年度末的修正准备金

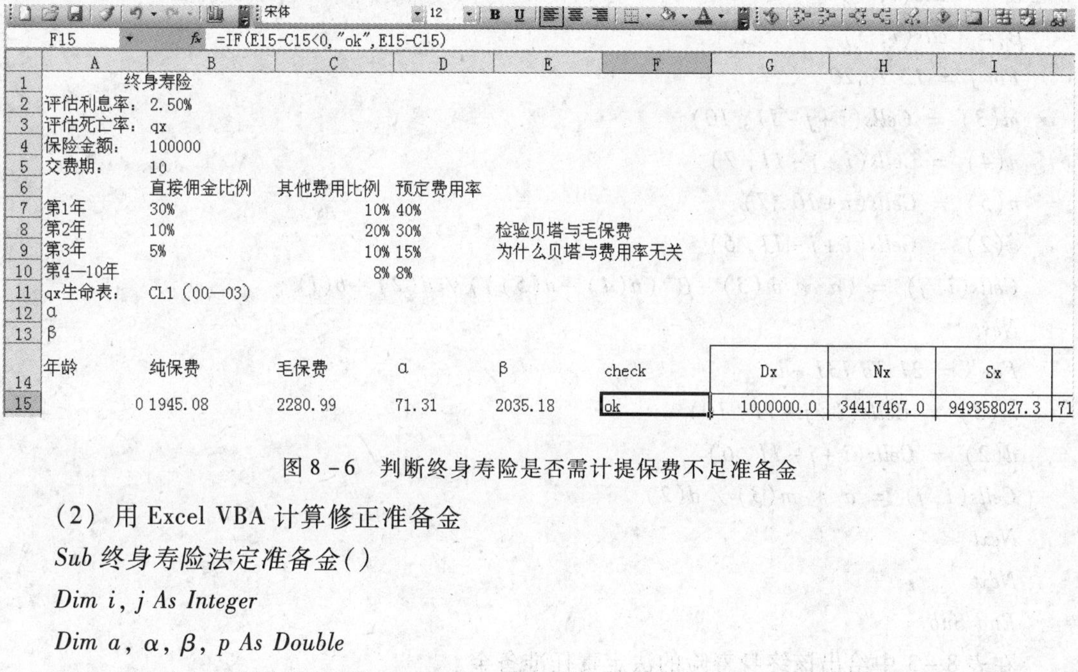

图 8-6　判断终身寿险是否需计提保费不足准备金

（2）用 Excel VBA 计算修正准备金

```
Sub 终身寿险法定准备金()
Dim i, j As Integer
Dim a, α, β, p As Double
Dim m(10), n(10), d(10), b(120) As Double
Worksheets("终身寿险vba").Activate
a = Cells(4, 2)
d(0) = Cells(15, 6)
b(120) = 0
For i = 15 To 110
p = Cells(i, 3)
m(1) = Cells(i, 10)
```

```
m(2) = Cells(i+1, 10)
d(1) = Cells(i, 6)
n(1) = Cells(i+1, 7)
n(2) = Cells(i+10, 7)
α = a*(m(1) - m(2)) / d(1)
β = a*m(2) / (n(1) - n(2))
Cells(i, 4) = α
Cells(i, 5) = β
If β > p Then          '判断是否要计提保费不足准备金
b(i) = b(i-1) + (β-p) * d(1) / d(0)
End If
Next
For i = 15 To 110
α = Cells(i, 4)
β = Cells(i, 5)
For j = 12 To 20
m(3) = Cells(i+j-11, 10)
n(4) = Cells(i+j-11, 7)
n(5) = Cells(i+10, 7)
d(2) = Cells(i+j-11, 6)
Cells(i, j) = (a * m(3) - β * (n(4) - n(5))) / d(2) + b(i)
Next
For j = 21 To 131 - i
m(3) = Cells(i+j-11, 10)
d(2) = Cells(i+j-11, 6)
Cells(i, j) = a * m(3) / d(2)
Next
Next
End Sub
```

在表 8-3 中给出该终身寿险的法定责任准备金。

表 8-3　　终身寿险的法定责任准备金

年龄	α	β	保单年度末				
			1	2	3	4	5
20	61.34	3239.08	0	3255.285476	6591.224	10010.74	13516.32
21	65.29	3314.33	0	3329.434913	6742.199	10240.79	13827.65
22	68.35	3391.22	0	3405.952188	6897.478	10477.03	14147.11
23	70.72	3469.89	0	3484.489709	7056.75	10719.29	14474.92

续表

年龄	α	β	保单年度末				
			1	2	3	4	5
24	72.89	3550.42	0	3565.040204	7220.1	10968.01	14810.95
25	74.97	3632.89	0	3647.685977	7387.976	11223.02	15154.82
26	76.94	3717.39	0	3732.808212	7560.106	11483.86	15505.75
27	78.52	3804.06	0	3819.760293	7735.681	11749.39	15862.71
28	80.50	3892.93	0	3908.294326	7914.029	12018.97	16225.19
29	83.17	3984.01	0	3997.937127	8094.681	12292.24	16593.85
30	87.02	4077.26	0	4088.645128	8277.647	12570.23	16969.21
31	92.06	4172.64	0	4180.473216	8464.057	12853.53	17351.65
32	98.18	4270.10	0	4274.556542	8654.487	13142.52	17741.47
33	104.21	4369.78	0	4370.432448	8848.401	13436.68	18138.02
34	110.72	4471.72	0	4467.959989	9045.617	13735.64	18540.81
35	117.93	4575.94	0	4567.073567	9245.826	14038.94	18949.49
36	125.94	4682.46	0	4667.505743	9448.597	14346.26	19364.02
37	135.02	4791.28	0	4769.056027	9653.813	14657.73	19784.95
38	145.39	4902.37	0	4871.798073	9861.806	14974.12	20213.13
39	156.95	5015.72	0	4976.021476	10073.33	15296.28	20649.52
40	169.40	5131.39	0	5082.258275	10289.08	15625.07	21094.64
41	182.24	5249.48	0	5190.731015	10509.5	15960.65	21548.09
42	195.37	5370.16	0	5301.691063	10734.55	16302.37	22008.73
43	208.71	5493.59	0	5414.840454	10963.3	16648.79	22475
44	222.73	5619.91	0	5529.452808	11194.42	16998.39	22945.58
45	238.34	5749.15	0	5644.804023	11426.87	17350.22	23420.12
46	256.32	5881.27	0	5760.478087	11660.29	17704.51	23899.31
47	277.06	6016.23	0	5876.529619	11895.32	18062.38	24384.9
48	300.47	6154.04	0	5993.664203	12133.28	18425.9	24878.91
49	325.85	6294.91	0	6112.671488	12375.9	18796.92	25382.77
50	352.62	6439.24	0	6234.72446	12624.64	19176.6	25896.23

8.2.2 两全保险的准备金

假设A保险公司需要开发一款个人的两全保险，保险期限是20年，交费期是10年，精算规定法定未到期责任准备金的计算方法与终身寿险类似，我们设定该两全保险的假设如表8－4和表8－5所示：

表8－4　　两全保险的评估假设

评估利息率：	2.50%
评估死亡率：	q_x
保险金额：	100000元
保险期限：	20年
交费期：	10年

表 8－5　　　　　　两全保险的费用率假设

	直接佣金比例（%）	其他费用比例（%）	评估费用率（%）
第 1 年	30	10	40
第 2 年	10	10	20
第 3 年	5	15	20
第 4—10 年	—	8	8

$$\alpha_x^{Mod} = 100000 \quad \times A_{x:\overline{1}|}^{1} = 100000 \quad \times \frac{M_x - M_{x+1}}{D_x}$$

$$\beta_x^{Mod} = {}_9P_{x+1} = 100000 \quad \times \frac{A_{x+1:\overline{19}|}}{\ddot{a}_{x+1:\overline{9}|}} = 100000 \quad \times \frac{M_{x+1} - M_{x+20} + D_{x+20}}{N_{x+1} - N_{x+10}}$$

$${}_t^{10}V_{x:\overline{n}|}^{Mod} = \begin{cases} A_{x+t:\overline{n-t}|} - \beta^{Mod} \times \ddot{a}_{x+t:\overline{h-t}|} = 100000 \quad \times \dfrac{M_{x+t} - M_{x+20} + D_{x+20}}{D_{x+t}} \\ \qquad - \beta^{Mod} \times \dfrac{N_{x+t} - N_{x+10}}{D_{x+t}}, t < 10 \\ A_{x+t:\overline{n-t}|} = 100000 \quad \times \dfrac{M_{x+t} - M_{x+20} + D_{x+20}}{D_{x+t}}, t \geqslant 10 \end{cases}$$

（1）用 Excel 计算

①输入基本信息（如图 8－7 所示）。

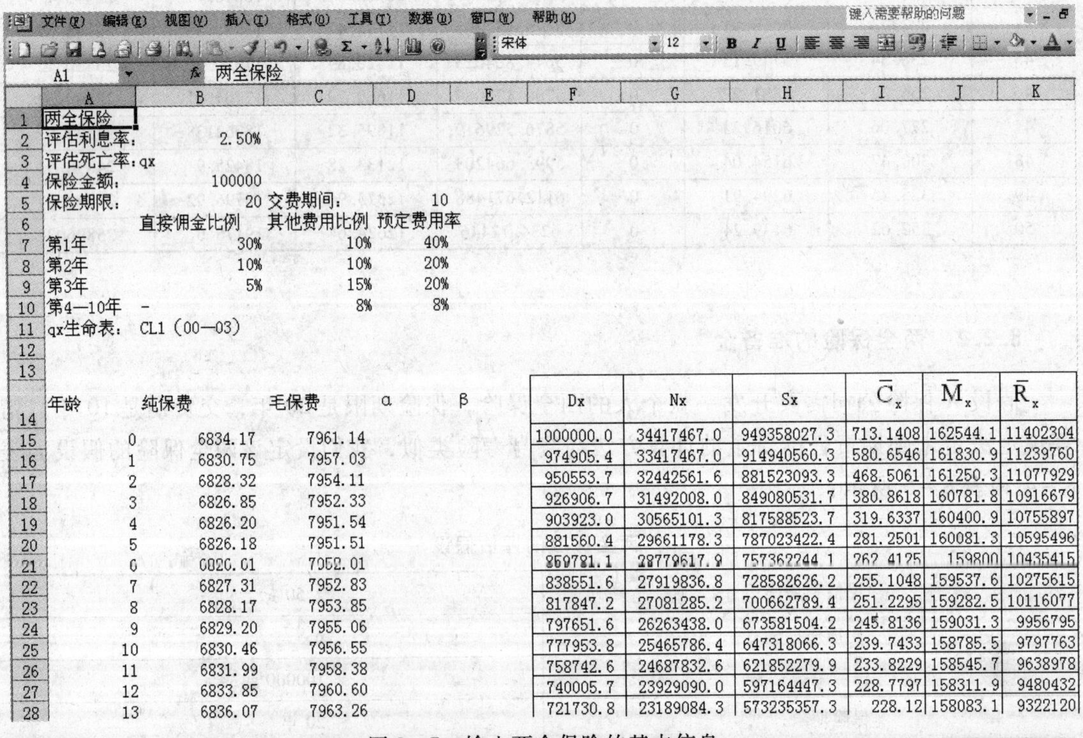

	A	B	C	D	E
1	两全保险				
2	评估利息率：	2.50%			
3	评估死亡率：qx				
4	保险金额：	100000			
5	保险期限：	20	交费期间：	10	
6		直接佣金比例	其他费用比例	预定费用率	
7	第1年	30%	10%	40%	
8	第2年	10%	10%	20%	
9	第3年	5%	15%	20%	
10	第4—10年	-	8%	8%	
11	qx生命表：	CL1（00—03）			
12					
13					
14	年龄	纯保费	毛保费	α	β
15	0	6834.17	7961.14		
16	1	6830.75	7957.03		
17	2	6828.32	7954.11		
18	3	6826.85	7952.33		
19	4	6826.20	7951.54		
20	5	6826.18	7951.51		
21	6	6826.61	7952.01		
22	7	6827.31	7952.83		
23	8	6828.17	7953.85		
24	9	6829.20	7955.06		
25	10	6830.46	7956.55		
26	11	6831.99	7958.38		
27	12	6833.85	7960.60		
28	13	6836.07	7963.26		

Dx	Nx	Sx	$\bar{C}_x$	$\bar{M}_x$	$\bar{R}_x$
1000000.0	34417467.0	949358027.3	713.1408	162544.1	11402304
974905.4	33417467.0	914940560.3	580.6546	161830.9	11239760
950553.7	32442561.6	881523093.3	468.5061	161250.3	11077929
926906.7	31492008.0	849080531.7	380.8618	160781.8	10916679
903923.0	30565101.3	817588523.7	319.6337	160400.9	10755897
881560.4	29661178.3	787023422.4	281.2501	160081.3	10595496
859781.1	28779617.9	757362244.1	262.4125	159800	10435415
838551.6	27919836.8	728582626.2	255.1048	159537.6	10275615
817847.2	27081285.2	700662789.4	251.2295	159282.5	10116077
797651.6	26263438.0	673581504.2	245.8136	159031.3	9956795
777953.8	25465786.4	647318066.3	239.7433	158785.5	9797763
758742.6	24687832.6	621852279.9	233.8229	158545.7	9638978
740005.7	23929090.0	597164447.3	228.7797	158311.9	9480432
721730.8	23189084.3	573235357.3	228.12	158083.1	9322120

图 8－7　输入两全保险的基本信息

②计算 α_x^{Mod} 和 β_x^{Mod}。在计算出 0 岁投保人的修正首年保费和续年保费后，分别锁定公式中的保险金额对应的单元格 B4，然后下拉，即可得到其他投保年龄的修正保费（如图 8－8、图 8－9 所示）。

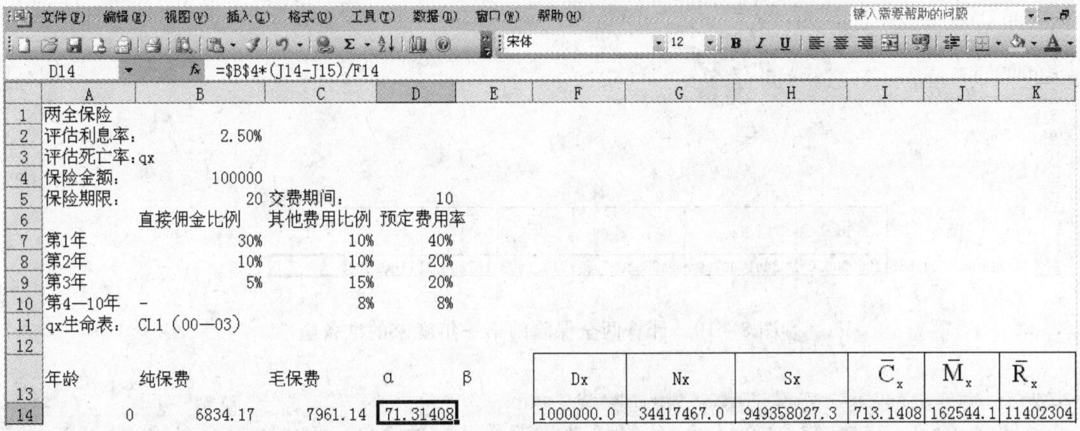

D14　=$B$4*(J14-J15)/F14

	A	B	C	D	E	F	G	H	I	J	K
1	两全保险										
2	评估利息率:	2.50%									
3	评估死亡率:qx										
4	保险金额:	100000									
5	保险期限:	20	交费期间:	10							
6		直接佣金比例	其他费用比例	预定费用率							
7	第1年	30%	10%	40%							
8	第2年	10%	10%	20%							
9	第3年	5%	15%	20%							
10	第4—10年	-	8%	8%							
11	qx生命表:	CL1 (00—03)									
12											
13	年龄	纯保费	毛保费	α	β	Dx	Nx	Sx	$\bar{C}_x$	$\bar{M}_x$	$\bar{R}_x$
14	0	6834.17	7961.14	71.31408		1000000.0	34417467.0	949358027.3	713.1408	162544.1	11402304

图 8－8　计算两全保险的 α_x^{Mod}

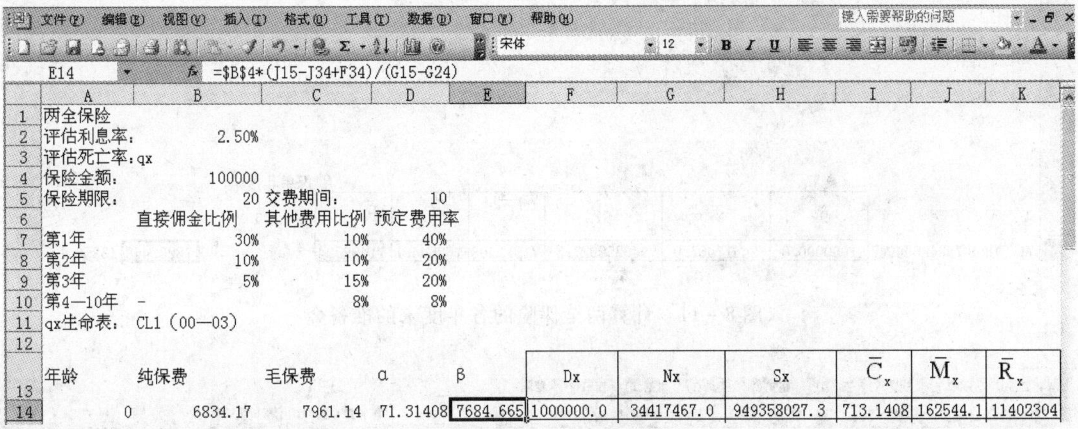

E14　=$B$4*(J15-J34+F34)/(G15-G24)

	A	B	C	D	E	F	G	H	I	J	K
1	两全保险										
2	评估利息率:	2.50%									
3	评估死亡率:qx										
4	保险金额:	100000									
5	保险期限:	20	交费期间:	10							
6		直接佣金比例	其他费用比例	预定费用率							
7	第1年	30%	10%	40%							
8	第2年	10%	10%	20%							
9	第3年	5%	15%	20%							
10	第4—10年	-	8%	8%							
11	qx生命表:	CL1 (00—03)									
12											
13	年龄	纯保费	毛保费	α	β	Dx	Nx	Sx	$\bar{C}_x$	$\bar{M}_x$	$\bar{R}_x$
14	0	6834.17	7961.14	71.31408	7684.665	1000000.0	34417467.0	949358027.3	713.1408	162544.1	11402304

图 8－9　计算两全保险的 β_x^{Mod}

③计算法定未到期责任准备金（如图 8－10、图 8－11 所示）。

④判断是否需计提保费不足准备金（如图 8－12 所示）。

由检查结果可知，该两全保险的续年评估均衡净保费均低于毛保费，不需要计提保费不足准备金，那么法定未到期责任准备金就等于上述修正准备金[①]。

① 现金价值的计算在其他实验，因此不在此计算。假设该法定未到期责任准备金满足不低于保单年度末保单现金价值的要求。本实验以下产品均做此假设。

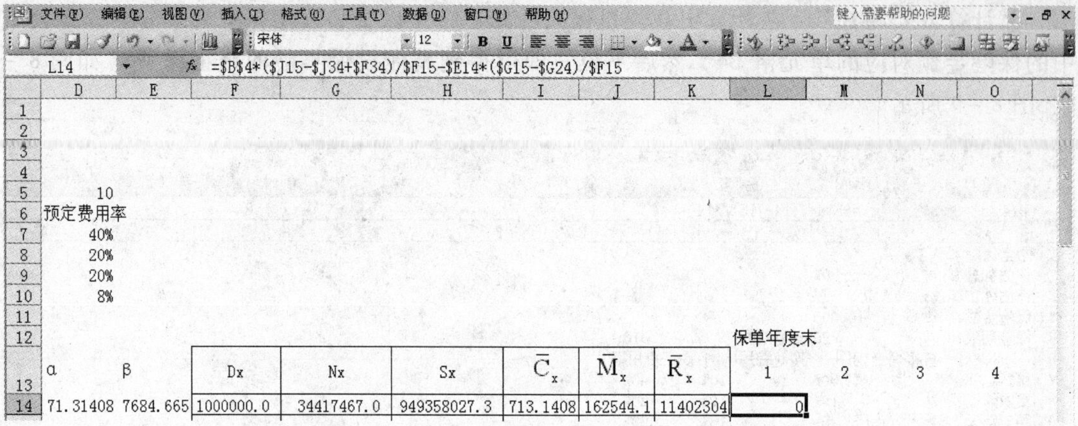

L14 =$B$4*($J15-$J34+$F34)/$F15-$E14*($G15-$G24)/$F15

	D	E	F	G	H	I	J	K	L	M	N	O
5	10											
6	预定费用率											
7	40%											
8	20%											
9	20%											
10	8%											
12									保单年度末			
13	α	β	Dx	Nx	Sx	$\bar{C}_x$	$\bar{M}_x$	$\bar{R}_x$	1	2	3	4
14	71.31408	7684.665	1000000.0	34417467.0	949358027.3	713.1408	162544.1	11402304	0			

图 8-10　计算两全保险的第一年度末的准备金

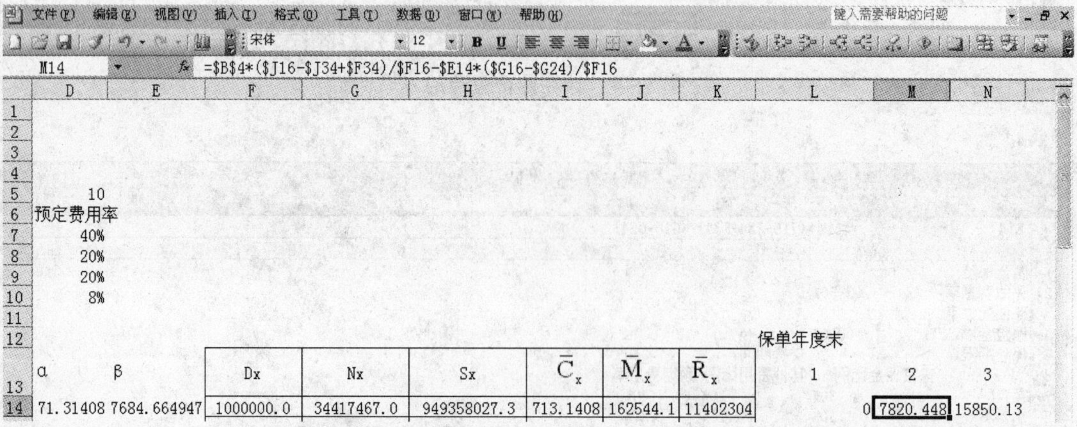

M14 =$B$4*($J16-$J34+$F34)/$F16-$E14*($G16-$G24)/$F16

	D	E	F	G	H	I	J	K	L	M	N
5	10										
6	预定费用率										
7	40%										
8	20%										
9	20%										
10	8%										
12									保单年度末		
13	α	β	Dx	Nx	Sx	$\bar{C}_x$	$\bar{M}_x$	$\bar{R}_x$	1	2	3
14	71.31408	7684.664947	1000000.0	34417467.0	949358027.3	713.1408	162544.1	11402304	0	7820.448	15850.13

图 8-11　计算两全保险的各年度末的准备金

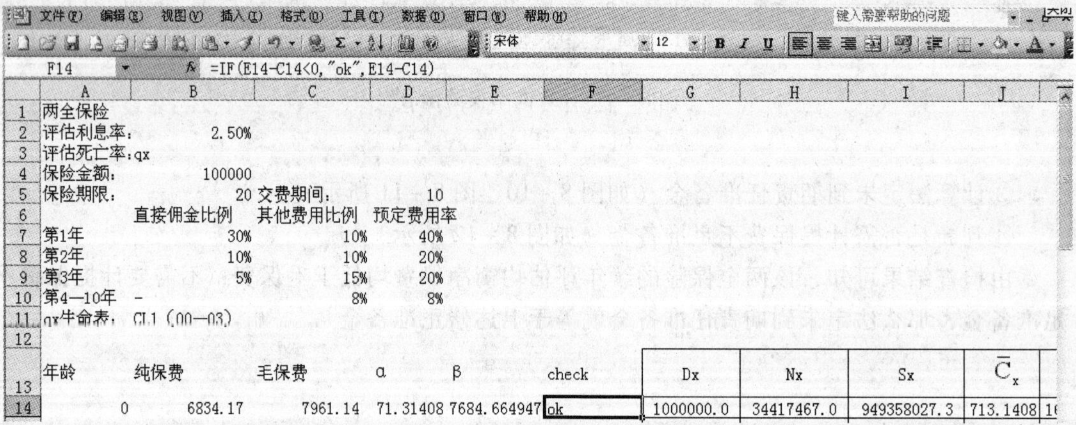

F14 =IF(E14-C14<0,"ok",E14-C14)

	A	B	C	D	E	F	G	H	I	J
1	两全保险									
2	评估利息率：	2.50%								
3	评估死亡率：qx									
4	保险金额：	100000								
5	保险期限：	20	交费期间：	10						
6		直接佣金比例	其他费用比例	预定费用率						
7	第1年	30%	10%	40%						
8	第2年	10%	10%	20%						
9	第3年	5%	15%	20%						
10	第4—10年	-	8%	8%						
11	qx生命表：	CL1 (00—03)								
13	年龄	纯保费	毛保费	α	β	check	Dx	Nx	Sx	$\bar{C}_x$
14	0	6834.17	7961.14	71.31408	7684.664947	ok	1000000.0	34417467.0	949358027.3	713.1408

图 8-12　判断两全保险是否需计提保费不足准备金

(2) 用 Excel VBA 计算

```
Sub 两全险法定准备金()
Dim i, j As Integer
Dim a, α, β, p As Double
Dim m(10), n(10), d(10), b(120) As Double
Worksheets("两全险vba").Activate
a = Cells(4, 2)
d(0) = Cells(15, 6)
b(120) = 0
For i = 15 To 100
p = Cells(i, 3)
m(1) = Cells(i, 10)
m(2) = Cells(i+1, 10)
d(1) = Cells(i, 6)
n(1) = Cells(i+1, 7)
n(2) = Cells(i+10, 7)
m(3) = Cells(i+20, 10)
d(2) = Cells(i+20, 6)
α = a * (m(1) - m(2)) / d(1)
β = a * (m(2) - m(3) + d(2)) / (n(1) - n(2))
Cells(i, 4) = α
Cells(i, 5) = β
If β > p Then
b(i) = b(i-1) + (β - p) * d(1) / d(0)
End If
Next
For i = 15 To 100
α = Cells(i, 4)
β = Cells(i, 5)
For j = 12 To 20
m(4) = Cells(i+j-11, 10)
m(5) = Cells(i+20, 10)
n(4) = Cells(i+j-11, 7)
n(5) = Cells(i+10, 7)
d(3) = Cells(i+j-11, 6)
d(4) = Cells(i+20, 6)
Cells(i, j) = (a * (m(4) - m(5) + d(4)) - β * (n(4) - n(5))) / d(3)
Next
```

```
For j = 21 To 31
m(4) = Cells(i+j-11, 10)
m(5) = Cells(i+20, 10)
d(4) = Cells(i+20, 6)
d(3) = Cells(i+j-11, 6)
Cells(i, j) = a * (m(4) - m(5) + d(4)) / d(3)
Next
Next
End Sub
```

在表 8-6 中给出该两全保险的法定责任准备金。

表 8-6 两全保险的法定责任准备金

年龄	α	β	保单年度末				
			1	2	3	4	5
21	65.28893	7712.487	0	7840.665	15880.86	24126.27	32582.62
22	68.35089	7714.659	0	7840.65	15881.19	24127.22	32584.44
23	70.72144	7717.003	0	7840.998	15882.16	24129.07	32587.65
24	72.89444	7719.6	0	7841.699	15883.84	24132.22	32592.17
25	74.96868	7722.519	0	7842.824	15886.62	24136.53	32597.72
26	76.94414	7725.842	0	7844.736	15890.28	24141.61	32603.66
27	78.5245	7729.695	0	7846.821	15894.07	24146.43	32609.07
28	80.49996	7734.129	0	7848.845	15897.36	24150.43	32613.45
29	83.16683	7739.164	0	7850.365	15899.73	24153.24	32617.31
30	87.01898	7744.769	0	7851.347	15901.19	24155.78	32621.14
31	92.0564	7750.91	0	7851.852	15902.8	24158.64	32625.36
32	98.18032	7757.564	0	7852.977	15905.14	24162.24	32630.32
33	104.2055	7764.85	0	7854.284	15907.72	24166.12	32635.45
34	110.7245	7772.822	0	7855.639	15910.37	24169.92	32640.33
35	117.9349	7781.51	0	7856.982	15912.81	24173.23	32644.61
36	125.9355	7790.946	0	7858.063	15914.63	24175.76	32648.23
37	135.0226	7801.143	0	7858.711	15915.77	24177.67	32651.73
38	145.3938	7812.126	0	7859.043	15916.61	24179.78	32656.04
39	156.9502	7823.964	0	7859.411	15918.04	24183.13	32662.36
40	169.3956	7836.801	0	7860.432	15920.9	24188.83	32671.64
41	182.2361	7850.877	0	7862.444	15925.88	24197.44	32684.09
42	195.3729	7866.473	0	7865.831	15933.24	24208.82	32699.31
43	208.7073	7883.907	0	7870.452	15942.39	24222.09	32716.43
44	222.733	7903.459	0	7875.752	15952.36	24236.22	32734.77
45	238.3392	7925.324	0	7881.185	15962.46	24250.77	32754.56
46	256.3158	7949.637	0	7886.515	15972.67	24266.42	32777.03
47	277.0582	7976.549	0	7891.991	15983.99	24284.81	32804.61
48	300.4673	8006.321	0	7898.538	15998.16	24308.63	32840.18
49	325.852	8039.424	0	7907.203	16017.43	24340.52	32886.35
50	352.6195	8076.554	0	7919.455	16043.87	24382.64	32944.34

8.2.3　年金产品的准备金

假设 A 保险公司需要开发一款 60 岁开始给付的个人的终身年金，交费期是 10 年，根据精算规定，终身年金的法定未到期责任准备金采用 2.5% 的评估利率，用“未来法”逐单计算，评估生命表采用《中国人寿保险业经验生命表（2000—2003）》。如果续年评估均衡净保费高于毛保费，还应计提保费不足准备金。保单年度末保单法定未到期责任准备金为修正准备金和保费不足准备金之和，且不低于保单年度末保单现金价值。修正净保费的计算与一年定期法不同：

$$\alpha = \{1—\min（首年预定费用率，r)\} \times 首年毛保费$$

其中：个人业务：r = 0.35

团体业务：r = 0.15

α + β 在交费期初的精算现值 = p 在交费期初的精算现值

其中：p 为根据法定未到期责任准备金计算基础确定的交费期间均衡净保费。

我们设定该终身年金的假设如表 8 - 7 和表 8 - 8 所示：

表 8 - 7　终身年金的评估假设

评估利息率：	2.50%
评估死亡率：	qx
保险金额：	100000 元
交费期：	10 年

表 8 - 8　终身年金的费用率假设

	直接佣金比例（%）	其他费用比例（%）	评估费用率（%）
第 1 年	10	35	45
第 2 年	1	20	21
第 3 年	1	20	21
第 4—10 年	—	10	10

$$\alpha = 0.65 \times G$$

$$\beta = \frac{p \times \ddot{a}_{x:\overline{10|}} - \alpha}{a_{x:\overline{9|}}} = \frac{p \times (N_x - N_{x+10})/D_x - 0.65 \times G}{(N_{x+1} - N_{x+10})/D_x}$$

$$= \frac{100000 \times N_{60} - \alpha \times D_x}{N_{x+1} - N_{x+10}}$$

$$ {}^{10}_{t}V^{Mod}_{x} = \begin{cases} 100000 \times \dfrac{N_{60}}{D_{x+t}} - \beta \times \dfrac{N_{x+t} - N_{x+10}}{D_{x+t}}, t < 10 \\ 100000 \times \dfrac{N_{60}}{D_{x+t}}, 10 \leqslant t \leqslant 60 \\ 100000 \times \dfrac{N_{x+t}}{D_{x+t}}, t > 60 \end{cases}$$

（1）用 Excel 计算

①输入基本信息（如图 8－13 所示）。

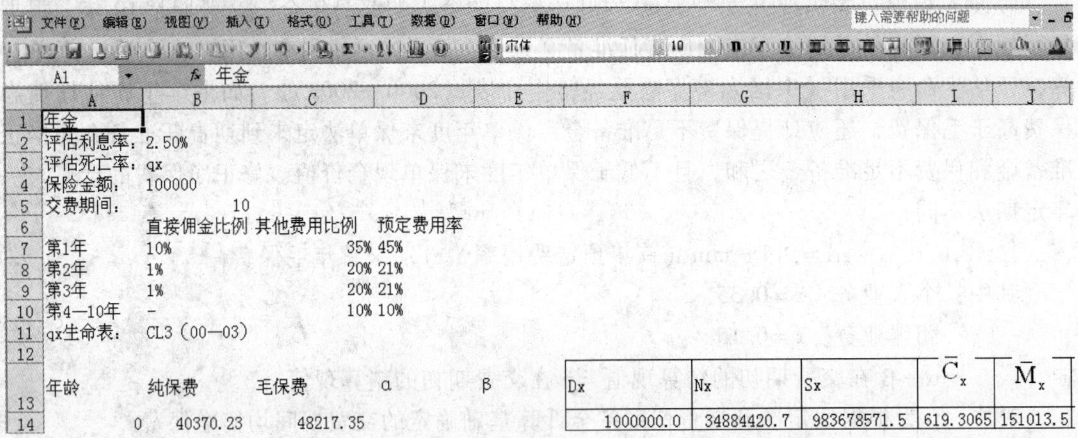

图 8－13 输入终身年金的基本信息

②计算 α 和 β。做法与前面计算终身寿险的修正保费相同（如图 8－13、图 8－15 所示）。

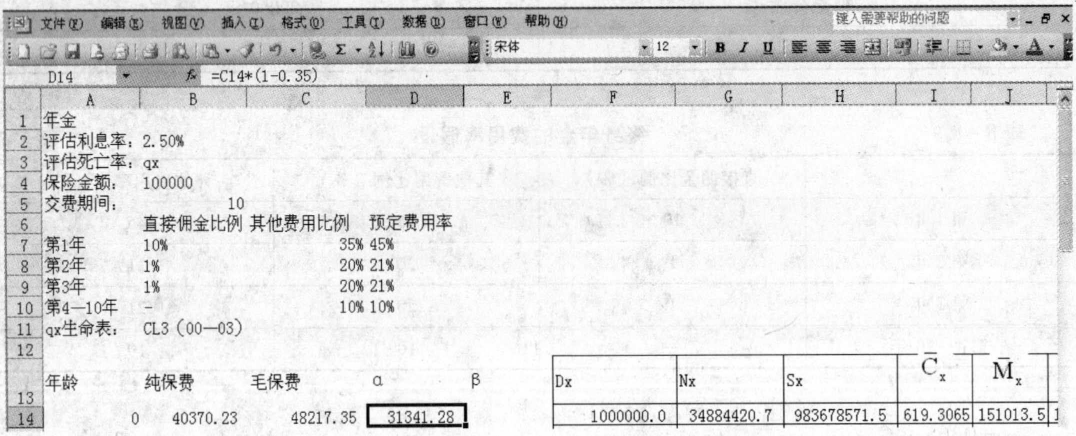

图 8－14 计算终身年金的 α

③计算法定未到期责任准备金（如图 8－16、图 8－17 所示）。

④ 判断是否需计提保费不足准备金（如图 8－18 所示）。

由检查结果可知，该年金保险的续年评估均衡净保费均低于毛保费，不需要计提保费不足准备金，那么法定未到期责任准备金就等于上述修正准备金①。

---

① 现金价值的计算在其他实验，因此不在此计算。假设该法定未到期责任准备金满足不低于保单年度末保单现金价值的要求。本实验以下产品均做此假设。

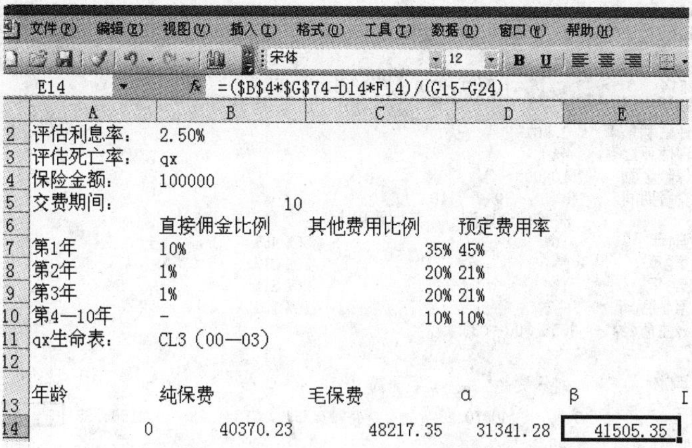

E14　=($B$4*$G$74-D14*F14)/(G15-G24)

	A	B	C	D	E
2	评估利息率：	2.50%			
3	评估死亡率：	qx			
4	保险金额：	100000			
5	交费期间：	10			
6		直接佣金比例	其他费用比例	预定费用率	
7	第1年	10%	35%	45%	
8	第2年	1%	20%	21%	
9	第3年	1%	20%	21%	
10	第4—10年	-	10%	10%	
11	qx生命表：	CL3（00—03）			
12					
13	年龄	纯保费	毛保费	α	β
14	0	40370.23	48217.35	31341.28	41505.35

图 8－15　计算终身年金的 β

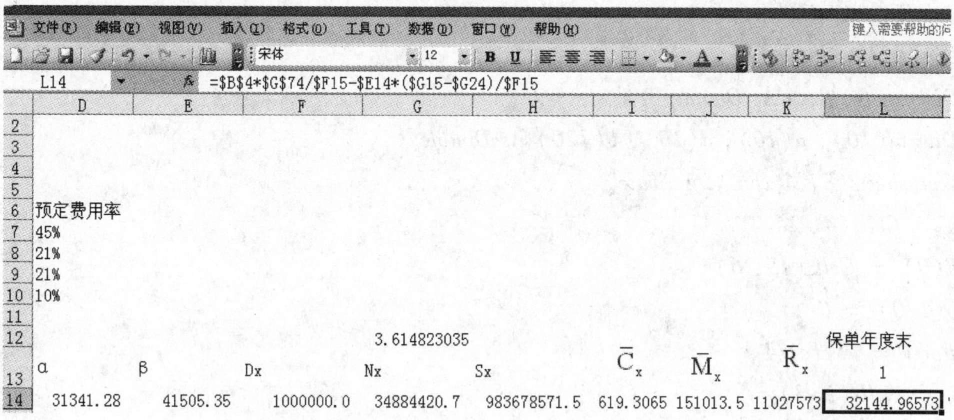

L14　=$B$4*$G$74/$F15-$E14*($G15-$G24)/$F15

	D	E	F	G	H	I	J	K	L
2									
3									
4									
5									
6	预定费用率								
7	45%								
8	21%								
9	21%								
10	10%								
11									
12				3.614823035					保单年度末
13	α	β	Dx	Nx	Sx	$\bar{C}_x$	$\bar{M}_x$	$\bar{R}_x$	1
14	31341.28	41505.35	1000000.0	34884420.7	983678571.5	619.3065	151013.5	11027573	32144.96573

图 8－16　计算终身年金的第一年度末的准备金

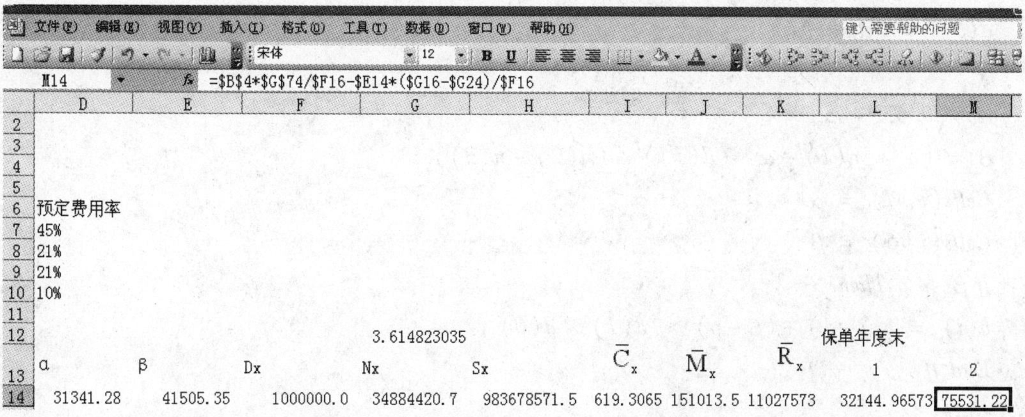

M14　=$B$4*$G$74/$F16-$E14*($G16-$G24)/$F16

	D	E	F	G	H	I	J	K	L	M
2										
3										
4										
5										
6	预定费用率									
7	45%									
8	21%									
9	21%									
10	10%									
11										
12				3.614823035					保单年度末	
13	α	β	Dx	Nx	Sx	$\bar{C}_x$	$\bar{M}_x$	$\bar{R}_x$	1	2
14	31341.28	41505.35	1000000.0	34884420.7	983678571.5	619.3065	151013.5	11027573	32144.96573	75531.22

图 8－17　计算终身年金的各年度末的准备金

F14 =IF(E14-C14<0,"ok",E14-C14)

	A	B	C	D	E	F
2	评估利息率：	2.50%				
3	评估死亡率：	qx				
4	保险金额：	100000				
5	交费期间：	10				
6		直接佣金比例	其他费用比例	预定费用率		
7	第1年	10%	35%	45%		
8	第2年	1%	20%	21%		
9	第3年	1%	20%	21%		
10	第4—10年	-	10%	10%		
11	qx生命表：	CL3（00—03）				
12						
13	年龄	纯保费	毛保费	α	β	check
14	0	40370.23	48217.35	31341.28	41505.35	ok

图 8－18　判断终身年金是否需计提保费不足准备金

（2）用 Excel VBA 计算

```
Sub 年金法定准备金()
Dim i, j As Integer
Dim a, α, β, p As Double
Dim m(10), n(10), d(10), b(120) As Double
Worksheets("年金vba").Activate
a = Cells(4, 2)
d(0) = Cells(15, 6)
b(120) = 0
For i = 15 To 74
p = Cells(i, 3)
n(1) = Cells(75, 7)
n(2) = Cells(i+1, 7)
n(3) = Cells(i+10, 7)
d(1) = Cells(i, 6)

α = 0.65 * p
β = (a * n(1) - α * d(1)) / (n(2) - n(3))
Cells(i, 4) = α
Cells(i, 5) = β
If β > p Then
b(i) = b(i-1) + (β - p) * d(1) / d(0)
End If
Next
For i = 15 To 74
α = Cells(i, 4)
```

```
β = Cells(i, 5)
For j = 12 To 20
n(4) = Cells(i+j-11, 7)
n(5) - Cells(i+10, 7)
d(3) = Cells(i+j-11, 6)
Cells(i, j) = (a * n(1) -β * (n(4) -n(5))) / d(3)
Next
For j = 21 To 87 -i
d(3) = Cells(i+j-11, 6)
Cells(i, j) = a * n(1) / d(3)
Next
For j = 88 -i To 131 -i
n(4) = Cells(i+j-11, 7)
d(3) = Cells(i+j-11, 6)
Cells(i, j) = a * n(4)
Next
Next
End Sub
```

在表 8-9 中给出该年金的法定责任准备金。

表 8-9　　年金的法定责任准备金

年龄	α	β	保单年度末			
			1	2	3	4
20	51759.23	68542.14	53081.88	124736.3	198229.6	273611.5
21	53087.60	70300.97	54446.1	127942.6	203326.4	280648.5
22	54451.23	72106.50	55846.07	131233.1	208557.2	287870.3
23	55851.05	73959.96	57283.02	134610.6	213926	295282.7
24	57288.11	75862.71	58758.09	138077.5	219437	302892.1
25	58763.50	77816.18	60272.37	141636.5	225095	310705.2
26	60278.40	79821.92	61827.15	145291	230905.1	318729.2
27	61834.07	81881.60	63423.87	149044.2	236872.8	326971.5
28	63431.85	83996.98	65063.97	152899.7	243003.5	335439.9
29	65073.22	86169.99	66749.04	156861.1	249303.3	344142.3
30	66759.73	88402.70	68480.7	160932.3	255778.1	353087.2
31	68493.07	90697.32	70260.77	165117.4	262434.5	362283.6
32	70275.06	93056.23	72091.05	169420.8	269279.4	371742
33	72107.60	95481.92	73973.53	173847.1	276320.9	381473.6

续表

年龄	α	β	保单年度末			
			1	2	3	4
34	73992.69	97977.04	75910.29	178401.5	283567.3	391491.3
35	75932.46	100544.37	77903.69	183089.6	291028.4	401808.5
36	77929.15	103186.87	79956.13	187917.6	298713.9	412438.7
37	79985.18	105907.73	82070.41	192891.9	306634.2	423395.3
38	82103.16	108710.40	84249.34	198019.2	314799.2	434691.1
39	84285.79	111598.45	86495.78	203305.8	323218.4	446339.3
40	86536.22	114576.00	88812.86	208758.7	331903	458356
41	88857.90	117647.58	91203.93	214386	340866.2	470760.4
42	91254.56	120818.06	93672.78	220196.6	350123	483576.8
43	93730.11	124092.51	96223.47	226200.5	359691.7	496831.7
44	96288.53	127476.19	98860.35	232409.3	369591.5	510543.6
45	98934.16	130974.74	101588.6	238835.6	379836.1	524755.5
46	101671.76	134594.46	104413.8	245488	390458.3	539498.7
47	104506.75	138342.47	107340	252389.4	401482.2	554799.4
48	107445.51	142227.18	110378.7	259555.9	412928.5	570678.1
49	110495.79	146258.79	113535.9	267001.4	424815.1	587162.2
50	113666.97	150449.43	116820.1	274742.5	437170.4	604304.5

实验九

SHIYANJIU

根据精算规定计算保单最低现金价值

实验目的和要求：

熟悉中国保险监督委员会对于保单最低现金价值所作的精算规定；并按照此规定计算保单现金价值。

实验内容：

设计相应的产品，根据精算规定计算保单最低现金价值。

9.1

有关保单最低现金价值的精算规定

（1）计算基础

①费用率和死亡率采用险种报备时厘定保险费所使用的预定附加费用率和预定死亡率。

②利息率采用险种报备时厘定保险费所使用的预定利息率加上2%。

（2）计算方法

①按照新的计算基础，计算各个投保年龄的毛保费。

②计算保单各保单年度纯保费，保单各保单年度纯保费等于该保单年度的毛保费扣除险种报备时厘定保险费所采用的该保单年度的预定费用率。

③计算保单年度末保单价值准备金，保单年度末保单价值准备金为按以上计算基础算得的纯保费准备金，但其中不包括该保单在保单年度末的生存给付金额。

④保单年度末保单最低现金价值是保险公司确定人寿保险保单现金价值最低标准，其计算公式为：

$r \times ma \times$（保单年度末保单价值准备金，0）

系数 r 按下列公式计算：

$r = k\% + t \times (100\% - k\%) / \min(20, n)$，当 $t < \min(20, n)$ 时

$r=100\%$，当 $t \geq \min(20,n)$

其中：

n 为保单交费期间（趸交保费时，n = 1）。

t 为保单经过的保单年度，t = 1，2，...

参数 k 按照表 9 - 1 取值：

表 9 - 1　　计算规定中 k 的取值

	k 值	
	两全保险 年金保险	定期死亡保险 终身死亡保险
期交个人业务	90	80
期交团体业务	95	85
趸交个人业务	100	100
趸交团体业务	100	100

9.2

根据精算规定计算保单最低现金价值

9.2.1　设计产品

以一个终身寿险为例，计算法定最低现金价值。该终身寿险的保额为 1000 元，定价利率为 2.5%，死亡率采用中国保险业生命表 CL1（2000—2003），交费期限为终身交费，费用假设如表 9 - 2 所示：

表 9 - 2　　费用率假设

年　份	费用假设（%）
1	60
2	30
3	15
4 +	10

由于计算现金价值的时候，利息率需要提高 2%，因此先按照实验一中所介绍的方法，新建一张工作表，存储 4.5% 利率下的换算函数表，将其命名为 CL1（4.5%）（如图 9 - 1 所示），以便调用。

9.2.2　计算各投保年龄的毛保费

由于这里采用 Excel 的方法更加方便，于是省去了 VBA 的计算方法。

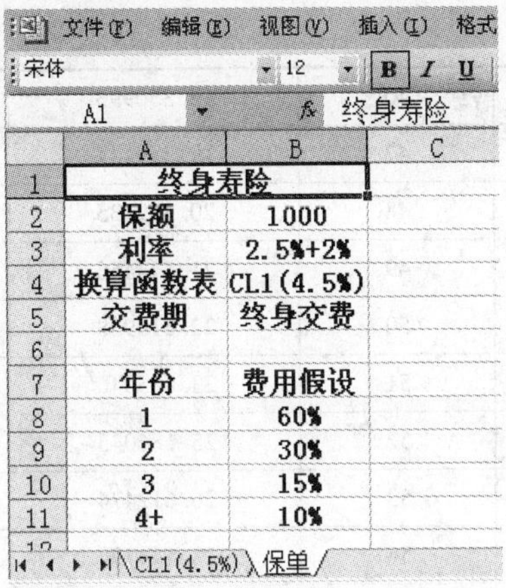

图 9-1 输入参数

Excel 的计算公式为：

$$G = \frac{1000M_x}{N_x - 0.6D_x - 0.3D_{x+1} - 0.15D_{x+2} - 0.1N_{x+3}}$$

在“保单工作表”的“B18”单元格中输入公式（如图 9-2 所示），按 Enter 键确定，便得到 0 岁投保的毛保费。再次选中 B18，将鼠标置于单元格的右下角，调整位置至鼠标变成“+”时，将其顺着这一列向下，就可以计算出所有的毛保费。

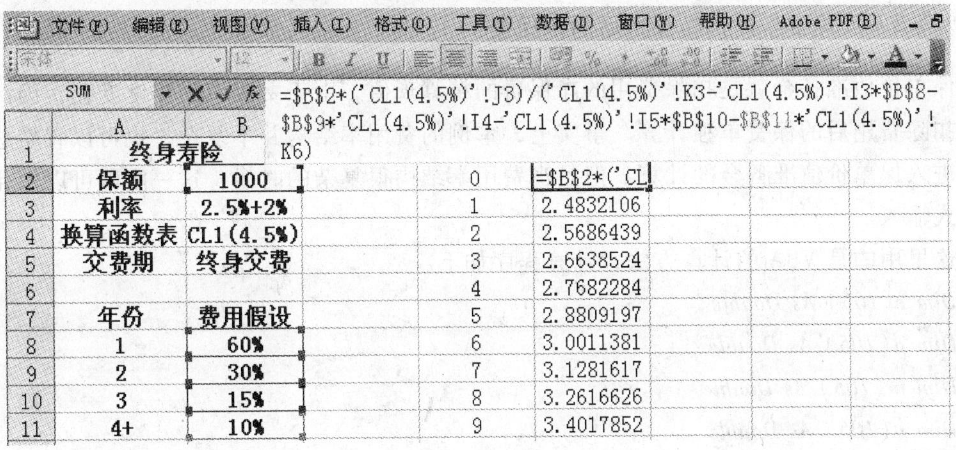

图 9-2 保费计算过程

得到计算结果如表 9-3 所示。

表 9-3　　　　毛保费计算结果

21	5.7119046	41	14.295998	61	42.4734
22	5.9626853	42	15.014577	62	45.12066
23	6.2256189	43	15.77556	63	47.95592
24	6.5018977	44	16.582726	64	50.99973
25	6.7925157	45	17.439962	65	54.27456

续表

26	7.0984883	46	18.350993	66	57.80352
27	7.4209142	47	19.319447	67	61.60998
28	7.7611607	48	20.349135	68	65.71831
29	8.1202347	49	21.444456	69	70.1546
30	8.4990538	50	22.610938	70	74.94839
31	8.898319	51	23.855346	71	80.13298
32	9.3188009	52	25.186043	72	85.74569
33	9.7614082	53	26.612474	73	91.82933
34	10.227879	54	28.144794	74	98.43194
35	10.719743	55	29.792676	75	105.6083
36	11.238556	56	31.56404	76	113.4197
37	11.785967	57	33.465048	77	121.9348
38	12.363604	58	35.500528	78	131.2302
39	12.97314	59	37.67531	79	141.3907
40	13.616494	60	39.996264	80	152.5109

9.2.3 计算各年度扣除费用后的净保费

保单价值准备金就是扣除费用的净保费的精算现值，由于费用率随年度变化，因此对各年度扣除费用后的保费单独计算。事实上，本例的费用率结构并不复杂，也可以省略这一步直接进入保单价值准备金的计算。但是当费用率结构很复杂的时候，这一步骤可以简化后面的公式输入。

这里用的是 VBA 的计算方法，计算程序如下：

```
Dim c(105) As Double
Dim d(105) As Double
Dim m(105) As Double
Dim n(105) As Double

Sub 纯保费()
    Dim i As Integer
    Dim j As Integer

    For i = 0 To 100
        For j = 1 To 105 - i
            If j = 1 Then
                Sheets("保单").Cells(i + 18, j + 5) = Sheets("保单").Cells(18 + i,2)
```

```
            * (1 - Sheets("保单"). Cells(8, 2))
    ElseIf j = 2 Then
        Sheets("保单"). Cells(i + 18, j + 5) = Sheets("保单"). Cells(18 + i,2)
              * (1 - Sheets("保单"). Cells(9, 2))
    ElseIf j = 3 Then
        Sheets("保单"). Cells(i + 18, j + 5) = Sheets("保单"). Cells(18 + i, 2)
             * (1 - Sheets("保单"). Cells(10, 2))
    Else
        Sheets("保单"). Cells(i + 18, j + 5) = Sheets("保单"). Cells(18 + i, 2)
            * (1 - Sheets("保单"). Cells(11, 2))
    End If
   Next j
 Next i
End Sub
```

程序一开始对该模块中公共变量 C_x, D_x, M_x, N_x 的说明，免去了在该模块各个过程中重复定义这些变量的麻烦。这段程序比较简单，基本上就是用循环语句对单元格赋值，*If* 语句后的四种情况分别对应前四个保单年度不同的费用率。下面给出部分计算结果（表 9 - 4）：

表 9 - 4　　　　扣除费用后的净保费

	保单年度					
投保年龄	1	2	3	4	5	6
21	2.284762	3.998333	4.855119	5.140714	5.140714	5.140714
22	2.385074	4.17388	5.068283	5.366417	5.366417	5.366417
23	2.490248	4.357933	5.291776	5.603057	5.603057	5.603057
24	2.600759	4.551328	5.526613	5.851708	5.851708	5.851708
25	2.717006	4.754761	5.773638	6.113264	6.113264	6.113264
26	2.839395	4.968942	6.033715	6.388639	6.388639	6.388639
27	2.968366	5.19464	6.307777	6.678823	6.678823	6.678823
28	3.104464	5.432812	6.596987	6.985045	6.985045	6.985045
29	3.248094	5.684164	6.9022	7.308211	7.308211	7.308211
30	3.399622	5.949338	7.224196	7.649148	7.649148	7.649148
31	3.559328	6.228823	7.563571	8.008487	8.008487	8.008487
32	3.72752	6.523161	7.920981	8.386921	8.386921	8.386921
33	3.904563	6.832986	8.297197	8.785267	8.785267	8.785267
34	4.091152	7.159515	8.693697	9.205091	9.205091	9.205091
35	4.287897	7.50382	9.111781	9.647769	9.647769	9.647769
36	4.495422	7.866989	9.552772	10.1147	10.1147	10.1147
37	4.714387	8.250177	10.01807	10.60737	10.60737	10.60737
38	4.945442	8.654523	10.50906	11.12724	11.12724	11.12724
39	5.189256	9.081198	11.02717	11.67583	11.67583	11.67583
40	5.446598	9.531546	11.57402	12.25484	12.25484	12.25484

和费用率的变化相同，在第四个保单年度后，同一个年龄的数据不再变化。

9.2.4 计算保单价值准备金

这里用的也是 VBA 方法，程序如下：

```
Sub 保单年度末保单价值准备金()
        Dim i As Integer
        Dim j As Integer
        Const ben = 1000

For i = 0 To 105
            c(i) = Sheets("CL1(4.5%)").Cells(3 + i, 8)
            d(i) = Sheets("CL1(4.5%)").Cells(3 + i, 9)
            m(i) = Sheets("CL1(4.5%)").Cells(3 + i, 10)
            n(i) = Sheets("CL1(4.5%)").Cells(3 + i, 11)
        Next i

        For i = 0 To 100
            For j = 1 To 105 - i
              If j = 1 Then
          Sheets("保单").Cells(i + 123, j + 1) = ben * m(i + j) / d(i + j)
          - Sheets("保单").Cells(i + 18, 7)
          - Sheets("保单").Cells(i + 18, 8) * d(i + j + 1) / d(i + j)
          - Sheets("保单").Cells(i + 18, 9) * n(i + j + 2)/d(i + j)
              Else If j = 2 Then
                Sheets("保单").Cells(i + 123, j + 1) = ben * m(i + j) / d(i + j)
                  - Sheets("保单").Cells(i + 18, 8) - Sheets("保单").Cells(i + 18, 9)
                  * n(i + j + 1) / d(i + j)
                Else
              Sheets("保单").Cells(i + 123,j + 1) = ben * m(i + j)/d(i + j)
              - Sheets("保单").Cells(i + 18, 9) * n(i + j) / d(i + j)
            End If
            Next j
        Next i
End Sub
```

计算结果如表 9－5 所示：

表 9－5　　保单价值准备金

投保年龄	保单年度 1	2	3	4	5	6
0	0.2686	1.426456	3.120854	5.102721	7.233529	9.496481
1	0.421818	1.748037	3.608655	5.742593	8.008869	10.39206
2	0.563871	2.043801	4.052854	6.322897	8.710053	11.20641
3	0.68852	2.302969	4.444018	6.835588	9.336565	11.94786
4	0.791436	2.522637	4.780636	7.286674	9.903253	12.63742
5	0.874319	2.706017	5.073473	7.695757	10.43588	13.30021
6	0.93889	2.8625	5.340814	8.087302	10.95828	13.95938
7	0.993024	3.008975	5.605775	8.483775	11.49222	14.63603
8	1.04578	3.160789	5.88309	8.899256	12.05112	15.33881
9	1.103348	3.323498	6.177676	9.338009	12.63452	16.06437
10	1.164907	3.495578	6.487354	9.793143	13.23265	16.79998
11	1.229629	3.675477	6.80583	10.25548	13.83334	17.53336
12	1.296672	3.857541	7.124539	10.71346	14.42493	18.25375
13	1.361102	4.033857	7.432534	11.15604	14.99728	18.95498
14	1.419923	4.198361	7.723628	11.57791	15.54905	19.64184
15	1.470075	4.347864	7.995516	11.98073	16.08803	20.33349
16	1.511495	4.483206	8.253001	12.37545	16.63658	21.05215
17	1.545134	4.609338	8.507203	12.78465	17.21713	21.8211
18	1.575031	4.736505	8.779887	13.22995	17.85219	22.66177
19	1.607354	4.882434	9.088664	13.72987	18.55919	23.58746
20	1.653529	5.058385	9.445707	14.29554	19.34516	24.60496
21	1.713	5.264587	9.850213	14.92211	20.2051	25.71007
22	1.78624	5.50033	10.29738	15.60462	21.13486	26.90253
23	1.871716	5.759812	10.7812	16.33794	22.13325	28.17427
24	1.964821	6.038069	11.29756	17.12191	23.19319	29.51604
25	2.064949	6.335198	11.85046	17.95359	24.3096	30.91852
26	2.172526	6.655434	12.43716	18.82808	25.47331	32.37317
27	2.291073	6.995135	13.0518	19.73528	26.67486	33.87215
28	2.412996	7.344317	13.68011	20.6616	27.90236	35.41623
29	2.535657	7.695889	14.3156	21.60224	29.16371	37.0087
30	2.654339	8.045601	14.95568	22.56738	30.46448	38.65433
71	2.558058	27.79307	64.42699	104.6761	144.4591	183.7022
72	1.457235	27.05423	64.76665	106.28	147.2299	187.5363
73	0.189132	26.10021	64.89762	107.6976	149.8249	191.1933
74	－1.25955	24.90657	64.79283	108.8965	152.2056	194.631
75	－2.91285	23.43994	64.4113	109.8298	154.3215	197.7762
76	－4.79433	21.66117	63.70465	110.4455	156.097	200.5888
77	－6.93542	19.52071	62.61665	110.6628	157.4884	203.0071
78	－9.37161	16.96649	61.06521	110.4385	158.4337	204.9684
79	－12.1382	13.92109	59.00964	109.7119	158.8713	206.4092
80	－15.2983	10.3484	56.38792	108.4199	158.7357	207.2613

由于第一年的费用率较高，因此在后面的年龄段在第一个保单年度会出现保单价值准备金为负的情况。

9.3.5 计算法定最低现金价值

法定最低现金价值就是将保单价值准备金作线性调整，然后将负值都调为0。

这里同样使用VBA方法，程序如下：

```
Sub 最低现金价值()
    Dim i As Integer
    Dim j As Integer
    Dim r As Double
    Const ben = 1000
    Const k = 80
    For i = 0 To 100
        For j = 1 To 105 - i
            If  j < min(20, 105 - i) Then
                r = k / 100 + j * (1 - k / 100) / min(20, 105 - i)
            Else
                r = 1
            End If
     Sheets("保单").Cells(i + 228, j + 1) = max(Sheets("保单").Cells(i + 123, j + 1), 0)
     * r
Next j
    Next i
End Sub

'由于公式中使用了 max() 与 min()函数,故该模块中需要给出这两个函数的定义:
Function min(a As Double, b As Double) As Double
        If a <= b Then
            min = a
        Else
            min = b
        End If
End Function

Function max(a As Double, b As Double) As Double
        If a >= b Then
            max = a
        Else
```

```
        max  =  b
    End If
End Function
```

得到最低现金价值的部分结果如表 9－6 所示：

表 9－6　　现金价值的计算结果

投保年龄	保单年度					
	1	2	3	4	5	6
21	1.38753	4.316961	8.175677	12.53457	17.17433	22.11066
22	1.446854	4.510271	8.546824	13.10788	17.96463	23.13618
23	1.51609	4.723046	8.948398	13.72387	18.81326	24.22987
24	1.591505	4.951217	9.376974	14.3824	19.71421	25.38379
25	1.672609	5.194862	9.835885	15.08102	20.66316	26.58993
26	1.759746	5.457456	10.32284	15.81559	21.65231	27.84092
27	1.855769	5.736011	10.83299	16.57763	22.67363	29.13005
28	1.954527	6.02234	11.35449	17.35575	23.71701	30.45796
29	2.053882	6.310629	11.88195	18.14588	24.78916	31.82749
30	2.150014	6.597393	12.41322	18.9566	25.89481	33.24272
71	2.072027	22.79032	53.4744	87.92791	122.7902	157.9838
72	1.18036	22.18447	53.75632	89.27521	125.1454	161.2812
73	0.153197	21.40217	53.86502	90.46597	127.3512	164.4262
74	0	20.42339	53.77805	91.47308	129.3748	167.3826
75	0	19.22075	53.46138	92.257	131.1733	170.0876
76	0	17.76216	52.87486	92.77425	132.6825	172.5064
77	0	16.00699	51.97182	92.95674	133.8651	174.5861
78	0	13.91252	50.68412	92.76834	134.6687	176.2728
79	0	11.4153	48.978	92.15803	135.0406	177.5119
80	0	8.485684	46.80198	91.07273	134.9253	178.2447
81	0	5.09678	44.12235	89.47501	134.2812	178.428
82	0	1.178549	40.86173	87.28463	133.0277	177.9785
83	0	0	36.95254	84.43279	131.0923	176.8224
84	0	0	32.32158	80.84219	128.3961	174.8775
85	0	0	26.88792	76.42974	124.8522	172.0549

实验十 SHIYANSHI

儿童教育金保险产品

实验目的和要求：

在前面学习的基础上，通过设计相对复杂的儿童险产品，进一步提高运用 Excel 和 VBA 编程来计算保费和准备金的能力。

实验内容：

设计儿童教育金保险产品的保险责任、保险金额，给出利率、死亡率、费用率假设，测算净保费和毛保费，并计算不同类型的责任准备金。

10.1 儿童教育金保险产品的设计

10.1.1 儿童教育金保险产品的保险责任（如表 10－1 所示）

表 10－1　　儿童教育金保险产品

投保年龄	0～14
交费期	交费至 14 岁
死亡保险金	100000
高中教育 15～17 岁	5000/年
大学教育 18～21 岁	10000/年
深造金 22～24 岁	15000/年
婚嫁金 25 岁	200000
创业金 30 岁	200000
养老金 60 岁开始	120000/年

10.1.2　费用假设（如表 10－2 所示）

表 10－2　　费用率假设

保单年度 / 投保年龄	第一年	第二年	第三年	第四年及以后
0	0.6	0.4	0.2	0.1
1	0.6	0.4	0.2	0.1
2	0.5	0.3	0.2	0.1
3	0.5	0.3	0.2	0.1
4	0.4	0.3	0.2	0.1
5	0.4	0.3	0.2	0.1
6	0.4	0.2	0.15	0.1
7	0.4	0.2	0.15	0.1
8	0.3	0.2	0.1	0.1
9	0.3	0.2	0.1	0.1
10	0.2	0.15	0.1	0.1
11	0.2	0.15	0.1	0.1
12	0.15	0.15	0.1	
13	0.15	0.1		
14	0.12			

10.2

儿童教育金保险产品保费的计算

10.2.1　计算基础

生命表的选择：由于保险责任涉及到养老金的给付，所以对于男性和女性均选用养老金生命表，即 CL3（2000—2003）、CL4（2000—2003）

利率的选择：2.5%

符号假设：P_x 为净保费；GP_x 为毛保费；x 为投保年龄；DB 为死亡保险金；HE 为高中教育金；UE 为大学教育金；SZ 为深造金；HJ 为婚嫁金；CHY 为创业金；YL 为养老金；e_k 为第 $k+1$ 个保单年度的预定附加费用率。

10.2.2　净保费和毛保费的计算公式

根据精算平衡原理，按照给出的保险责任，可以得到：

$$P_x \times \ddot{a}_{x:\overline{15-x}|} = DB \times A_x + HE \times {}_{15-x}E_x \times \ddot{a}_{15:\overline{3}|} + UE \times {}_{18-x}E_x \times \ddot{a}_{18:\overline{4}|} + SZ \times {}_{22-x}E_x \times \ddot{a}_{22:\overline{3}|}$$
$$+ HJ \times {}_{25-x}E_x + CHY \times {}_{30-x}E_x + YL \times {}_{60-x}E_x \times \ddot{a}_{60}$$

$$GP_x \times \ddot{a}_{x:\overline{15-x}|} = DB \times A_x + HE \times {}_{15-x}E_x \times \ddot{a}_{15:\overline{3}|} + UE \times {}_{18-x}E_x \times \ddot{a}_{18:\overline{4}|} + SZ \times {}_{22-x}E_x \times \ddot{a}_{22:\overline{3}|}$$
$$+ HJ \times {}_{25-x}E_x + CHY \times {}_{30-x}E_x + YL \times {}_{60-x}E_x \times \ddot{a}_{60}$$
$$+ GP_x \times \sum_{k=0}^{14-x} e_k \times D_{x+k} / D_x$$

移项并将保费用换算函数表示，可得到下面的计算公式：

$$GP_x = \frac{DB \times M_x + HE \times (N_{15} - N_{18}) + UE \times (N_{18} - N_{22})}{N_x - N_{15} - \sum_{k=0}^{14-x} e_k \times D_{x+k}}$$
$$+ \frac{SZ \times (N_{22} - N_{25}) + HJ \times D_{25} + CHY \times D_{30} + YL \times N_{60}}{N_x - N_{15} - \sum_{k=0}^{14-x} e_k \times D_{x+k}}$$

对于男性和女性，我们可以分别根据相应的生命表，按照 P_x、GP_x 的计算公式计算不同年龄投保人所应交纳的净保费和毛保费。在这里我们只以男性为例，分别运用 Excel 和 VBA 两种方法来计算保费。

10.2.3 运用 Excel 和 VBA 计算保费

(1) 运用 Excel 计算保费

以下说明如何直接应用 Excel 的单元格操作来实现儿童教育金保险产品的定价。可以分为以下两个步骤：

①输入基本假设。打开 Excel，在 sheet1 中输入保险责任，预定费用率等基本假设，并将工作表 sheet1 重新命名为“要求”。在 sheet2 中，输入 CL3（2000—2003）的数据，并将利率设定为 2.5%，可以得到定价需要的生命表换算函数，同时将 sheet2 重新命名为 CL3。具体情况如图 10-1、图 10-2 所示。其中，图 10-1、图 10-2 都只给出了部分数据。

②输入相应的公式进行保费计算。插入工作表“保费（男）”，分别在 A2、B2、C2 中输入投保年龄、净保费、毛保费，在 A3、A4 中输入 0、1，然后选中 A3 和 A4 单元格下拉到 A17 会产生 0~14 的序列。选中 B3，根据前面给出的净保费的计算公式进行公式编辑，这样就可以计算出投保年龄为 0 岁的投保人的净保费。由于对于不同投保年龄的投保人而言，保险责任是相同的，而且除了死亡保险责任外，其他的保险责任均是在交费期之后才开始的，交费都是交至 14 岁，因此在计算其他年龄投保人的净保费时，只需要将 B3 单元格中的公式，除了涉及到死亡给付责任的'CL3'! J9 单元格和投保人开始交纳保费的'CL3'! L9 单元格外，其他单元格全部锁定，然后下拉，就可以得到其他年龄的净保费，如图 10-3 所示。同样的，对于毛保费可以按照相同的方式得到，只是在计算毛保费时加入了费用的因素，具体过程如图 10-4 所示。

(2) 用 Excel VBA 计算保费

用 Excel VBA 计算保费的过程如下：

	A	B	C	D	E	F	G	H	I
1	儿童保险								
2	投保年龄	0~14							
3	交费期	交费至14岁							
4	死亡保险金	100000	100000						
5	高中教育15~17岁	5000/年	5000						
6	大学教育18~21岁	10000/年	10000						
7	深造金22~24岁	15000/年	15000						
8	婚嫁金25岁	200000	200000						
9	创业金30岁	200000	200000						
10	养老金60岁开始	120000/年	120000						
11	费用假设（自己设计）		保单年度						
12		投保年龄	1	2	3	4	5	6	7
13		0	0.6	0.4	0.2	0.1	0.1	0.1	0.1
14		1	0.6	0.4	0.2	0.1	0.1	0.1	0.1
15		2	0.5	0.3	0.2	0.1	0.1	0.1	0.1
16		3	0.5	0.3	0.2	0.1	0.1	0.1	0.1
17		4	0.4	0.3	0.2	0.1	0.1	0.1	0.1
18		5	0.4	0.3	0.2	0.1	0.1	0.1	0.1
19		6	0.4	0.2	0.15	0.1	0.1	0.1	0.1
20		7	0.4	0.2	0.15	0.1	0.1	0.1	0.1
21		8	0.3	0.2	0.1	0.1	0.1	0.1	0.1
22		9	0.3	0.2	0.1	0.1	0.1	0.1	
23		10	0.2	0.15	0.1	0.1	0.1		
24		11	0.2	0.15	0.1	0.1			

图 10－1　保险责任及费用假设

	A	B	C	D	E	F	G	H	I	J	K	L
1												
2	中国人寿保险业经验生命表（2000—2003）（男）											
3												
4	China Life Insurance Mortality Table(2000—2003)											
5												
6	养老金业务男表CL3（2000—2003）											
7	年龄	死亡率	生存人数		生存人年数		平均余命				换算函数	
8	(x)	q_x	l_x	d_x	L_x	T_x	$°e_x$	假设利率	Cx	Mx	Dx	Nx
9	0	0.000627	1000000	627	999686.5	79741450	79.74145	2.50%	619.3065	151013.5	1000000	34884421
10	1	0.000525	999373	524.6708	999110.7	78741763	78.79117		505.5931	150394.2	974998	33884421
11	2	0.000434	998848.3	433.5002	998631.6	77742653	77.83229		407.5488	149888.6	950718.2	32909423
12	3	0.000362	998414.8	361.4262	998234.1	76744021	76.86587		331.5019	149481	927127.4	31958704
13	4	0.000311	998053.4	310.3946	997898.2	75745787	75.89352		277.7517	149149.5	904187.1	31031577
14	5	0.000281	997743	280.3658	997602.8	74747889	74.91698		244.7619	148871.8	881859.4	30127390

图 10－2　换算函数表

①同前面介绍的直接在 Excel 中运用公式计算保费一样，我们首先需要分别建立两张工作表“要求”和“CL3”，其中工作表“要求”中输入了保险责任和基本的费用假设，工作表“CL3”是养老金男性生命表。然后建立工作表“保费（男）”，单击菜单栏的“工具”项，选择“宏”，然后选择 Visual Basic 编辑器，进入编程界面，如图 10－5 所示。

②进入 VBA 编程界面后，插入模块，在模块中进行编程。具体过程如图 10－6、图 10－7 所示。

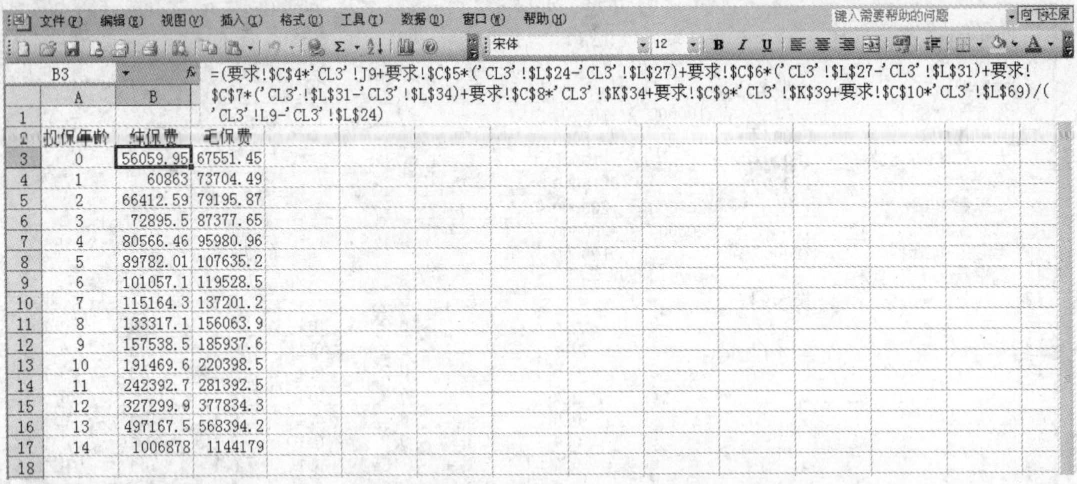

B3 =(要求!$C$4*'CL3'!J9+要求!$C$5*('CL3'!$L$24-'CL3'!$L$27)+要求!$C$6*('CL3'!$L$27-'CL3'!$L$31)+要求!$C$7*('CL3'!$L$31-'CL3'!$L$34)+要求!$C$8*'CL3'!$K$34+要求!$C$9*'CL3'!$K$39+要求!$C$10*'CL3'!$L$69)/('CL3'!L9-'CL3'!$L$24)

	A	B	C
1			
2	投保年龄	纯保费	毛保费
3	0	56059.95	67551.45
4	1	60863	73704.49
5	2	66412.59	79195.87
6	3	72895.5	87377.65
7	4	80566.46	95980.96
8	5	89782.01	107635.2
9	6	101057.1	119528.5
10	7	115164.3	137201.2
11	8	133317.1	156063.9
12	9	157538.5	185937.6
13	10	191469.6	220398.5
14	11	242392.7	281392.5
15	12	327299.9	377834.3
16	13	497167.5	568394.2
17	14	1006878	1144179
18			

图 10-3 净保费的计算

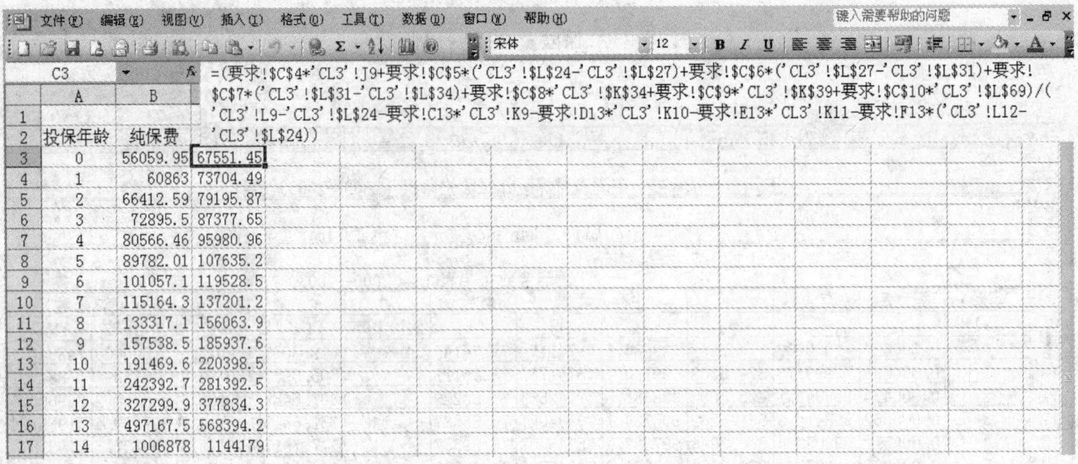

C3 =(要求!$C$4*'CL3'!J9+要求!$C$5*('CL3'!$L$24-'CL3'!$L$27)+要求!$C$6*('CL3'!$L$27-'CL3'!$L$31)+要求!$C$7*('CL3'!$L$31-'CL3'!$L$34)+要求!$C$8*'CL3'!$K$34+要求!$C$9*'CL3'!$K$39+要求!$C$10*'CL3'!$L$69)/('CL3'!L9-'CL3'!$L$24-要求!C13*'CL3'!K9-要求!D13*'CL3'!K10-要求!E13*'CL3'!K11-要求!F13*('CL3'!L12-'CL3'!$L$24))

	A	B	C
1			
2	投保年龄	纯保费	毛保费
3	0	56059.95	67551.45
4	1	60863	73704.49
5	2	66412.59	79195.87
6	3	72895.5	87377.65
7	4	80566.46	95980.96
8	5	89782.01	107635.2
9	6	101057.1	119528.5
10	7	115164.3	137201.2
11	8	133317.1	156063.9
12	9	157538.5	185937.6
13	10	191469.6	220398.5
14	11	242392.7	281392.5
15	12	327299.9	377834.3
16	13	497167.5	568394.2
17	14	1006878	1144179

图 10-4 毛保费的计算

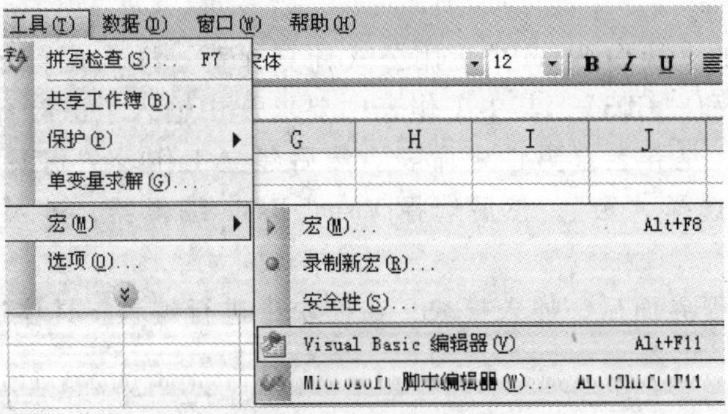

图 10-5 从 Excel 进入 VBA 编程界面

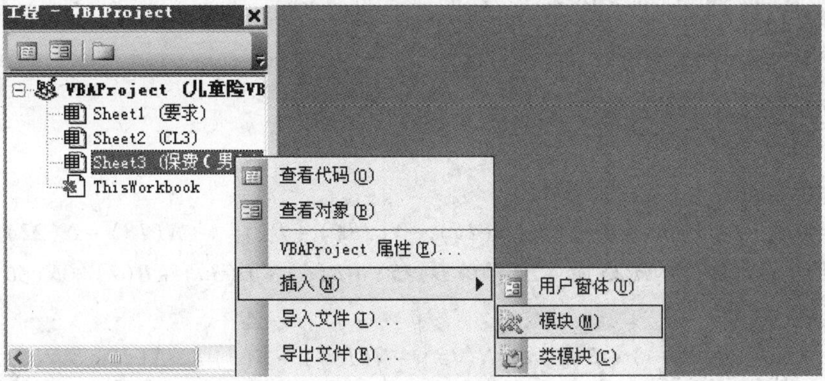

图 10－6 插入模块

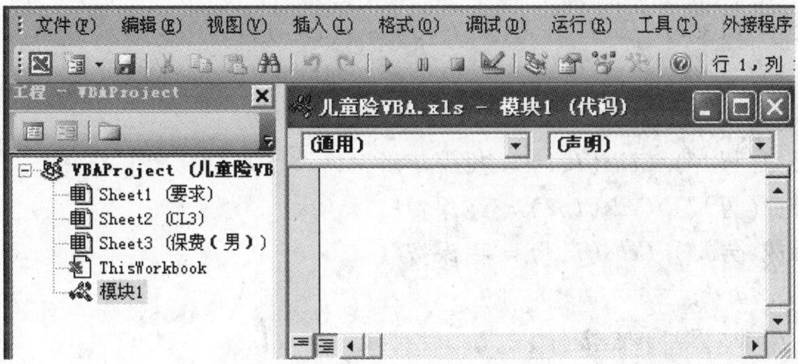

图 10－7 模块界面

下面给出保费计算程序：

```
Sub Pricing()
'读入定价假设
Dim i As Integer,B(7)As Double
Dim P(105)As Double,GP(105)As Double
Dim D(106)As Double,M(106)As Double,N(106)As Double
For i = 0 To 105
  D(i) = Sheets("CL3").Cells(i+9,11)
  M(i) = Sheets("CL3").Cells(i+9,10)
  N(i) = Sheets("CL3").Cells(i+9,12)
Next i
Dim E(14,4)As Double,j As Integer
For i = 0 To 14
  For j = 1 To 4
  E(i,j) = Sheets("要求").Cells(i+13,j+2)
  Next j
Next i
```

```
For i = 1 To 7
  B(i) = Sheets("要求").Cells(i + 3, 3)
Next i
'计算纯保费和毛保费
For i = 0 To 14
P(i) = (B(1) * M(i) + B(2) * (N(15) - N(18)) + B(3) * (N(18) - N(22))
 + B(4) * (N(22) - N(25)) + B(5) * D(25) + B(6) * D(30) + B(7) * N(60))
/(N(i) - N(15))
GP(i) = (B(1) * M(i) + B(2) * (N(15) - N(18)) + B(3) * (N(18) - N(22))
 + B(4) * (N(22) - N(25)) + B(5) * D(25) + B(6) * D(30)
 + B(7) * N(60))/(N(i) - N(15) - E(i,1) * D(i) - E(i,2) * D(i+1)
 - E(i,3) * D(i+2) - E(i,4) * (N(i+3) - N(15)))
Next i
'在 Excel表格中输出保费
Sheets("保费(男)").Cells(1,1) = "投保年龄"
Sheets("保费(男)").Cells(1,2) = "纯保费"
Sheets("保费(男)").Cells(1,3) = "毛保费"
For i = 0 To 14
  Sheets("保费(男)").Cells(i + 2,1) = i
  Sheets("保费(男)").Cells(i + 2,2) = P(i)
  Sheets("保费(男)").Cells(i + 2,3) = GP(i)
Next i
End Sub
```

③输出结果，并与在 Excel 中直接计算的结果进行核对。

将程序运行的结果与前面用 Excel 计算的结果比较可以发现两者是一模一样的。下面分别给出 0 ~ 14 岁男性、女性投保人的费率表，如表 10 - 3、表 10 - 4 所示。

表 10 - 3　　儿童教育金保险产品男性费率表

投保年龄	净保费	毛保费	投保年龄	净保费	毛保费
0	56059.95	67551.45	8	133317.1	156063.9
1	60863	73704.49	9	157538.5	185937.6
2	66412.59	79195.87	10	191469.6	220398.5
3	72895.5	87377.65	11	242392.7	281392.5
4	80566.46	95980.96	12	327299.9	377834.3
5	89782.01	107635.2	13	497167.5	568394.2
6	101057.1	119528.5	14	1006878	1144179
7	115164.3	137201.2			

表 10－4　　儿童教育金保险产品女性费率表

投保年龄	净保费	毛保费	投保年龄	净保费	毛保费
0	60438.102	72823.974	8	143681.5	168193.92
1	65614.136	79454.549	9	169777.49	200379.63
2	71594.405	85372.121	10	206334.23	237507.24
3	78580.157	94188.279	11	261197.33	303220.78
4	86845.8	103458.52	12	352673.35	407124.43
5	96775.468	116015.63	13	535681.98	612425.29
6	108923.96	128830.05	14	1084821.9	1232752.1
7	124123.43	147871.09			

10.2.4 敏感性分析

下面的分析仍以男性为例。

（1）利率敏感性分析

在其他条件不变的情况下，分别将利率变为 2% 和 3%，得到不同利率下的保费，如表 10－5 所示。

表 10－5　　利率对儿童教育金保险产品保费的影响

年龄	净保费			毛保费		
	2%	2.5%	3%	2%	2.5%	3%
0	71303.31	56059.95	44673.32	85708.92	67551.45	53964.59
1	77204.31	60863	48633.4	93267.61	73704.49	59038.86
2	84018.74	66412.59	53212.01	100009.6	79195.87	63570.47
3	91975.19	72895.5	58563.92	110052	87377.65	70324.73
4	101385.4	80566.46	64900.12	120609.4	95980.96	77429.19
5	112685.7	89782.01	72516	134904.3	107635.2	87058.07
6	126506.3	101057.1	81838.14	149469.7	119528.5	96900.47
7	143792.6	115164.3	93506.41	171130.8	137201.2	111514.6
8	166029.7	133317.1	108526.3	194227.6	156063.9	127128.8
9	195693.2	157538.5	128573.6	230823.2	185937.6	151848.1
10	237238.9	191469.6	156664.9	273005.2	220398.5	180386.5
11	299578.4	242392.7	198833.1	347692.3	281392.5	230881.9
12	403505.6	327299.9	269155.1	465762.6	377834.3	310740.9
13	611402.2	497167.5	409862	698945.9	568394.2	468613.4
14	1235178	1006878	832109	1403611	1144179	945578.4

从图 10－8 和图 10－9 中可以看到，随着利率的上升，不论是净保费还是毛保费都随之

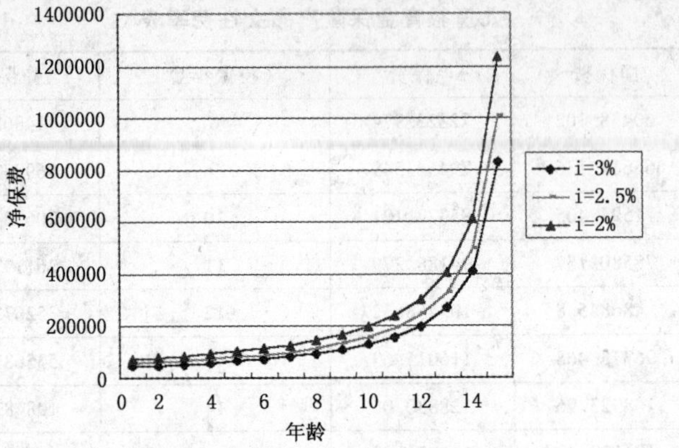

图 10-8　不同利率下儿童教育金保险产品的净保费

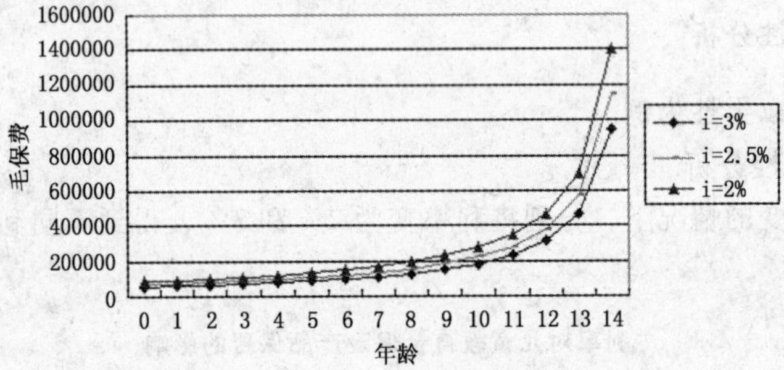

图 10-9　不同利率下儿童教育金保险产品的毛保费

下降，而且随着投保年龄的增加，不同利率下的保费差距越来越大，这说明随着年龄的增加，保费对利率的敏感性逐渐增强。

(2) 死亡率敏感性分析

类似于利率敏感性分析，在其他条件不变的前提下，将死亡率分别降低 10% 和上升 10%，可以得到不同死亡率下的保费，如表 10-6 所示。

表 10-6　死亡率对儿童教育金保险产品保费的影响

年龄	净保费			毛保费		
	×0.9	保持不变	×1.1	×0.9	保持不变	×1.1
0	57295.2	56059.95	54928.24	69038.63	67551.45	66188.99
1	62203.39	60863	59634.99	75326.44	73704.49	72218.58
2	67874.46	66412.59	65073.29	80938.21	79195.87	77599.67
3	74499.29	72895.5	71426.21	89299.12	87377.65	85617.36
4	82338.15	80566.46	78943.37	98090.82	95980.96	94048.11
5	91755.39	89782.01	87974.18	110000.1	107635.2	105468.7
6	103277.2	101057.1	99023.32	122153.7	119528.5	117123.6

续表

年龄	净保费			毛保费		
	×0.9	保持不变	×1.1	×0.9	保持不变	×1.1
7	117693	115164.3	112847.7	140213.1	137201.2	134442.2
8	136243	133317.1	130636.7	159488.5	156063.9	152926.8
9	160994.3	157538.5	154372.8	190015.7	185937.6	182201.9
10	195667.6	191469.6	187624	225230.4	220398.5	215972.3
11	247704.6	242392.7	237526.9	287558.7	281392.5	275744.3
12	334469	327299.9	320733	386110.1	377834.3	370253.8
13	508051.9	497167.5	487197.7	580837.7	568394.2	556996.2
14	1028910	1006878	986697.1	1169216	1144179	1121247

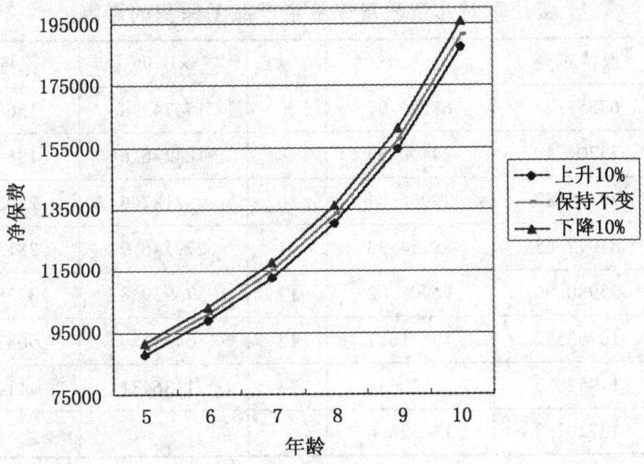

图 10－10　不同死亡率下儿童教育金保险产品的净保费

为了更清晰地看出死亡率对儿童教育金保险产品保费的影响，图 10－10 和图 10－11 只给出了投保年龄为 5～10 岁的投保人的保费的变化情况。从图 10－10 和图 10－11 中可以看到，在不同死亡率下的三条保费曲线非常接近，这说明，对于儿童教育金保险产品而言，它是死亡率不敏感的，而且从表 10－6 中的数据可以看出，随着死亡率的下降，保费是上升的。这是因为，该保险产品的保险责任既有死亡保障，又有年金保障，随着死亡率的下降，相对应于死亡保障部分所应交纳的保费减少，而对应于年金保障部分所应交纳的保费将会增多，死亡率的变化对这两个方面是反方向作用的，因此该产品对于死亡率的变化是不敏感的。同时，由于本保险产品有着较多的生存年金保障责任，超过了死亡保障的责任，因此最终死亡率与保费呈反向变化的关系。

（3）费用率敏感性分析

由于费用率只会影响到毛保费，因此这里只分析费用率的变化对毛保费的影响。同样的，类似于前面的敏感性分析，在其他条件不变的前提下，将费用率分别降低 5% 和上升 5%，可以得到不同死亡率下的毛保费，如表 10－7 所示。

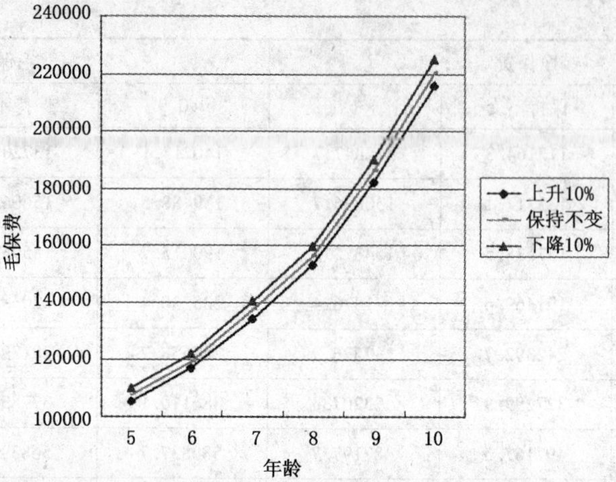

图 10－11　不同死亡率下儿童教育金保险产品的毛保费

表 10－7　　费用率对儿童教育保险金产品毛保费的影响

年龄	×0.95	保持不变	×1.05	年龄	×0.95	保持不变	×1.05
0	66866.12	67551.45	68250.97	8	154743.8	156063.9	157406.8
1	72935.06	73704.49	74490.33	9	184276.6	185937.6	187628.7
2	78440.95	79195.87	79965.47	10	218746	220398.5	222076.1
3	86518.22	87377.65	88254.33	11	279146.9	281392.5	283674.6
4	95071.48	95980.96	96908.02	12	374939.8	377834.3	380773.9
5	106575.5	107635.2	108716.1	13	564351.6	568394.2	572495.1
6	118446	119528.5	120631	14	1136431	1144179	1152034
7	135901	137201.2	138526.6				

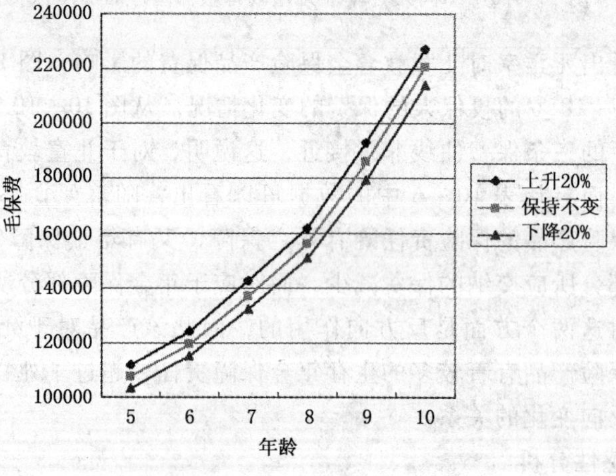

图 10－12　不同费用率下儿童教育金保险产品的毛保费

由图 10－12 可以得到，不同费用率下儿童教育金保险产品的三条毛保费曲线相距较近，表明该产品对费用率不是很敏感。

10.3

儿童教育金保险产品的准备金

10.3.1 准备金的计算公式

(1) 理论责任准备金

这里，运用未来法进行理论责任准备金的计算。由于对于任意的一个投保人而言，当他处于不同的年龄时，保险公司对其未来的保险责任是不同的，所以责任准备金的计算需要分段进行。根据保险责任，符号假设如前，可以得到理论责任准备金的计算公式。这里需要注意的一点是：在实务中，年初的生存给付和费用均不计提入准备金中。投保年龄为 x 的投保人在第 t 个保单年度末应该计提的理论责任准备金 ${}_tV_x$ 的计算公式如下所示：

$$
{}_tV_x=\begin{cases}
(DB\times M_{x+t}+HE\times(N_{15}-N_{18})+UE\times(N_{18}-N_{22})+SZ\times(N_{22}-N_{25})+HJ\times D_{25}\\
\quad +CHY\times D_{30}+YL\times N_{60}-P_x\times(N_{x+t}-N_{15}))/D_{x+t},(0<t<15-x)\\
(DB\times M_{x+t}+HE\times(N_{x+t+1}-N_{18})+UE\times(N_{18}-N_{22})+SZ\times(N_{22}-N_{25})\\
\quad +HJ\times D_{25}+CHY\times D_{30}+YL\times N_{60})/D_{x+t},(15-x\leqslant t<18-x)\\
(DB\times M_{x+t}+UE\times(N_{x+t+1}-N_{22})+SZ\times(N_{22}-N_{25})+HJ\times D_{25}\\
\quad +CHY\times D_{30}+YL\times N_{60})/D_{x+t},(18-x\leqslant t<22-x)\\
\dfrac{DB\times M_{x+t}+SZ\times(N_{x+t+1}-N_{25})+HJ\times D_{25}+CHY\times D_{30}+YL\times N_{60}}{D_{x+t}}\\
\quad (22-x\leqslant t<25-x)\\
\dfrac{DB\times M_{x+t}+CHY\times D_{30}+YL\times N_{60}}{D_{x+t}},(25-x\leqslant t<30-x)\\
\dfrac{DB\times M_{x+t}+YL\times N_{60}}{D_{x+t}},(30-x\leqslant t<60-x)\\
\dfrac{DB\times M_{x+t}+YL\times N_{x+t+1}}{D_{x+t}},(60-x\leqslant t\leqslant 105-x)
\end{cases}
$$

(2) 毛保费责任准备金

同样的，根据未来法计算毛保费责任准备金。与理论责任准备金不同的是，在计算毛保费责任准备金时，需要为费用支出计提相应的责任准备金。由于假设费用支出只存在于交费期，因此对于年龄为 x 的投保人而言，只有在保单年度处于 $0<t<15-x$ 期间时的计算公式与理论责任准备金不同，其他年龄段的计算则完全相同。对于毛保费责任准备金的计算公式如下所示：

$$V'_x = \begin{cases} (DB \times M_{x+t} + HE \times (N_{15} - N_{18}) + UE \times (N_{18} - N_{22}) + SZ \times (N_{22} - N_{25}) + HJ \times D_{25} \\ \quad + CHY \times D_{30} + YL \times N_{60} + \sum_{k=1+t}^{14-x} e_k \times D_{x+k} - GP_x \times (N_{x+t} - N_{15}))/D_{x+t}, (0 < t < 15 - x) \\ (DB \times M_{x+t} + HE \times (N_{x+t+1} - N_{18}) + UE \times (N_{18} - N_{22}) + SZ \times (N_{22} - N_{25}) \\ \quad + HJ \times D_{25} + CHY \times D_{30} + YL \times N_{60})/D_{x+t}, (15 - x \leqslant t < 18 - x) \\ (DB \times M_{x+t} + UE \times (N_{x+t+1} - N_{22}) + SZ \times (N_{22} - N_{25}) + HJ \times D_{25} \\ \quad + CHY \times D_{30} + YL \times N_{60})/D_{x+t}, (18 - x \leqslant t < 22 - x) \\ \dfrac{DB \times M_{x+t} + SZ \times (N_{x+t+1} - N_{25}) + HJ \times D_{25} + CHY \times D_{30} + YL \times N_{60}}{D_{x+t}}, (22 \leqslant t + x < 25) \\ \dfrac{DB \times M_{x+t} + CHY \times D_{30} + YL \times N_{60}}{D_{x+t}}, (25 - x \leqslant t < 30 - x) \\ \dfrac{DB \times M_{x+t} + YL \times N_{60}}{D_{x+t}}, (30 - x \leqslant t < 60 - x) \\ \dfrac{DB \times M_{x+t} + YL \times N_{x+t+1}}{D_{x+t}}, (60 - x \leqslant t \leqslant 105 - x) \end{cases}$$

（3）修正责任准备金

运用一年定期修正法（FPT）进行修正责任准备金的计算。这种方法是使第一年修正后的纯保费等于一年定期寿险的纯保费，而续年保费等于与原保单剩余期间、相同保险类型的纯保费。

对于儿童教育金保险，修正后的首年保费 $\alpha = DB \times A^{1}_{x:\overline{1}|} = \dfrac{DB \times (M_x - M_{x+1})}{D_x}$，续年保费 $\beta = \dfrac{P_x \times (N_x - N_{15}) - \alpha \times D_x}{N_{x+1} - N_{15}}$。续年保费也可以通过下面的公式进行计算：

$$\beta = \frac{DB \times M_{x+1} + HE \times (N_{15} - N_{18}) + UE \times (N_{18} - N_{22}) + SZ \times (N_{22} - N_{25})}{N_{x+1} - N_{15}} + \frac{HJ \times D_{25} + CHY \times D_{30} + YL \times N_{60}}{N_{x+1} - N_{15}}$$

计算出修正保费后，就可以根据未来法计算修正责任准备金。显然地，一年定期修正法使得责任准备金在第一年末为0。在其他保单年度末，计算修正责任准备金的公式与计算理论责任准备金的公式相似，只需要把在计算理论责任准备金时使用的纯保费换成修正的续年保费即可。这里不再赘述，请读者自行推导。

10.3.2 运用 Excel 和 VBA 计算责任准备金

（1）运用 Excel 计算责任准备金

以理论责任准备金的计算为例来说明如何运用 Excel 计算准备金，其他两种责任准备金的计算与此类似。步骤如下：

①设计准备金表的基本格式。在实验四的基础上，建立一张新的工作表，并重命名为"理论责任准备金（男）"。在单元格 B1 中输入年龄，A2 中输入保单年度，B2 - P2 中输入 0

~14，A3、A4 中分别输入 1、2，然后同时选中 A3 和 A4，然后下来产生 1 ~ 105 的序列，这样就建立了理论责任准备金表的基本格式。

②输入相应的公式进行理论责任准备金的计算。由于准备金的计算公式是分段式的，因此在 Excel 单元格中输入公式，下拉时需要注意公式的分段点。具体的如图 10 - 13 所示，图中阴影单元格显示的就是不同计算公式的分段点。

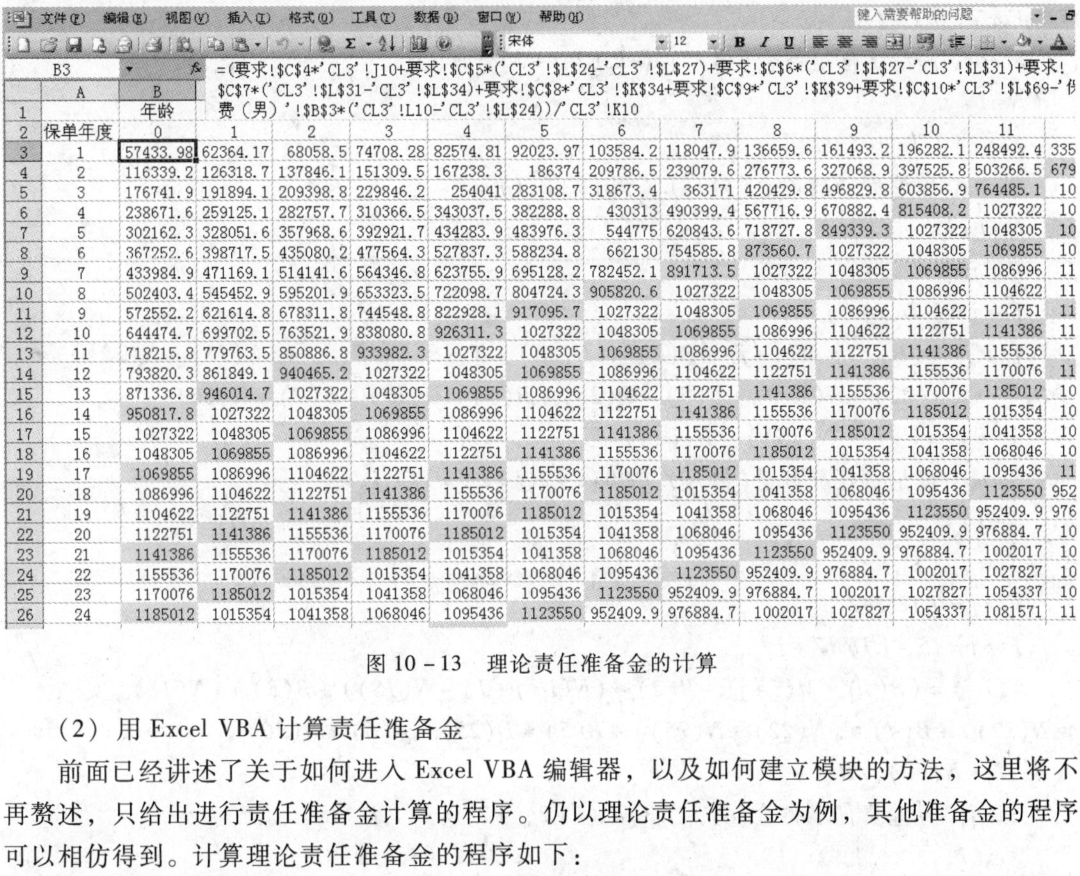

	A	B											
1		年龄											
2	保单年度	0	1	2	3	4	5	6	7	8	9	10	11
3	1	57433.98	62364.17	68058.5	74708.28	82574.81	92023.97	103584.2	118047.9	136659.6	161493.2	196282.1	248492.4	335
4	2	116339.2	126318.7	137846.1	151309.5	167238.3	186374	209786.5	239079.6	276773.6	327068.9	397525.8	503266.5	679
5	3	176741.9	191894.1	209398.8	229846.2	254041	283108.7	318673.4	363171	420429.8	496829.8	603856.9	764485.1	10
6	4	238671.6	259125.1	282757.7	310366.5	343037.5	382288.8	430313	490399.4	567716.9	670882.4	815408.2	1027322	10
7	5	302162.3	328051.6	357968.6	392921.7	434283.9	483976.3	544775	620843.6	718727.8	849339.3	1027322	1048305	10
8	6	367252.6	398717.5	435080.2	477564.3	527837.3	588234.8	662130	754585.8	873560.7	1027322	1048305	1069855	10
9	7	433984.9	471169.1	514141.6	564346.8	623755.9	695128.2	782452.1	891713.5	1027322	1048305	1069855	1086996	11
10	8	502403.4	545452.9	595201.9	653323.5	722098.7	804724.3	905820.6	1027322	1048305	1069855	1086996	1104622	11
11	9	572552.2	621614.8	678311.8	744548.8	822928.1	917095.7	1027322	1048305	1069855	1086996	1104622	1122751	11
12	10	644474.7	699702.5	763521.9	838080.8	926311.3	1027322	1048305	1069855	1086996	1104622	1122751	1141386	11
13	11	718215.8	779763.5	850886.8	933982.3	1027322	1048305	1069855	1086996	1104622	1122751	1141386	1155536	11
14	12	793820.3	861849.1	940465.2	1027322	1048305	1069855	1086996	1104622	1122751	1141386	1155536	1170076	11
15	13	871336.8	946014.7	1027322	1048305	1069855	1086996	1104622	1122751	1141386	1155536	1170076	1185012	10
16	14	950817.8	1027322	1048305	1069855	1086996	1104622	1122751	1141386	1155536	1170076	1185012	1015354	10
17	15	1027322	1048305	1069855	1086996	1104622	1122751	1141386	1155536	1170076	1185012	1015354	1041358	10
18	16	1048305	1069855	1086996	1104622	1122751	1141386	1155536	1170076	1185012	1015354	1041358	1068046	10
19	17	1069855	1086996	1104622	1122751	1141386	1155536	1170076	1185012	1015354	1041358	1068046	1095436	11
20	18	1086996	1104622	1122751	1141386	1155536	1170076	1185012	1015354	1041358	1068046	1095436	1123550	952
21	19	1104622	1122751	1141386	1155536	1170076	1185012	1015354	1041358	1068046	1095436	1123550	952409.9	976
22	20	1122751	1141386	1155536	1170076	1185012	1015354	1041358	1068046	1095436	1123550	952409.9	976884.7	10
23	21	1141386	1155536	1170076	1185012	1015354	1041358	1068046	1095436	1123550	952409.9	976884.7	1002017	10
24	22	1155536	1170076	1185012	1015354	1041358	1068046	1095436	1123550	952409.9	976884.7	1002017	1027827	10
25	23	1170076	1185012	1015354	1041358	1068046	1095436	1123550	952409.9	976884.7	1002017	1027827	1054337	10
26	24	1185012	1015354	1041358	1068046	1095436	1123550	952409.9	976884.7	1002017	1027827	1054337	1081571	11

图 10 - 13　理论责任准备金的计算

（2）用 Excel VBA 计算责任准备金

前面已经讲述了关于如何进入 Excel VBA 编辑器，以及如何建立模块的方法，这里将不再赘述，只给出进行责任准备金计算的程序。仍以理论责任准备金为例，其他准备金的程序可以相仿得到。计算理论责任准备金的程序如下：

```
Sub Reserve()
Dim V(105,15)As Double,i As Integer,j As Integer,B(7)As Double,P(15)As Double
Dim D(106)As Double,M(106)As Double,N(106)As Double
For i=0 To 105
    D(i) = Sheets("CL3"). Cells(i+9,11)
    M(i) = Sheets("CL3"). Cells(i+9,10)
    N(i) = Sheets("CL3"). Cells(i+9,12)
Next i
For i=0 To 14
P(i) = Sheets("保费(男)"). Cells(i+2,2)
Next i
For i=1 To 7
```

```
    B(i) = Sheets("要求"). Cells(i + 3 ,3)
Next i
'计算并输出理论责任准备金
Sheets("理论责任准备金(男)"). Cells(1 ,2) = "年龄"
Sheets("理论责任准备金(男)"). Cells(2 ,1) = "保单年度"
For i = 0 To 14
Sheets("理论责任准备金(男)"). Cells(2 ,i + 2) = i
Next i
For i = 1 To 105
Sheets("理论责任准备金(男)"). Cells(i + 2 ,1) = i
Next i
For j = 0 To 14
For i = 1 To 14 - j
V(i,j) = (B(1) * M(i + j) + B(2) * (N(15) - N(18)) + B(3) * (N(18) - N(22))
+ B(4) * (N(22) - N(25)) + B(5) * D(25) + B(6) * D(30) + B(7) * N(60)
- P(j) * (N(i + j) - N(15)))/D(i + j)
Sheets("理论责任准备金(男)"). Cells(i + 2 ,j + 2) = V(i ,j)
Next i
Next j
For j = 0 To 14
For i = 15 - j To 17 - j
V(i,j) = (B(1) * M(i + j) + B(2) * (N(i + j + 1) - N(18)) + B(3) * (N(18)
- N(22)) + B(4) * (N(22) - N(25)) + B(5) * D(25) + B(6) * D(30)
+ B(7) * N(60))/D(i + j)
Sheets("理论责任准备金(男)"). Cells(i + 2 ,j + 2) = V(i ,j)
Next i
Next j
For j = 0 To 14
For i = 18 - j To 21 - j
V(i,j) = (B(1) * M(i + j) + B(3) * (N(i + j + 1) - N(22)) + B(4) * (N(22)
- N(25)) + B(5) * D(25) + B(6) * D(30) + B(7) * N(60))/D(i + j)
Sheets("理论责任准备金(男)"). Cells(i + 2 ,j + 2) = V(i ,j)
Next i
Next j
For j = 0 To 14
For i = 22 - j To 24 - j
V(i,j) = (B(1) * M(i + j) + B(4) * (N(i + j + 1) - N(25)) + B(5) * D(25)
+ B(6) * D(30) + B(7) * N(60))/D(i + j)
```

```
Sheets("理论责任准备金(男)").Cells(i+2,j+2)=V(i,j)
  Next i
Next j
For j=0 To 14
For i=25-j To 29-j
V(i,j)=(B(1)*M(i+j)+B(6)*D(30)+B(7)*N(60))/D(i+j)
Sheets("理论责任准备金(男)").Cells(i+2,j+2)=V(i,j)
Next i
Next j
For j=0 To 14
For i=30-j To 59-j
V(i,j)=(B(1)*M(i+j)+B(7)*N(60))/D(i+j)
Sheets("理论责任准备金(男)").Cells(i+2,j+2)=V(i,j)
Next i
Next j
For j=0 To 14
For i=60-j To 104-j
V(i,j)=(B(1)*M(i+j)+B(7)*N(i+j+1))/D(i+j)
Sheets("理论责任准备金(男)").Cells(i+2,j+2)=V(i,j)
Next i
Next j
For j=0 To 14
i=105-j
V(i,j)=B(1)*M(i+j)/D(i+j)
Sheets("理论责任准备金(男)").Cells(i+2,j+2)=V(i,j)
Next j
End Sub
```

注：FPT 方法的第一年末的责任准备金理论上为 0，但实际的计算结果有可能是与 0 很接近的小数。这是因为 Excel 本身的精度不够，只需要调用取精度的函数 Round 就可以解决这个问题，具体实例见实验十二。

下面以投保年龄为 10 岁的男性投保人为例，给出前 10 个保单年度末的三种准备金，如表 10－8 所示。

表 10-8 准备金示例

保单年度	理论准备金	毛保费准备金	FPT
1	196282.1	147688.6	0
2	397525.8	355324.2	248492.4
3	603856.9	568208.9	503266.5
4	815408.2	786479.3	764485.1
5	1027322	1027322	1027322
6	1048305	1048305	1048305
7	1069855	1069855	1069855
8	1086996	1086996	1086996
9	1104622	1104622	1104622
10	1122751	1122751	1122751

实验十一

SHIYANSHIYI

含生存、残疾和死亡给付的寿险产品

实验目的和要求：

设计含生存、残疾和死亡给付的寿险产品，进一步熟悉实务操作的方法。

实验内容：

设计含生存、残疾和死亡给付的寿险产品的保险责任、保险金额，给出利率、死亡率、残疾率、费用率假设，给出产品定价并计算准备金。

11.1

设计含生存、残疾和死亡给付的寿险产品

（1）保险责任：

①被保险人生存至每三周年的生效对应日，按照保单载明的保险金额的10%给付生存保险金；

②被保险人身故，按照保险金额给付身故保险金，本合同终止；

③被保险人高度残疾，按照保险金额给付高度残疾保险金，本合同终止；

④本合同的保险金额于每年的生效日，按照保单载明的保险金额的5%增加。

（2）投保年龄：0～60

（3）交费方式：趸交、10年交、20年交

（4）计算基础：

生命表的选择：CL1（2000—2003）；

预定高度残疾率：0.0005；

预定利率：5%；

预定费用率：如表11－1所示。

表 11－1　　预定费用率

交费方式	交费年度	佣金（%）	管理费（%）	总费用（%）
10 年交	第 1 年	40	20	60
	第 2 年	15	10	25
	第 3 年	5	10	15
	以后各年	0	10	10
20 年交	第 1 年	45	20	65
	第 2 年	30	10	40
	第 3～5 年	15	10	25
	以后各年	0	10	10
趸交		5	5	10

11.2

计算含生存、残疾和死亡给付的寿险产品的保费

11.2.1　净保费和毛保费的计算公式

用 BP 表示保单载明的保险金额，按高度残疾率调整后的死亡率为 $q_x^* = q_x + 0.0005$，换算函数按调整后的死亡率 q_x^* 计算，则按照精算平衡原理，该产品的净保费和毛保费的计算公式分别为，其中 $P_x, P_{x,10}, P_{x,20}$ 分别表示趸交、10 年期交、20 年期交均衡净保费，G_x、$G_{x,10}$、$G_{x,20}$ 表示相应的毛保费。

$$P_x = (1-0.05) \times BP \cdot A_x + 0.05 \times BP \cdot (IA)_x + 0.1 \times BP \cdot \left(\sum_{k=1}^{\infty} v^{3k} \cdot {}_{3k}p_x\right)$$

$$P_{x,10} \cdot \ddot{a}_{x:\overline{10}|} = (1-0.05) \times BP \cdot A_x + 0.05 \times BP \cdot (IA)_x + 0.1 \times BP \cdot \left(\sum_{k=1}^{\infty} v^{3k} \cdot {}_{3k}p_x\right)$$

$$P_{x,20} \cdot \ddot{a}_{x:\overline{20}|} = (1-0.05) \times BP \cdot A_x + 0.05 \times BP \cdot (IA)_x + 0.1 \times BP \cdot \left(\sum_{k=1}^{\infty} v^{3k} \cdot {}_{3k}p_x\right)$$

$$(1-0.1) \times G_x = (1-0.05) \times BP \cdot A_x + 0.05 \times BP \cdot (IA)_x + 0.1 \times BP \cdot \left(\sum_{k=1}^{\infty} v^{3k} \cdot {}_{3k}p_x\right)$$

$$G_{x,10} \cdot \ddot{a}_{x:\overline{10}|} = 0.6 \times G_{x,10} + 0.25 \times G_{x,10} \cdot v \cdot {}_1p_x + 0.15 \times G_{x,10} \cdot v^2 \cdot {}_2p_x + 0.1 \times G_{x,10} \cdot \left(\sum_{k=3}^{9} v^k \cdot {}_kp_x\right) + (1-0.05) \times BP \cdot A_x + 0.05 \times BP \cdot (IA)_x + 0.1 \times BP \cdot \left(\sum_{k=1}^{\infty} v^{3k} \cdot {}_{3k}p_x\right)$$

$$G_{x,20} \cdot \ddot{a}_{x:\overline{20}|} = 0.65 \times G_{x,20} + 0.4 \times G_{x,20} \cdot v \cdot {}_1p_x + 0.25 \times G_{x,20} \cdot \left(\sum_{k=2}^{4} v^k \cdot {}_kp_x\right)$$

$$+0.1\times G_{x,20}\cdot\left(\sum_{k=5}^{19}v^k\cdot {}_kp_x\right)+(1-0.05)\times BP\cdot A_x$$

$$+0.05\times BP\cdot(IA)_x+0.1\times BP\cdot\left(\sum_{k=1}^{\infty}v^{3k}\cdot {}_{3k}p_x\right)$$

保费计算公式用换算函数可以表示为：

$$P_x=\frac{BP\cdot\left(0.95\times M_x+0.05\times R_x+0.1\times\sum_{k=1}^{\infty}D_{x+3k}\right)}{D_x}$$

$$P_{x,10}=\frac{BP\cdot\left(0.95\times M_x+0.05\times R_x+0.1\times\sum_{k=1}^{\infty}D_{x+3k}\right)}{N_x-N_{x+10}}$$

$$P_{x,20}=\frac{BP\cdot\left(0.95\times M_x+0.05\times R_x+0.1\times\sum_{k=1}^{\infty}D_{x+3k}\right)}{N_x-N_{x+20}}$$

$$G_x=\frac{BP\cdot\left(0.95\times M_x+0.05\times R_x+0.1\times\sum_{k=1}^{\infty}D_{x+3k}\right)}{0.9\times D_x}$$

$$G_{x,10}=\frac{BP\cdot\left(0.95\times M_x+0.05\times R_x+0.1\times\sum_{k=1}^{\infty}D_{x+3k}\right)}{0.4\times D_x+0.75\times D_{x+1}+0.85\times D_{x+2}+0.9\times(N_{x+3}-N_{x+10})}$$

$$G_{x,20}=\frac{BP\cdot\left(0.95\times M_x+0.05\times R_x+0.1\times\sum_{k=1}^{\infty}D_{x+3k}\right)}{0.35\times D_x+0.6\times D_{x+1}+0.75\times(N_{x+2}-N_{x+5})+0.9\times(N_{x+5}-N_{x+20})}$$

11.2.2　运用 Excel 和 VBA 计算保费

（1）用 Excel 计算保费

用 Excel 计算保费的步骤如下：

①输入基本假设。这同前面实验基本相同，这里不再赘述。

②根据调整后的死亡率，计算新的换算函数表，如图 11－1 所示，其中只给出了部分数据。

③令 $BP=1000$，在第 M 列，单独计算出 $\sum_{k=1}^{\infty}D_{x+3k}$，如图 11－2 所示。

④输入相应的公式进行保费的计算。具体过程如图 11－3 所示。这里只给出了毛保费的计算过程，净保费的计算可以类似得到。

（2）用 Excel VBA 计算保费

由于在前面的实验中已经介绍了如何进入 VBA 编辑器，所以这里将直接给出保费的计算程序。代码如下：

D2　=MIN(1,B2+C2)

	A	B	C	D	E	F	G	H	I	J	K
1	年龄	qx	q'x	q*x	lx	dx	Dx	Nx	Cx	Mx	Rx
2	0	0.000722	0.0005	0.001222	1000000	1222	1000000	20099531	1192.55	43938.37	21076
3	1	0.000603	0.0005	0.001103	998778	1101.652	951217.1	19099531	1023.907	42745.82	20636
4	2	0.000499	0.0005	0.000999	997676.3	996.6787	904921.9	18148314	882.2302	41721.92	20209
5	3	0.000416	0.0005	0.000916	996679.7	912.9586	860969.4	17243392	769.6416	40839.69	19792
6	4	0.000358	0.0005	0.000858	995766.7	854.3678	819219.7	16382423	685.9509	40070.05	19383
7	5	0.000323	0.0005	0.000823	994912.3	818.8129	779539.9	15563203	626.0997	39384.09	18983
8	6	0.000309	0.0005	0.000809	994093.5	804.2217	741807.9	14783663	585.6597	38758	18589
9	7	0.000308	0.0005	0.000808	993289.3	802.5778	705912.2	14041855	556.631	38172.34	18201
10	8	0.000311	0.0005	0.000811	992486.7	804.9067	671754.1	13335943	531.6631	37615.7	17819
11	9	0.000312	0.0005	0.000812	991681.8	805.2456	639246.9	12664189	506.559	37084.04	17443

图 11－1　计算新的换算函数表

M1　∑Dx+3k

	D	E	F	G	H	I	J	K	L	M
1	q*x	lx	dx	Dx	Nx	Cx	Mx	Rx	预定利率:5%	∑Dx+3k
2	0.001222	1000000	1222	1000000	20099531	1192.55	43938.37	2107619	0	6044299
3	0.001103	998778	1101.652	951217.1	19099531	1023.907	42745.82	2063681	0	5742920
4	0.000999	997676.3	996.6787	904921.9	18148314	882.2302	41721.92	2020935	0	5456174
5	0.000916	996679.7	912.9586	860969.4	17243392	769.6416	40839.69	1979213	1	5183330
6	0.000858	995766.7	854.3678	819219.7	16382423	685.9509	40070.05	1938373	0	4923700
7	0.000823	994912.3	818.8129	779539.9	15563203	626.0997	39384.09	1898303	0	4676634
8	0.000809	994093.5	804.2217	741807.9	14783663	585.6597	38758	1858919	1	4441522
9	0.000808	993289.3	802.5778	705912.2	14041855	556.631	38172.34	1820161	0	4217788
10	0.000811	992486.7	804.9067	671754.1	13335943	531.6631	37615.7	1781989	0	4004880
11	0.000812	991681.8	805.2456	639246.9	12664189	506.559	37084.04	1744373	1	3802275

图 11－2　计算 $\sum_{k=1}^{\infty} D_{x+3k}$

O2　=(950*J2+50*K2+1000*0.1*M2)/G2/(1-0.1)

	F	G	H	I	J	K	L	M	N	O	P	Q
1	dx	Dx	Nx	Cx	Mx	Rx	预定利率:5%	∑Dx+3k	保险金额1000	趸缴	10年期缴	20年期缴
2	1222	1000000	20099531	1192.55	43938.37	2107619	0	6044299	0	835.05812	114.2315	71.7972
3	1101.652	951217.1	19099531	1023.907	42745.82	2063681	0	5742920	1	838.79027	114.706	72.09421
4	996.6787	904921.9	18148314	882.2302	41721.92	2020935	0	5456174	2	842.6755	115.2102	72.4121
5	912.9586	860969.4	17243392	769.6416	40839.69	1979213	1	5183330	3	846.7088	115.7433	72.75007
6	854.3678	819219.7	16382423	685.9509	40070.05	1938373	0	4923700	4	850.88442	116.3034	73.10674
7	818.8129	779539.9	15563203	626.0997	39384.09	1898303	0	4676634	5	855.196	116.8878	73.48026
8	804.2217	741807.9	14783663	585.6597	38758	1858919	1	4441522	6	859.63888	117.494	73.86892
9	802.5778	705912.2	14041855	556.631	38172.34	1820161	0	4217788	7	864.20971	118.1199	74.27118
10	804.9067	671754.1	13335943	531.6631	37615.7	1781989	0	4004880	8	868.90648	118.7642	74.68609
11	805.2456	639246.9	12664189	506.559	37084.04	1744373	1	3802275	9	873.7294	119.4271	75.11354

图 11－3　毛保费的计算

```
Public Sub testp()
Dim D(105) As Double, N(105) As Double, M(105) As Double, R(105) As Double, SUMD3(105) As Double
  Dim G(60) As Double, G10(60) As Double, G20(60) As Double
```

```
Dim DB As Double
DB = 1000
  Dim i As Integer, j As Integer
   For i = 0 To 105
   D(i) = Sheets(1). Cells(i + 2, 7)
   N(i) = Sheets(1). Cells(i + 2, 8)
   M(i) = Sheets(1). Cells(i + 2, 10)
   R(i) = Sheets(1). Cells(i + 2, 11)
  Next i
  For i = 0 To 105
  SUMD3(i) = 0
   If i < = 102 Then
   For j = i + 3 To 105 Step 3
   SUMD3(i) = SUMD3(i) + D(j)
   Next j
   End If
  Next i
    For i = 0 To 60
  G(i) = (DB * (0.95 * M(i) + 0.05 * R(i) + 0.1 * SUMD3(i))/0.9/D(i))
  G10(i) = (DB * (0.95 * M(i) + 0.05 * R(i) + 0.1 * SUMD3(i))/(0.4 * D(i)
+ 0.75 * D(i + 1) + 0.85 * D(i + 2) + 0.9 * (N(i + 3) - N(i + 10))))
  G20(i) = (DB * (0.95 * M(i) + 0.05 * R(i) + 0.1 * SUMD3(i))/(0.35 * D(i)
+ 0.6 * D(i + 1) + 0.75 * (N(i + 2) - N(i + 5)) + 0.9 * (N(i + 5) - N(i + 20))))
Next i
End Sub
```

运用两种方法计算，我们可以得到一致的结果，表 11 - 2 给出了部分结果。

表 11 - 2　　保费的部分结果

年龄	趸　交	10 年期交	20 年期交	年龄	趸　交	10 年期交	20 年期交
0	835.05812	114.2315	71.7972	16	911.065	124.6479	78.47611
1	838.79027	114.706	72.09421	17	916.9024	125.473	79.00619
2	842.6755	115.2102	72.4121	18	922.8633	126.3137	79.54647
3	846.7088	115.7433	72.75007	19	928.9484	127.1687	80.09651
4	850.88442	116.3034	73.10674	20	935.1584	128.0373	80.65637
5	855.196	116.8878	73.48026	21	941.4948	128.9206	81.22714
6	859.63888	117.494	73.86892	22	947.9588	129.8196	81.80993
7	864.20971	118.1199	74.27118	23	954.5501	130.7356	82.4058
8	868.90648	118.7642	74.68609	24	961.267	131.6696	83.01565

续表

年龄	趸　交	10 年期交	20 年期交	年龄	趸　交	10 年期交	20 年期交
9	873.7294	119.4271	75.11354	25	968.1076	132.6223	83.64003
10	878.67991	120.1096	75.55394	26	975.0682	133.5938	84.27929
11	883.75841	120.8127	76.00761	27	982.1441	134.5844	84.93381
12	888.96522	121.5371	76.4748	28	989.3311	135.5951	85.60435
13	894.30044	122.2835	76.95568	29	996.6229	136.6257	86.29098
14	899.76289	123.0515	77.44996	30	1004.012	137.6755	86.99349
15	905.35144	123.8401	77.95706	31	1011.492	138.7432	87.71135

11.3

计算含生存、残疾和死亡给付的寿险产品的准备金

11.3.1 准备金的计算公式

以理论责任准备金为例，给出准备金的计算公式。其他准备金的计算公式可以类似得到。

（1）趸交的理论责任准备金公式

$$ {}_kV_x = (0.95 + 0.05 \times k) \times BP \cdot A_{x+k} + 0.05 \times BP \cdot (IA)_{x+k} + 0.1 \times BP \cdot \left(\sum_{i=1,3i-k\geq 0}^{+\infty} v^{3i-k} {}_{3i-k}p_{x+k} \right) $$

（2）10 年交的理论责任准备金公式

$k \leq 10$ 时，

$$ {}_kV_{10,x} = {}_kV_x - APV(\text{未交净保费}) $$

$k \geq 10$ 时，

$$ {}_kV_{10,x} = {}_kV_x $$

（3）20 年交的理论责任准备金年公式

$k \leq 20$ 时，

$$ {}_kV_{20,x} = {}_kV_x - APV(\text{未交净保费}) $$

$k \geq 20$ 时，

$$ {}_kV_{20,x} = {}_kV_x $$

采用换算函数，可将趸交、10 年交、20 年交的准备金计算公式表示如下：

趸交：

$${}_kV_x = \frac{BP \cdot \left[(0.95 + 0.05 \times k) \cdot M_{x+k} + 0.05 \cdot R_{x+k} + 0.1 \times \sum_{i=1}^{+\infty} D_{x+3i+\mathrm{mod}(k,3)\times 3} \right]}{D_{x+k}}$$

10 年交：

$${}_1V_{10,x} = {}_1V_x - \frac{G_{10,x} \cdot [0.75 \times D_{x+1} + 0.85 \times D_{x+2} + 0.9 \times (N_{x+3} - N_{x+10})]}{D_{x+1}}$$

$${}_2V_{10,x} = {}_2V_x - \frac{G_{10,x} \cdot [0.85 \times D_{x+2} + 0.9 \times (N_{x+3} - N_{x+10})]}{D_{x+2}}$$

$3 \leqslant k \leqslant 9$ 时，

$${}_kV_{10,x} = {}_kV_x - \frac{G_{10,x} \cdot [0.9 \times (N_{x+k} - N_{x+10})]}{D_{x+k}}$$

$k \geqslant 10$ 时，

$${}_kV_{10,x} = {}_kV_x$$

20 年交：

$${}_1V_{20,x} = {}_1V_x - \frac{G_{20,x} \cdot [0.6 \times D_{x+1} + 0.75 \times (D_{x+2} + D_{x+3} + D_{x+4}) + 0.9 \times (N_{x+5} - N_{x+20})]}{D_{x+1}}$$

$${}_2V_{20,x} = {}_2V_x - \frac{G_{20,x} \cdot [0.75 \times (D_{x+2} + D_{x+3} + D_{x+4}) + 0.9 \times (N_{x+5} - N_{x+20})]}{D_{x+2}}$$

$${}_3V_{20,x} = {}_3V_x - \frac{G_{20,x} \cdot [0.75 \times (D_{x+3} + D_{x+4}) + 0.9 \times (N_{x+5} - N_{x+20})]}{D_{x+3}}$$

$${}_4V_{20,x} = {}_4V_x - \frac{G_{20,x} \cdot [0.75 \times D_{x+4} + 0.9 \times (N_{x+5} - N_{x+20})]}{D_{x+4}}$$

$5 \leqslant k \leqslant 19$ 时，

$${}_kV_{20,x} = {}_kV_x - \frac{0.9G_{x,20} \cdot (N_{x+k} - N_{x+20})}{D_{x+k}}$$

$k \geqslant 20$ 时，

$${}_kV_{20,x} = {}_kV_x$$

11.3.2　利用 VBA 编程计算

在这里只给出运用 VBA 编程计算理论责任准备金的程序，其他的可类似得到。（此段程序需要调用上一节程序）

```
Dim DB As Double
DB = 1000
Dim V(0 To 60,1 To 104) As Double, V10(0 To 60,1 To 104) As Double, V20(0 To 60,1 To 104) As Double
Dim i As Integer, j As Integer
For i = 0 To 60
```

```
For j = 1 To(104 - i) Step 3
V(i,j) = (DB * ((0.95 + 0.05 * j) * M(i + j) + 0.05 * R(i + j)
+ 0.1 * SUMD3(i + j - 1)) / D(i + j))
If(j + 1) < = (104 - i) Then
V(i,j + 1) = (DB * ((0.95 + 0.05 * (j + 1)) * M(i + j + 1) + 0.05 * R(i + j + 1)
+ 0.1 * SUMD3(i + j - 1)) / D(i + j + 1))
End If
If(j + 2) < = (104 - i) Then
V(i,j + 2) = (DB * ((0.95 + 0.05 * (j + 2)) * M(i + j + 2) + 0.05 * R(i + j + 2)
+ 0.1 * SUMD3(i + j - 1)) / D(i + j + 2))
End If
Next j
Next i
For i = 0 To 60
G(i) = (DB * (0.95 * M(i) + 0.05 * R(i) + 0.1 * SUMD3(i)) / 0.9 / D(i))
G10(i) = (DB * (0.95 * M(i) + 0.05 * R(i) + 0.1 * SUMD3(i)) / (0.4 * D(i)
+ 0.75 * D(i + 1) + 0.85 * D(i + 2) + 0.9 * (N(i + 3) - N(i + 10))))
G20(i) = (DB * (0.95 * M(i) + 0.05 * R(i) + 0.1 * SUMD3(i)) / (0.35 * D(i)
+ 0.6 * D(i + 1) + 0.75 * (N(i + 2) - N(i + 5)) + 0.9 * (N(i + 5) - N(i + 20))))
Next i
For i = 0 To 60
V10(i,1) = V(i,1) - (G10(i) * (0.75 * D(i + 1) + 0.85 * D(i + 2)
+ 0.9 * (N(i + 3) - N(i + 10))) / D(i + 1))
V10(i,2) = V(i,2) - (G10(i) * (0.85 * D(i + 2) + 0.9 * (N(i + 3)
- N(i + 10))) / D(i + 2))
For j = 3 To 9
V10(i,j) = V(i,j) - (G10(i) * 0.9 * (N(i + j) - N(i + 10)) / D(i + j))
Next j
For j = 10 To(104 - i)
V10(i,j) = V(i,j)
Next j
Next i

For i = 0 To 60
V20(i,1) = V(i,1) - (G20(i) * (0.6 * D(i + 1) + 0.75 * (D(i + 2) + D(i + 3)
+ D(i + 4)) + 0.9 * (N(i + 5) - N(i + 20))) / D(i + 1))
V20(i,2) = V(i,2) - (G20(i) * (0.75 * (D(i + 2) + D(i + 3) + D(i + 4))
+ 0.9 * (N(i + 5) - N(i + 20))) / D(i + 2))
```

```
V20(i,3) = V(i,3) - (G20(i) * (0.75 * (D(i+3) + D(i+4)) + 0.9 * (N(i+5)
- N(i+20))) / D(i+3))
V20(i,4) = V(i,4) - (G20(i) * (0.75 * D(i+4) + 0.9 * (N(i+5) - N(i+20)))
/ D(i+4))
For j = 5 To 19
V20(i,j) = V(i,j) - (G20(i) * 0.9 * (N(i+j) - N(i+20)) / D(i+j))
Next j

For j = 20 To (104 - i)
V20(i,j) = V(i,j)
Next j
```

表 11－3 给出了趸交的理论责任准备金的部分结果。

表 11－3　　准备金的部分结果

趸交 v	第 1 年末	2	3	44	45	46	47
年龄 0	788.8417	828.0103	869.1531	1558.091	1631.457	1602.998	1677.875
1	792.4006	831.7767	873.1328	1584.765	1659.285	1631.993	1708.062
2	796.1	835.6849	877.2547	1612.121	1687.802	1661.678	1738.944
3	799.9339	839.728	881.5122	1640.147	1716.991	1692.038	1770.52
18	871.9511	915.3765	960.959	2132.487	2226.218	2217.404	2312.189
19	877.6987	921.4104	967.2953	2167.92	2262.5	2254.443	2350.007
20	883.5665	927.5726	973.7683	2203.386	2298.811	2291.472	2387.756
41	1029.446	1080.931	1134.998	2856.121	2958.65	2948.706	3044.733
42	1036.883	1088.761	1143.243	2878.423	2981.051	2970.127	3065.54
43	1044.281	1096.552	1151.45	2899.669	3002.428	2990.447	3085.205
44	1051.622	1104.286	1159.601	2919.858	3022.794	3009.68	3103.747
45	1058.889	1111.945	1167.676	2938.983	3042.15	3027.828	3121.166
55	1122.913	1179.706	1239.47	3073.89	3185.865	3155.472	3238.447
56	1127.904	1185.056	1245.225	3082.461	3196.695	3165.245	3248.856
57	1132.55	1190.063	1250.644	3090.411	3207.566	3176.285	3264.324
58	1136.84	1194.718	1255.716	3096.646	3216.016	3182.662	
59	1140.767	1199.013	1260.428	3106.161	3234.689		
60	1144.322	1202.934	1264.766	3120.404			

实验十二 SHIYANSHIER

含保费返还的寿险产品

实验目的和要求：

熟悉含保费返还的寿险保险产品的特点，设计典型的含保费返还的寿险产品的保费责任和保险金额以及定价假设，能够计算出其保费和各种准备金。

实验内容：

1. 熟悉含保费返还的寿险产品的特点，设计典型的产品的保险责任、保险金额，并给出利率、死亡率、费用率假设；

2. 根据设计的含保费返还的产品计算保费和准备金。

12.1 设计含保费返还的寿险产品

12.1.1 含保费返还的寿险产品的特点

保费返还产品的主要特点是，以死亡或生存为条件无息返还所交的保费的全部或者一定比例，因此保险责任与保费有关。因此，给定一个产品后，应该在定价假设的基础上算出毛保费，据此确定保险产品的给付责任。在不同的假设下评估现金价值或准备金以至于计算纯保费时，该保险责任都保持不变。

如果返还的是全部保费，那么另一部分的保险责任及死亡给付责任完全由投保人所交保费的投资收益支持。因此对业务的投资有较高的要求。同时其他因素如费用率的变动会引起保费较大的波动，具体表现为纯保费与毛保费差距很大。

12.1.2 设计示例

本教材参考市场上的相关产品作了适当的简化，设计了如下产品：

（1）产品类型：终身死亡保险附加保费返还。

（2）保险责任：

① 被保险人死亡，给付死亡保险金，保险合同解除；

② 如果死亡发生在交费期内（趸交保费时为 10 年），除给付死亡保险金外，同时无息返还所交保费的 50%；

③ 被保险人生存至保险费交费期间（趸交保费时为 10 年）结束的生效对应日，无息返还所交付的保险费的 50%。

（3）交费方式：年初交费。

（4）交费期限：趸交，20 年交或者 30 年交。

（5）基本给付金额：1 万元。

对产品定价时，选定利率为 2.5%，由于该保险产品每年都有生存给付责任，所以死亡率假设采用中国 2000—2003 新生命表的养老金业务男性表（CL3），费用率假设以 30 年交费期的产品为例，如表 12－1 所示：

表 12－1　含保费返还的寿险产品的费用率假设

保单年度	费用率（%）
首　年	70
2～20 年	20
21～30 年	30

这样设定费用率，可以为保险代理人在非新单业务中留有更多的佣金空间，激励保险代理人做好过去业务的保全维护工作，以促进保险公司业务的健康发展。

12.2

计算含保费返还的寿险产品的保费

12.2.1　纯保费和毛保费的计算公式

根据以上的产品设计，暂时选定交费期限为 30 年。下面按照精算平衡原理，给出该产品的纯保费和毛保费的计算公式。由于保费返还产品的给付责任与保费有关，所以要首先计算毛保费将保险责任确定下来，然后计算纯保费。具体的公式如下：

$$GP_x \cdot \ddot{a}_{x:\overline{30|}} = BP \cdot \bar{A}_x + 0.5GP_x \cdot ((I\bar{A})^1_{x:\overline{30|}} + 30A_{x:\overline{30|}}^{\ \ 1}) + GP_x \cdot \sum_{k=1}^{T} e_k \cdot {}_{k-1|}A_{x:\overline{1|}}^{\ \ 1}$$

$$P_x \cdot \ddot{a}_{x:\overline{30|}} = BP \cdot \bar{A}_x + 0.5GP_x \cdot ((I\bar{A})^1_{x:\overline{30|}} + 30A_{x:\overline{30|}}^{\ \ 1}) \qquad (12-2-1)$$

公式（12－2－1）中最后一项是费用，其中 e_k 表示第 k 保单年度的费用率，T 表示费用发生的年限。考虑到本例费用率假设比较简单，公式（12－2－1）可作如下简化：

$$GP_x \cdot \ddot{a}_{x:\overline{30|}} = BP \times \bar{A}_x + 0.5GP_x \cdot ((I\bar{A})^1_{x:\overline{30|}} + 30A_{x:\overline{30|}}^{\ \ 1}) + GP_x \cdot (0.5 + 0.3\ddot{a}_{x:\overline{30|}}$$

$$-0.1\ddot{a}_{x:\overline{20}|}) \quad (12-2-2)$$

一般来说，市场上产品的费用率结构也比较简单，大多数情况下都可以做类似的简化。如果确实需逐年累积求和，可以利用 Excel 的自带函数 Sumproduct 进行相应的操作，或者通过 VBA 编程实现。具体操作方法将在下文中介绍。

保费计算公式用换算函数表达就是：

$$GP_x = \frac{BP \times \overline{M}_x}{(0.8N_x - 0.1N_{x+20} - 0.7N_{x+30} - 0.5D_x) - 0.5(\overline{R}_x - \overline{R}_{x+30} - 30\overline{M}_{x+30} + 30D_{x+30})}$$

$$P_x = \frac{BP \times \overline{M}_x + 0.5GP_x(\overline{R}_x - \overline{R}_{x+30} - 30\overline{M}_{x+30} + 30D_{x+30})}{(N_x - N_{x+30})} \quad (12-2-3)$$

12.2.2 运用 Excel 和 VBA 计算保费

（1）用 Excel 计算保费

以下说明如何直接应用 Excel 的单元格操作来实现保费返还产品的定价。可以分为以下几个步骤：

① 输入基本假设。在实验一中所完成的生命表上进行操作。可以先把生命表复制到新的工作表，然后将其中代表利率的单元格改为定价利率 2.5%，这样就得到了新的生命表换算函数。以后要得到不同利率条件下的生命表换算函数，均可按此方法。此外，在某单元格中输入保险金额，如 F1 中输入“10000”，费用率按保单年度分别输入，具体输入情况如图 12－1 所示（截图的时候冻结部分单元格，因此行和列的标号不是连续的）：

②设计费率表。如在单元格 L1 中输入“16～50 岁的费率表”，在单元格 L2 和 L3 中输入“净保费”和“毛保费”，等等。选中 B 至 F 列单元格，单击右键，选中“隐藏”。再单击单元格 G3，单击菜单栏“窗口”，在下拉选项中，选择“冻结窗格”。最后用鼠标拖动 Excel 窗口的上下滚动条和左右滚动条，将表格显示所需要的数据。

③输入相应公式进行计算。在单元格 M19 中按照上文的公式，将对应的单元格输入（图 12－2，参与运算的单元格用边框标出），就可以计算出 17 岁投保的被保险人的毛保费。要计算出 16～50 岁投保的各年龄的毛保费，只需将公式粘贴到相应的区域即可。同样净保费也可以这样计算得出，如图 12－3 所示。

如果费用率结构比较复杂，不能简化为公式（12－2－3）的形式，那么考虑将公式(12－2－1)用换算函数表达出来：

$$GP_x = \frac{BP \times \overline{M}_x}{(N_x - N_{x+30} - \sum_{k=1}^{T} e_k \cdot D_{x+k-1}) - 0.5(\overline{R}_x - \overline{R}_{x+30} - 30\overline{M}_{x+30} + 30D_{x+30})} \quad (12-2-4)$$

上式中的累积求和运算可以通过 Sumproduct 函数实现，这个函数是以两个长度相同的数组为自变量，返回的是数组对应元素乘积的和。要使用这个函数，必须创建一个费用率数组，如图 12－1 中的 03－032。该函数的调用过程如图 12－4 所示。

图 12－4 中绿色和棕色两片区域就是 SUMPRODUCT 函数调用的数据。注意到公式的写法，在引用费用率数组时加入了锁定符号“$”，这是因为费用率只与保单年度有关而不随年龄变化。

	A	B	C	F	G	K	P	Q
1		i=	0.025	BP=	10000		费用率假设	
2	年龄	死亡率	生存概率	$\bar{C}_x$	Dx	Sx	保单年度	费用率
3	0	0.000722	0.999278	713.1408	1000000	949358027	1	0.7
4	1	0.000603	0.999397	580.6546	974905.4	914940560	2	0.2
5	2	0.000499	0.999501	468.5061	950553.7	881523093	3	0.2
6	3	0.000416	0.999584	380.8618	926906.7	849080532	4	0.2
7	4	0.000358	0.999642	319.6337	903923	817588524	5	0.2
8	5	0.000323	0.999677	281.2501	881560.4	787023422	6	0.2
20	17	0.000455	0.999545	293.4342	652921.9	484738520	18	0.2
21	18	0.000513	0.999487	322.6229	636707.1	464331087	19	0.2
22	19	0.000572	0.999428	350.7738	620859	444576577	20	0.2
23	20	0.000621	0.999379	371.3217	605369.7	425458773	21	0.3
24	21	0.000661	0.999339	385.3599	590237.8	406961828	22	0.3
25	22	0.000692	0.999308	393.3328	575461.1	389070253	23	0.3
26	23	0.000716	0.999284	396.7734	561037	371768916	24	0.3
27	24	0.000738	0.999262	398.7043	546961.2	355043040	25	0.3
28	25	0.000759	0.999241	399.7531	533226.9	338878201	26	0.3
29	26	0.000779	0.999221	399.976	519826.5	323260323	27	0.3
30	27	0.000795	0.999205	397.9251	506752.7	308175672	28	0.3
31	28	0.000815	0.999185	397.6697	493999.9	293610848	29	0.3
32	29	0.000842	0.999158	400.4968	481558.3	279552776	30	0.3

图 12－1　定价假设输入

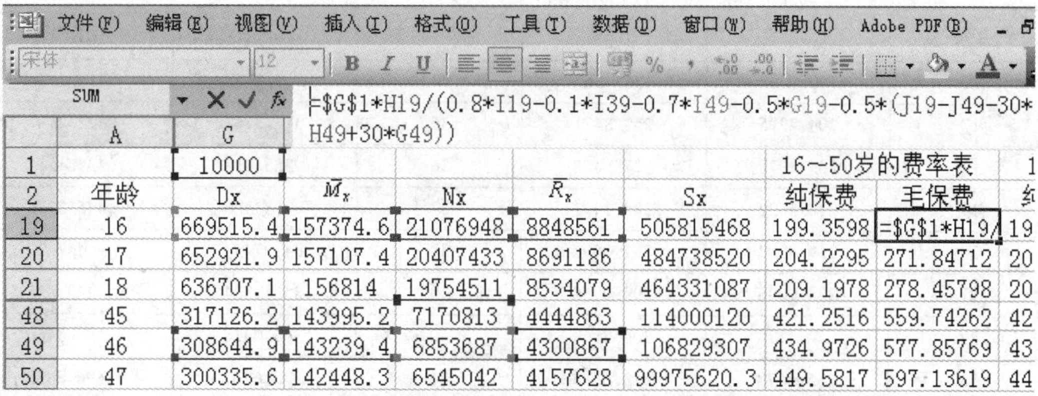

	A	G							
1		10000					16~50岁的费率表		1
2	年龄	Dx	$\bar{M}_x$	Nx	$\bar{R}_x$	Sx	纯保费	毛保费	纟
19	16	669515.4	157374.6	21076948	8848561	505815468	199.3598	=$G$1*H19/	19
20	17	652921.9	157107.4	20407433	8691186	484738520	204.2295	271.84712	20
21	18	636707.1	156814	19754511	8534079	464331087	209.1978	278.45798	20
48	45	317126.2	143995.2	7170813	4444863	114000120	421.2516	559.74262	42
49	46	308644.9	143239.4	6853687	4300867	106829307	434.9726	577.85769	43
50	47	300335.6	142448.3	6545042	4157628	99975620.3	449.5817	597.13619	44

图 12－2　毛保费的公式编辑

通过上面的计算，可以得到该产品每个年龄的纯保费和毛保费，现将 16 至 50 岁对应的费率列示如表 12－2：

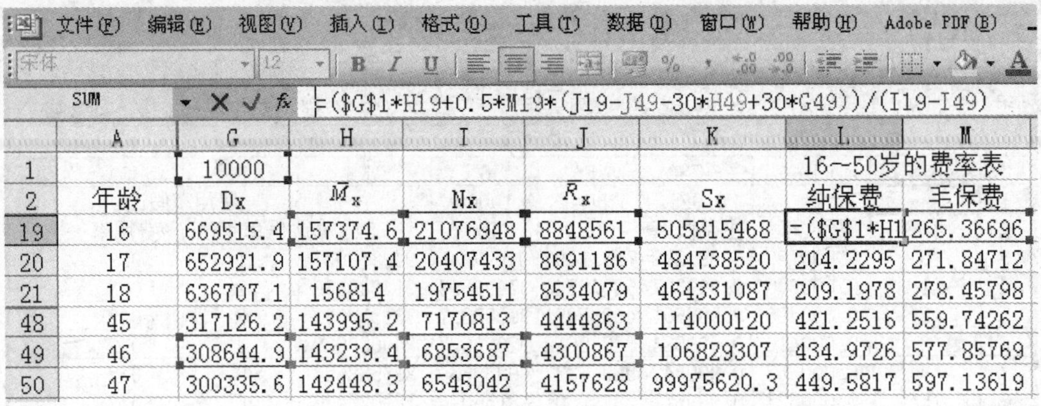

文件(F) 编辑(E) 视图(V) 插入(I) 格式(O) 工具(T) 数据(D) 窗口(W) 帮助(H) Adobe PDF(B)

SUM =($G$1*H19+0.5*M19*(J19-J49-30*H49+30*G49))/(I19-I49)

	A	G	H	I	J	K	L	M
1		10000					16~50岁的费率表	
2	年龄	Dx	$\bar{M}_x$	Nx	$\bar{R}_x$	Sx	纯保费	毛保费
19	16	669515.4	157374.6	21076948	8848561	505815468	=($G$1*H1	265.36696
20	17	652921.9	157107.4	20407433	8691186	484738520	204.2295	271.84712
21	18	636707.1	156814	19754511	8534079	464331087	209.1978	278.45798
48	45	317126.2	143995.2	7170813	4444863	114000120	421.2516	559.74262
49	46	308644.9	143239.4	6853687	4300867	106829307	434.9726	577.85769
50	47	300335.6	142448.3	6545042	4157628	99975620.3	449.5817	597.13619

图 12-3 净保费的公式编辑

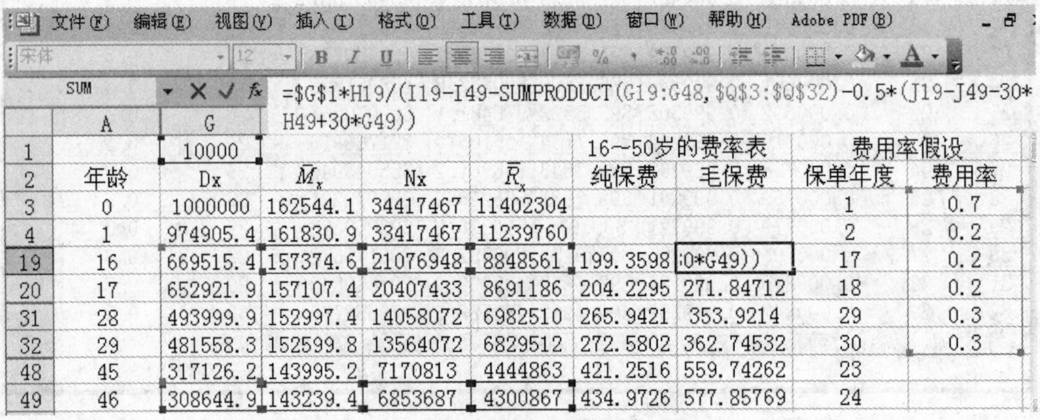

文件(F) 编辑(E) 视图(V) 插入(I) 格式(O) 工具(T) 数据(D) 窗口(W) 帮助(H) Adobe PDF(B)

SUM =$G$1*H19/(I19-I49-SUMPRODUCT(G19:G48,$Q$3:$Q$32)-0.5*(J19-J49-30*H49+30*G49))

	A	G							
1		10000				16~50岁的费率表		费用率假设	
2	年龄	Dx	$\bar{M}_x$	Nx	$\bar{R}_x$	纯保费	毛保费	保单年度	费用率
3	0	1000000	162544.1	34417467	11402304			1	0.7
4	1	974905.4	161830.9	33417467	11239760			2	0.2
19	16	669515.4	157374.6	21076948	8848561	199.3598	:0*G49))	17	0.2
20	17	652921.9	157107.4	20407433	8691186	204.2295	271.84712	18	0.2
31	28	493999.9	152997.4	14058072	6982510	265.9421	353.9214	29	0.3
32	29	481558.3	152599.8	13564072	6829512	272.5802	362.74532	30	0.3
48	45	317126.2	143995.2	7170813	4444863	421.2516	559.74262	23	
49	46	308644.9	143239.4	6853687	4300867	434.9726	577.85769	24	

图 12-4 SUMPRODUCT 函数的用法

表 12-2　　16~50 岁的费率表

年龄	纯保费	毛保费	年龄	纯保费	毛保费
16	199.3598	265.367	34	309.2468	411.4578
17	204.2295	271.8471	35	317.3761	422.2487
18	209.1978	278.458	36	325.819	433.4514
19	214.2632	285.1972	37	334.6	445.0976
20	219.4292	292.0697	38	343.7444	457.22
21	224.7096	299.0936	39	353.2804	469.855
22	230.1178	306.2869	40	363.2418	483.0466
23	235.6679	313.6682	41	373.6707	496.8499
24	241.3729	321.2549	42	384.6204	511.3347
25	247.2424	329.0598	43	396.1523	526.5818
26	253.2858	337.0953	44	408.3375	542.6846
27	259.514	345.3759	45	421.2516	559.7426
28	265.9421	353.9214	46	434.9726	577.8577

续表

年龄	纯保费	毛保费	年龄	纯保费	毛保费
29	272.5802	362.7453	47	449.5817	597.1362
30	279.438	371.86	48	465.1685	617.6954
31	286.5224	381.2745	49	481.8373	639.672
32	293.8424	390.9998	50	499.7148	663.2329
33	301.4093	401.0506	51		

（2）用 Excel VBA 计算保费

①用 VBA 对产品定价的特点。VBA 是 Excel 内含的一个工具，用于编写程序来完成对 Excel 单元格的操作。VBA 定价的优点在于，可以大批量的处理数据，特别适合准备金和现金价值的计算，运算速度也非常快。但由于 VBA 的所有运算都在后台完成，反应在 Excel 工作表中的只是纯粹的数值，因此数据缺少直观性，不像直接在 Excel 工作表中操作一样，计算公式都一目了然。

②在 VBA 中编写定价程序。与在 Excel 中的做法一样，先建立一张新的工作表，输入定价假设包括定价利率、生命表和费用率假设，仍然得到如图 12－5 的工作表。然后进入 VBA 编辑器：

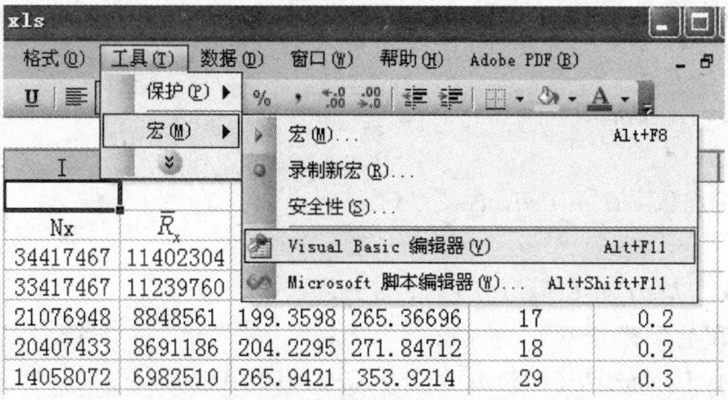

图 12－5　进入 VBA 编辑器

点击 VBA 编辑器进入，就为当前 Excel 文件建立了一个宏。

选中图 12－6 中左边框内的 Sheet1，点击鼠标右键→插入→模块，然后就会弹出一个模块窗口，如图 12－6 右边部分。然后在这个模块里面编写程序。VBA 的语法介绍参考前面的章节，这里不再作介绍。下面给出保费计算程序：

```
Sub Pricing()
'读入定价假设
Dim i As Integer,BP As Double
Dim D(105)As Double,M(105)As Double,N(105)As Double,R(105)As Double
For i=0 To 105
    D(i) = Sheets("Sheet1"). Cells(i+3,7)
```

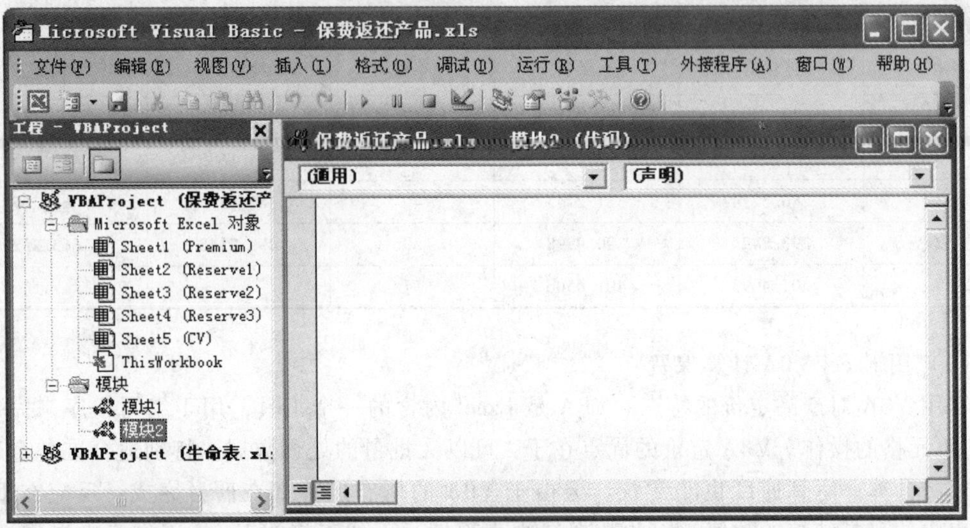

图 12-6 插入模块

```
    M(i) = Sheets("Sheet1"). Cells(i+3,8)
    N(i) = Sheets("Sheet1"). Cells(i+3,9)
    R(i) = Sheets("Sheet1"). Cells(i+3,10)
  Next i

Dim E(1 To 30) As Double
For i = 1 To 30
   E(i) = Sheets("Sheet1"). Cells(i+2,15)
Next i
   BP = Sheets("Sheet1"). Cells(1,7)
'计算纯保费和毛保费
Dim P(105) As Double, GP(105) As Double, GP1(105) As Double
For i = 0 To 60
P(i) = (BP * M(i) + 0.5 * GP(i) * (R(i) - R(i+30) - 30 * M(i+30)
 + 30 * D(i+30))) / (N(i) - N(i+30))
   GP(i) = BP * M(i) / ((0.8 * N(i) - 0.1 * N(i+20) - 0.7 * N(i+30)
- 0.5 * D(i)) - 0.5 * (R(i) - R(i+30) - 30 * M(i+30) + 30 * D(i+30)))
GP1(i) = BP * M(i) / (((N(i) - N(i+30) - PartSumProduct(D,E,29,29+i,1))
- 0.5 * (R(i) - R(i+30) - 30 * M(i+30) + 30 * D(i+30)))
Next i
'在 Excel表格中输出保费
For i = 16 To 50
   Sheets("Sheet1"). Cells(i+3,12) = P(i)
   Sheets("Sheet1"). Cells(i+3,13) = GP(i)
```

```
Next i
End Sub
'定义两个数组的部分内积函数
Function PartSumProduct(x,y,k,i,j)
PartSumProduct =0
For l =0 To k
PartSumProduct = PartSumProduct + x(i + l) * y(j + l)
Next l
End Function
```

上述程序分为四部分：第一部分读入定价假设，也就是创建若干数组，分别将这些数组赋予 Dx，Mx，Nx，Rx 的值，而这些值事先在 Excel 表格中计算。而关于这些换算函数的 VBA 程序可以参考实验一。以后有实验会涉及到残疾给付及残疾率的，这种情况下，就需要用 VBA 编制多元状态的生命表函数。同时创建费用率数组 E。第二部分按照公式计算保费，公式比较长，如果粘贴到 VBA 编辑器，需要将一个公式写在同一行。其中 P、GP 是纯保费和毛保费数组，GP1 是在费用率结构复杂时的计算公式，与 GP 的结果是一致的。第三部分是在 Excel 表格中输出计算结果。第四部分是另外一个模块，定义了一个类似于 SUMPRODUCT 的函数，但是部分求和，比如 PartSumProduct（x，y，k，i，j）表示对数组 x、y 的部分元素对应相乘，然后求和，在这个函数中数组 x 从第 i 个元素取到第 i + k 个元素，而 y 从第 j 个元素取到第 j + k 个元素。这个函数会在 GP1 的计算过程中被调用。

程序编完以后，点击工具栏中的小绿色三角图标运行程序。有时候需要根据提示的错误来调试程序。如果要改变产品定价的某项参数，只需要在 Excel 表格中作相应地改动，然后重新运行程序就可以了。这段程序的输出结果与 Excel 直接计算的结果是一致的，不再列出。

12.2.3　保费的敏感性分析

以上计算了在 i = 0.025 的利率环境下的纯保费和毛保费，重复上述过程可以得到不同利率条件下的保费。下面的折线图 12 - 7（a）、图 12 - 7（b）显示了该保费返还产品保费对利率的敏感程度：

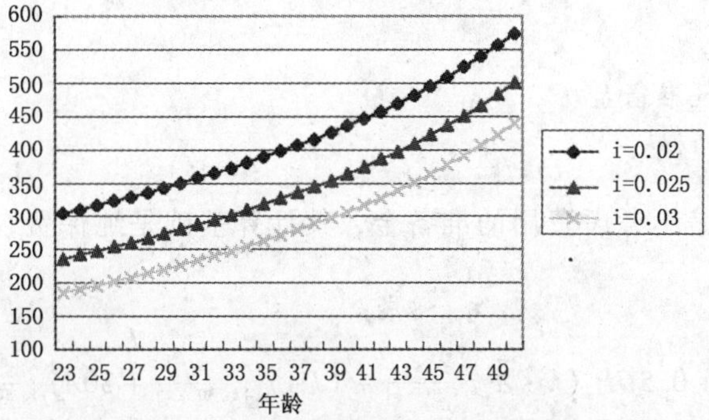

图 12 - 7(a)　保费的利率敏感性分析

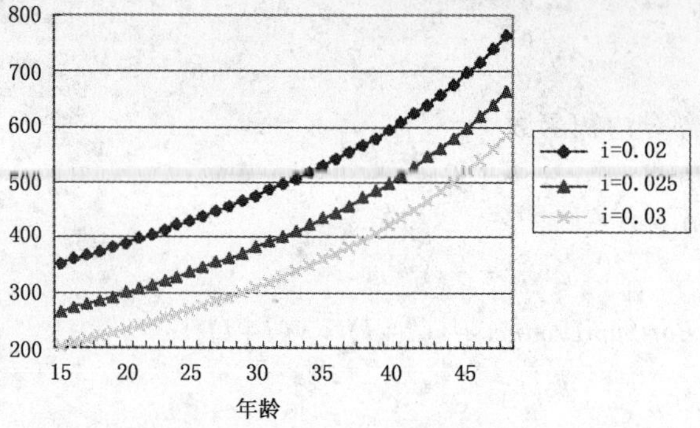

图 12－7(b)　保费的利率敏感性分析

图 12－7（a）、图 12－7（b）都显示：利率的小幅波动都会导致保费的大幅变化，并且变化呈反向关系，即利率增大，这也体现了产品的利率敏感特点。其实产品不仅对利率敏感，受费用率的影响也较大。这一点从纯保费与毛保费的比较就可以看出来：16～50 岁投保人的毛保费基本是纯保费的 1.5 倍，如图 12－8 所示：

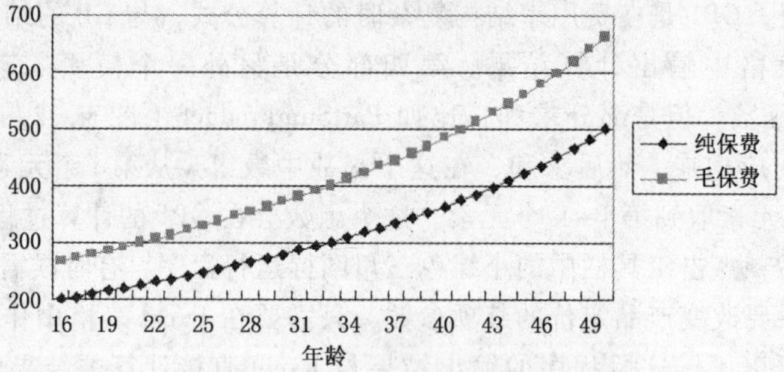

图 12－8　纯保费与毛保费的比较

12.3

保费返还产品的准备金及现金价值

12.3.1　理论责任准备金

（1）计算公式

理论责任准备金是不考虑费用的准备金，其计算基础是纯保费，用未来法的计算公式是：

$1 \leqslant k \leqslant 30$ 时，

$$ {}_kV_x = BP \cdot \bar{A}_{x+k} + 0.5GP_x(k \cdot \bar{A}^{1}_{x+k:\overline{30-k|}} + (I\bar{A})^{1}_{x+k:\overline{30-k|}} + 30A_{x+k:\overset{1}{\overline{30-k|}}}) - P_x \cdot \ddot{a}_{x+k:\overline{30-k|}} $$

$k > 30$ 时，

$$ {}_kV_x = BP \cdot \bar{A}_{x+k} \qquad (12-3-1) $$

公式（12－3－1）中第二部分是与毛保费相关的递增给付责任，第三部分是满期后的保费返还。交费期结束后，准备金等于未到期的死亡给付精算现值。上面的两式用换算函数表示为：

$1 \leqslant k \leqslant 30$ 时，

$$ {}_kV_x = \frac{BP \cdot \bar{M}_{x+k} + 0.5GP_x(k \cdot (\bar{M}_{x+k} - \bar{M}_{x+30}) + (\bar{R}_{x+k} - \bar{R}_{x+30} - (30-k)\bar{M}_{x+30}) + 30D_{x+30})}{D_{x+k}} - P_x \cdot \frac{(N_{x+k} - N_{x+30})}{D_{x+k}} $$

$k > 30$ 时，

$$ {}_kV_x = \frac{BP \cdot \bar{M}_{x+k}}{D_{x+k}} \qquad (12-3-2) $$

（2）在 Excel 表格中计算准备金

在计算保费的 Excel 文件中新建一个工作簿（Sheet），命名为 Reserve1，然后将保费工作簿（命名为 Premium）的 A 列至 M 列（把图 12－1、图 12－2）复制过来，这样做的目的是保留换算函数及保费的计算公式，但可以改变基本的定价假设得到新的结果，如选择不同的生命表，或者改变利率等。

选定 16 岁、17 岁的投保人作为计算目标，在已经建立的工作表上进行相关操作即可得到各保单年度准备金。公式的输入以及涉及到的相关单元格如图 12－9 所示：

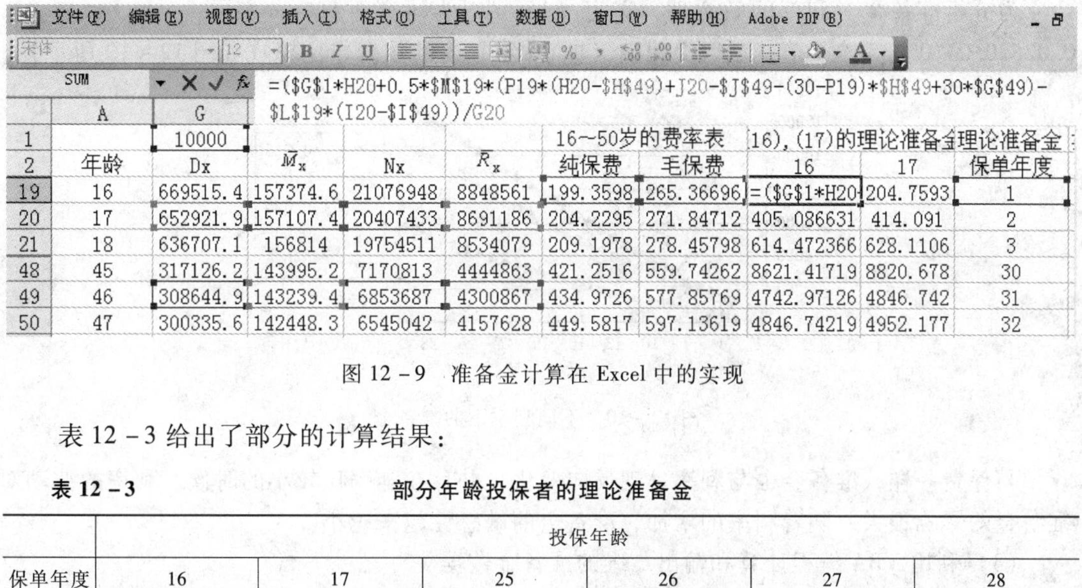

SUM　=($G$1*H20+0.5*$M$19*(P19*(H20-$H$49)+J20-$J$49-(30-P19)*$H$49+30*$G$49)-$L$19*(I20-$I$49))/G20

	A	G								
1		10000				16~50岁的费率表		16),(17)的理论准备金		理论准备金
2	年龄	Dx	$\bar{M}_x$	Nx	$\bar{R}_x$	纯保费	毛保费	16	17	保单年度
19	16	669515.4	157374.6	21076948	8848561	199.3598	265.36696	=($G$1*H20	204.7593	1
20	17	652921.9	157107.4	20407433	8691186	204.2295	271.84712	405.086631	414.091	2
21	18	636707.1	156814	19754511	8534079	209.1978	278.45798	614.472366	628.1106	3
48	45	317126.2	143995.2	7170813	4444863	421.2516	559.74262	8621.41719	8820.678	30
49	46	308644.9	143239.4	6853687	4300867	434.9726	577.85769	4742.97126	4846.742	31
50	47	300335.6	142448.3	6545042	4157628	449.5817	597.13619	4846.74219	4952.177	32

图 12－9　准备金计算在 Excel 中的实现

表 12－3 给出了部分的计算结果：

表 12－3　　部分年龄投保者的理论准备金

保单年度	投保年龄					
	16	17	25	26	27	28
1	200.2803	204.7593	245.7993	251.7944	258.0193	264.4089
2	405.0866	414.091	497.6091	509.7925	522.3611	535.2341
3	614.4724	628.1106	755.6275	774.1177	793.1236	812.5285
4	828.5535	847.0457	1019.979	1044.869	1070.361	1096.35

续表

保单年度	投保年龄					
	16	17	25	26	27	28
31	4742.971	4846.742	5739.164	5858.139	5977.944	6098.164
32	4846.742	4952.177	5858.139	5977.944	6098.164	6218.477
33	4952.177	5059.273	5977.944	6098.164	6218.477	6338.684
34	5059.273	5168.061	6098.164	6218.477	6338.684	6458.7
35	5168.061	5278.621	6218.477	6338.684	6458.7	6578.516
36	5278.621	5391.029	6338.684	6458.7	6578.516	6698.128
37	5391.029	5505.325	6458.7	6578.516	6698.128	6817.495
38	5505.325	5621.444	6578.516	6698.128	6817.495	6936.501
39	5621.444	5739.164	6698.128	6817.495	6936.501	7054.958
40	5739.164	5858.139	6817.495	6936.501	7054.958	7172.637
41	5858.139	5977.944	6936.501	7054.958	7172.637	7289.292
42	5977.944	6098.164	7054.958	7172.637	7289.292	7404.703

表 12－3 中的结果显示：交费期结束后，准备金表格中与对角线平行的线上的数是相等的，也就是说（x）的第 k＋1 保单年度与（x＋1）的第 k 保单年度的准备金相等，这也是公式（12－3－2）的直观反映。

为分析准备金对利率的敏感性，选定（16 岁）为研究对象，分别取 i ＝ 0.015,0.02,0.025,0.03,0.035 五个值，截取交费期（即 30 年）内的数据作比较（如图 12－10 所示）：

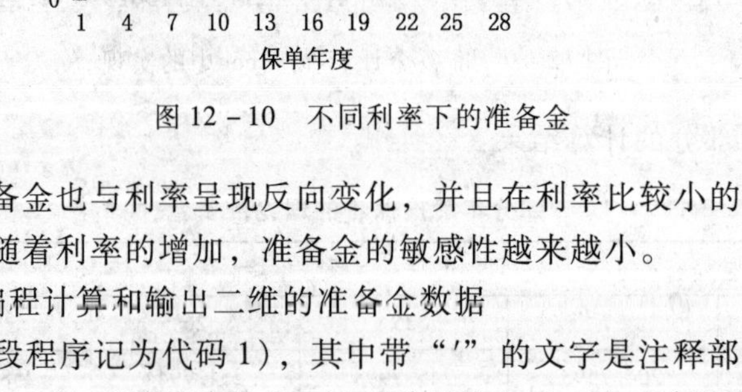

图 12－10　不同利率下的准备金

与保费一样，准备金也与利率呈现反向变化，并且在利率比较小的时候，利率的波动对准备金的影响很大，随着利率的增加，准备金的敏感性越来越小。

（3）利用 VBA 编程计算和输出二维的准备金数据

程序如下（将这段程序记为代码 1），其中带“′”的文字是注释部分：

```
Public D(150) As Double, M(150) As Double, N(150) As Double, R(150) As Double
Public P(105) As Double, GP(105) As Double, BP As Double

Sub number()
```

```
'读入生命表数据
Dim i As Integer
For i = 0 To 105
    D(i) = Sheets("Premium").Cells(i + 3,7)
    M(i) = Sheets("Premium").Cells(i + 3,8)
    N(i) = Sheets("Premium").Cells(i + 3,9)
    R(i) = Sheets("Premium").Cells(i + 3,10)
    Next i

Dim E(1 To 30) As Double
For i = 1 To 30
    E(i) = Sheets("Premium").Cells(i + 2,17)
Next i
    BP = Sheets("Premium").Cells(1,7)
End Sub

Sub pricing()
    Dim i As Integer
'计算纯保费和毛保费
For i = 0 To 105
    GP(i) = BP * M(i)/((0.8 * N(i) - 0.1 * N(i + 20) - 0.7 * N(i + 30)
            - 0.5 * D(i)) - 0.5 * (R(i) - R(i + 30) - 30 * M(i + 30) + 30 * D(i + 30)))
    P(i) = (BP * M(i) + 0.5 * GP(i) * (R(i) - R(i + 30) - 30 * M(i + 30)
          + 30 * D(i + 30)))/(N(i) - N(i + 30))
Next i

'在Excel 表格中输出保费
For i = 16 To 50
    Sheets("Premium").Cells(i + 3,14) = P(i)
    Sheets("Premium").Cells(i + 3,15) = GP(i)
Next i
End Sub
Sub pure_Reserve()
'计算理论责任准备金
Dim Re1(105,1 to 106) As Double
Dim i As Integer,k As Integer,j As Integer
For i = 0 To 105
    For k = 1 To 105 - i
```

```
    j = WorksheetFunction. Min(k,30)
    Re1(i,k) = (BP * M(i + k) + 0.5 * GP(i) * (j * (M(i + j) - M(i + 30)) + (R(i + j)
              - R(i + 30) - (30 - j) * M(i + 30)) + Int(1 + Sgn(30 - k) * 0.5) * 30 *
          D(i + 30)) - P(i) * (N(i + j) - N(i + 30))) / D(i + k)
    Next k
  Next i
  '输出 16 ~ 50 岁的投保人各年度的理论责任准备金
  For i = 16 To 50
    For k = 1 To 106 - i
    Sheets("Reserve1"). Cells(k + 18, i + 1) = Re1(i,k)
    Next k
  Next i
  End Sub
```

这段程序首先定义了一些公共变量，用于存储换算函数和基本定价假设。因为这些变量在很多过程中都会调用，为了避免重复定义，将其定义为公共变量。过程 number 读入这些数据，pricing 计算保费。在 Sub pure _ Reserve 中，定义一个二维数组 Re1（105，1 to 106）用于存储准备金数据。计算过程中定义 j = WorksheetFunction. Min（k，30）是为了控制变量，使得交费期结束后，与保费相关的量归零。在 Re1（i，k）的表达式中，Int（1 + Sgn（30 - k）* 0.5）的意义在于构造了一个变量，在 $1 \leqslant k \leqslant 30$ 时取值为 1，在 $k > 30$ 时取值为 0。程序的最后一部分在工作表 Reserve1 中输出数据。

关于数组 Re1（105，1 to 106）的定义，有一点需要说明。数组 Re1 是一个二维数组，第一个变量表示投保年龄，第二个变量代表保单年度，因此两者的取值范围分别是 0 ~ 105 和 1 ~ 106。另外，所有投保人（i）在 105 岁末即第 106 - i 保单年度即以后的准备金都为零，但表达式循环至 106 - i 时会产生 0/0 的情形。解决的方法是对保单年度 k 的循环语句只执行到 105 - i，即 For k = 1 To 106 - i，后面的元素不赋值，默认为 0。Re1 实际上是一个上三角矩阵。后面涉及到类似情况时处理方法相同。

最后运行程序，依次执行每一个过程，因为公共变量的赋值要通过这些过程来完成。当最后一个过程执行完毕后，可以得到各年龄各保单年度的准备金数据，摘录部分如表 12 - 4 所示：

表 12 - 4　　　　理论准备金

理论准备金	投保年龄				
保单年度	16	17	25	26	27	28
1	200.2803	204.7593	245.7993	251.7944	258.0193	264.4089
2	405.0866	414.091	497.6091	509.7925	522.3611	535.2341
3	614.4724	628.1106	755.6275	774.1177	793.1236	812.5285
4	828.5535	847.0457	1019.979	1044.869	1070.361	1096.35
31	4742.971	4846.742	5739.164	5858.139	5977.944	6098.164

续表

理论准备金	投保年龄				
保单年度	16	17	25	26	27	28

保单年度	16	17	25	26	27	28
32	4846.742	4952.177	5858.139	5977.944	6098.164	6218.477
33	4952.177	5059.273	5977.944	6098.164	6218.477	6338.684
34	5059.273	5168.061	6098.164	6218.477	6338.684	6458.7
35	5168.061	5278.621	6218.477	6338.684	6458.7	6578.516
36	5278.621	5391.029	6338.684	6458.7	6578.516	6698.128
37	5391.029	5505.325	6458.7	6578.516	6698.128	6817.495
38	5505.325	5621.444	6578.516	6698.128	6817.495	6936.501
39	5621.444	5739.164	6698.128	6817.495	6936.501	7054.958
40	5739.164	5858.139	6817.495	6936.501	7054.958	7172.637
41	5858.139	5977.944	6936.501	7054.958	7172.637	7289.292
42	5977.944	6098.164	7054.958	7172.637	7289.292	7404.703
43	6098.164	6218.477	7172.637	7289.292	7404.703	7518.665
44	6218.477	6338.684	7289.292	7404.703	7518.665	7630.987

12.3.2　一年定期修正责任准备金

(1) 计算公式

一年定期修正准备金方法将均衡保费在交费期内修正，使得按照修正方法计算的第一保单年度末的准备金为零。在计算准备金之前，需要算出首年修正保费 α 和续年修正保费 β，

$$\alpha_x = \frac{(BP + 0.5GP_x) \cdot \overline{M}_x}{N_x - N_{x+30}}$$

$$\beta_x = \frac{BP \cdot \overline{M}_{x+1} + 0.5GP_x((\overline{M}_{x+1} - \overline{M}_{x+30}) + (\overline{R}_{x+1} - \overline{R}_{x+30} - 29\overline{M}_{x+30})) + 30D_{x+30})}{N_{x+1} - N_{x+30}}$$

修正准备金的公式与理论准备金相似：

$1 \leqslant k \leqslant 30$ 时，

$${}_kV_x = \frac{BP \cdot \overline{M}_{x+k} + 0.5GP_x(k \cdot (\overline{M}_{x+k} - \overline{M}_{x+30}) + (\overline{R}_{x+k} - \overline{R}_{x+30} - (30-k)\overline{M}_{x+30})) + 30D_{x+30})}{D_{x+k}}$$

$$-\beta_x \cdot \frac{(N_{x+k} - N_{x+30})}{D_{x+k}}$$

$k > 30$ 时，

$${}_kV_x = BP \cdot \overline{A}_{x+k}$$

交费期结束后，意味着修正期也结束了（本例中修正期限等于交费期限），因此修正准备金与理论准备金在此时的计算公式是相同的。

(2) 在 Excel 表格中的操作

前期工作与理论准备金部分相同，之后便要计算修正保费，主要是续年修正保费（如

图 12－11 所示）：

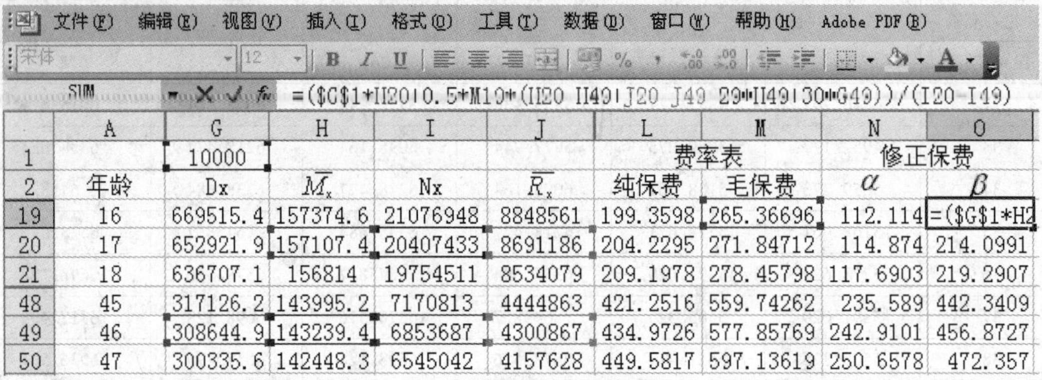

	A	G	H	I	J	L	M	N	O
1		10000				费率表		修正保费	
2	年龄	Dx	$\overline{M}_x$	Nx	$\overline{R}_x$	纯保费	毛保费	α	β
19	16	669515.4	157374.6	21076948	8848561	199.3598	265.36696	112.114	=($G$1*H2
20	17	652921.9	157107.4	20407433	8691186	204.2295	271.84712	114.874	214.0991
21	18	636707.1	156814	19754511	8534079	209.1978	278.45798	117.6903	219.2907
48	45	317126.2	143995.2	7170813	4444863	421.2516	559.74262	235.589	442.3409
49	46	308644.9	143239.4	6853687	4300867	434.9726	577.85769	242.9101	456.8727
50	47	300335.6	142448.3	6545042	4157628	449.5817	597.13619	250.6578	472.357

图 12－11　续年修正保费的计算

再计算修正准备金，仍选（16 岁）、（17 岁）为研究对象（如图 12－12 所示）：

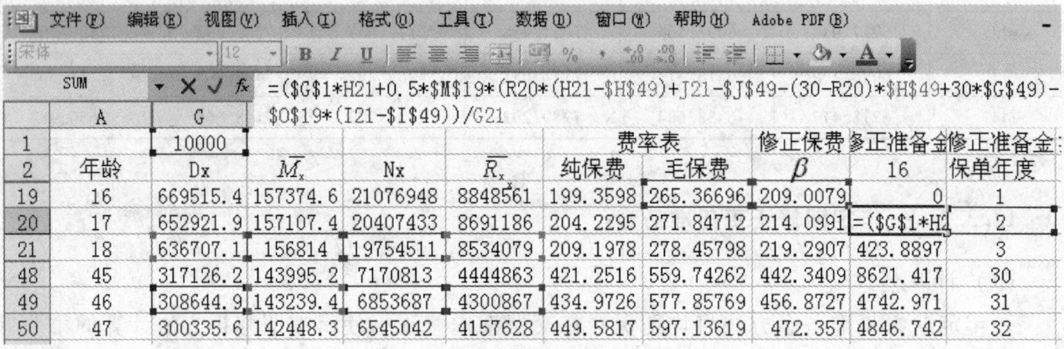

	A	G								
1		10000				费率表		修正保费	修正准备金	修正准备金
2	年龄	Dx	$\overline{M}_x$	Nx	$\overline{R}_x$	纯保费	毛保费	β	16	保单年度
19	16	669515.4	157374.6	21076948	8848561	199.3598	265.36696	209.0079	0	1
20	17	652921.9	157107.4	20407433	8691186	204.2295	271.84712	214.0991	=($G$1*H2	2
21	18	636707.1	156814	19754511	8534079	209.1978	278.45798	219.2907	423.8897	3
48	45	317126.2	143995.2	7170813	4444863	421.2516	559.74262	442.3409	8621.417	30
49	46	308644.9	143239.4	6853687	4300867	434.9726	577.85769	456.8727	4742.971	31
50	47	300335.6	142448.3	6545042	4157628	449.5817	597.13619	472.357	4846.742	32

图 12－12　修正准备金的计算

列出交费期内的准备金数据并与理论准备金比较（如表 12－5 所示）：

表 12－5　　16 岁、17 岁投保者的修正准备金

保单年度	16	17	保单年度	16	17
1	0	0	16	3722.608651	3810.171179
2	209.599675	214.2265395	17	4021.570961	4116.070339
3	423.88973	433.254384	18	4327.676986	4429.262864
4	642.989427	657.3165234	19	4641.094258	4749.907189
5	867.131479	886.6401431	20	4961.983124	5078.163587
6	1096.54278	1121.456424	21	5290.506046	5414.180171
7	1331.45412	1361.980914	22	5626.813911	5758.102868
8	1572.08076	1608.384842	23	5971.055925	6110.099239
9	1818.59406	1860.834079	24	6323.403009	6470.372803
10	2071.16013	2119.498809	25	6684.061796	6839.175402
11	2329.94937	2384.581403	26	7053.286631	7216.778296

续表

保单年度	16	17	保单年度	16	17
12	2595.16405	2656.215221	27	7431.351236	7603.472047
13	2866.93828	2934.512119	28	7818.548584	7999.530386
14	3145.38513	3219.546149	29	8215.155786	8405.192489
15	3430.58053	3511.39939	30	8621.417193	8820.678046

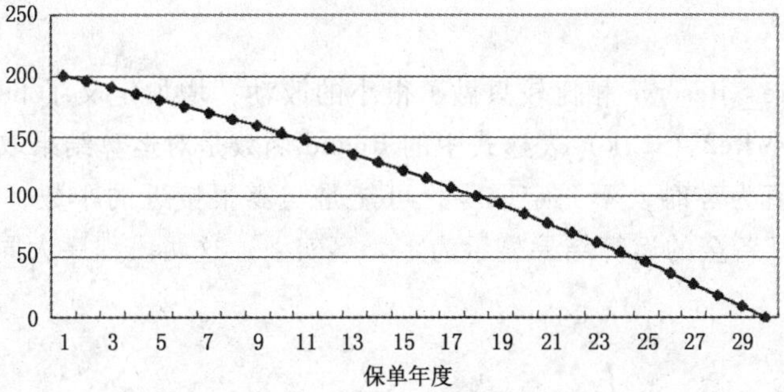

图 12－13　理论准备金与修正准备金之差

选取（16 岁）为研究对象，画出折线图比较理论准备金各修正准备金之间的关系。从图 12－13 可以看出，理论准备金大于修正准备金，但随着保单年度的增加，差距缩小，在修正期结束后，两种准备金相等。

（3）VBA 方法

在同一个模块下，修正准备金与理论准备金的计算有很多公用的过程，只需要在上节的代码 1 中添加一个过程即可：

```
Sub modified_Reserve()
'计算修正准备金
Dim Re2(105,1 to 106)As Double
Dim beta(105)As Double
Dim i As Integer,k As Integer,j As Integer

For i = 0 To 105
  beta(i) = Sheets("Reserve2").Cells(i + 3,15)
Next i
For i = 0 To 105
  For k = 1 To 106 - i
  j = WorksheetFunction.Min(k,30)
Re2(i,k) = Round((BP * M(i + k) + 0.5 * GP(i) * (j * (M(i + j) - M(i + 30))
          + (R(i + j) - R(i + 30) - (30 - j) * M(i + 30)) + Int(1 + Sgn(30 - k) * 0.5)
          * 30 * D(i + 30)) - beta(i) * (N(i + j) - N(i + 30)))/D(i + k),7)
  Next k
```

```
Next i
'输出 16~50 岁的投保人各年度的理论责任准备金
For i = 16 To 50
  For k = 1 To 106 - i
  Sheets("Reserve2").Cells(k + 18, i + 3) = Re2(i, k)
  Next k
Next i
End Sub
```

这段程序与 pure _ Reserve 相比较只做了很小的改动，增加定义了 beta 数组以存储续年修正保费序列。另外 Re2（i，k）表达式中的 Round 函数是对运算结果取固定的小数位。因为双精度变量被赋值为零时，不一定取零，可能是与零很接近的小数，运用 Round 函数后可以确保首年修正准备金的运算结果显示为零。事实上，这两段程序大同小异，可以合并成一段程序：

```
Sub Reserve()
Dim Re1(105, 1 to 106) As Double, Re2(105, 1 to 106) As Double
Dim beta(105) As Double
Dim i As Integer, k As Integer, j As Integer
For i = 0 To 105
  For k = 1 To 105 - i
  j = WorksheetFunction.Min(k, 30)
Re1(i, k) = (BP * M(i + k) + 0.5 * GP(i) * (j * (M(i + j) - M(i + 30)) + (R(i + j)
                - R(i + 30) - (30 - j) * M(i + 30)) + Int(1 + Sgn(30 - k) * 0.5) * 30
                * D(i + 30)) - P(i) * (N(i + j) - N(i + 30))) / D(i + k)
Re2(i, k) = Round((BP * M(i + k) + 0.5 * GP(i) * (j * (M(i + j) - M(i + 30))
                + (R(i + j) - R(i + 30) - (30 - j) * M(i + 30)) + Int(1 + Sgn(30 - k) * 0.5)
                * 30 * D(i + 30)) - beta(i) * (N(i + j) - N(i + 30))) / D(i + k), 7)
  Next k
Next i
'输出 16~50 岁的投保人各年度的理论责任准备金
For i = 16 To 50
  For k = 1 To 106 - i
  Sheets("Reserve1").Cells(k + 18, i + 1) = Re1(i, k)
  Sheets("Reserve2").Cells(k + 18, i + 3) = Re2(i, k)
  Next k
Next i
End Sub
```

12.3.3　PPM 准备金

PPM 准备金是按照费用的明确分布计算的准备金。用未来法的计算原则是：准备金等于未来给付的精算现值减去未交净保费的精算现值。所谓净保费，是指每年所收取的毛保费扣除费用的部分。对于本实验分析的产品，其 PPM 准备金的计算公式是：

$1 \leqslant k \leqslant 20$，

$$ {}_kV_x = \frac{BP \cdot \overline{M}_{x+k} + 0.5GP_x(k \cdot (\overline{M}_{x+k} - \overline{M}_{x+30}) + (\overline{R}_{x+k} - \overline{R}_{x+30} - (30-k)\overline{M}_{x+30}) + 30D_{x+30})}{D_{x+k}} $$

$$ - \frac{GP_x \cdot ((N_{x+k} - N_{x+30}) - (0.3(N_{x+k} - N_{x+30}) - 0.1(N_{x+k} - N_{x+20})))}{D_{x+k}} $$

$20 < k \leqslant 30$，

$$ {}_kV_x = \frac{BP \cdot \overline{M}_{x+k} + 0.5GP_x(k \cdot (\overline{M}_{x+k} - \overline{M}_{x+30}) + (\overline{R}_{x+k} - \overline{R}_{x+30} - (30-k)\overline{M}_{x+30}) + 30D_{x+30})}{D_{x+k}} $$

$$ - \frac{GP_x \cdot ((N_{x+k} - N_{x+30}) - 0.3(N_{x+k} - N_{x+30}))}{D_{x+k}} $$

$k > 30$，

$$ {}_kV_x = \frac{BP \cdot \overline{M}_{x+k}}{D_{x+k}} $$

PPM 准备金与修正准备金的计算公式的差别仅在于交费期内的未交保费的精算现值。

在 Excel 文件新建工作簿 Reserve3，具体操作如图 12－14 所示：

图 12－14　PPM 准备金的相关输入

给出部分结果（如表 12－6 所示）：

表 12－6　16 岁、17 岁投保者的 PPM 准备金

保单年度	16	17	保单年度	16	17
1	77.48719	78.95978	16	3896.842	3988.361
2	292.4296	298.6667	17	4203.709	4302.374
3	512.2035	523.3202	18	4517.938	4623.906
4	736.9326	753.1565	19	4839.702	4953.122
5	966.853	988.4065	20	5169.171	5290.192

续表

保单年度	16	17	保单年度	16	17
6	1202.195	1229.305	21	5479.282	5607.372
7	1443.193	1476.07	22	5796.709	5931.979
8	1690.065	1728.878	23	6121.588	6264.166
9	1942.988	1987.899	24	6454.074	6604.119
10	2202.131	2253.308	25	6794.356	6952.073
11	2467.67	2525.311	26	7142.671	7308.278
12	2739.81	2804.046	27	7499.272	7673.005
13	3018.692	3089.633	28	7864.432	8046.506
14	3304.434	3382.151	29	8238.407	8428.999
15	3597.121	3681.691	30	8621.417	8820.678

在上一节的 VBA 过程 Reserve 中增加一些语句，即可完成各投保年龄各保单年度 PPM 准备金的数据的计算和输出，修改后的 Reserve 过程如下：

```
Sub Reserve()
Dim Re1(105,1 to 106)As Double,Re2(105,1 to 106)As Double
Dim Re3(105,1 to 106)As Double
Dim beta(105)As Double
Dim i As Integer,k As Integer,j As Integer
For i =0 To 105
   For k =1 To 105 - i
   j = WorksheetFunction.Min(k,30)
Re1(i,k) = (BP * M(i+k) +0.5 * GP(i) * (j * (M(i+j) - M(i+30)) + (R(i+j)
          - R(i+30) - (30 - j) * M(i+30)) + Int(1 + Sgn(30 - k) * 0.5)
          * 30 * D(i+30)) - P(i) * (N(i+j) - N(i+30)))/D(i+k)
Re2(i,k) = Round((BP * M(i+k) +0.5 * GP(i) * (j * (M(i+j) - M(i+30))
          + (R(i+j) - R(i+30) - (30 - j) * M(i+30)) + Int(1 + Sgn(30 - k) * 0.5)
          * 30 * D(i+30)) - beta(i) * (N(i+j) - N(i+30)))/D(i+k),7)
Re3(i,k) = (BP * M(i+k) +0.5 * GP(i) * (j * (M(i+j) - M(i+30)) + (R(i+j)
          - R(i+30) - (30 - j) * M(i+30)) + Int(1 + Sgn(30 - k) * 0.5) * 30
          * D(i+30)) - GP(i) * ((N(i+j) - N(i+30)) - Int(1 + Sgn(30 - k)
          * 0.5) * 0.3 * (N(i+j) - N(i+30)) + Int(1 + Sgn(20 - k) * 0.5) * 0.1
          * (N(i+j) - N(i+20))))/D(i+k)
   Next k
Next i
'输出 16~50 岁的投保人各年度的理论责任准备金
For i =16 To 50
   For k =1 To 106 - i
   Sheets("Reserve1").Cells(k+18,i+1) = Re1(i,k)
```

```
Sheets("Reserve2").Cells(k+18,i+3) = Re2(i,k)
Sheets("Reserve3").Cells(k+18,i+2) = Re3(i,k)
  Next k
Next i
End Sub
```

部分数据如表 12 – 7 所示：

表 12 – 7　　PPM 准备金

保单年度	投保年龄					
	16	17	25	26	27	28
1	77.48719	78.95978	93.44609	95.71167	98.0933	100.5155
2	292.4296	298.6667	357.7437	366.4939	375.5237	384.7416
3	512.2035	523.3202	628.5699	643.9308	659.7092	675.7781
4	736.9326	753.1565	906.0574	928.1293	950.7121	973.6919
31	4742.971	4846.742	5739.164	5858.139	5977.944	6098.164
32	4846.742	4952.177	5858.139	5977.944	6098.164	6218.477
33	4952.177	5059.273	5977.944	6098.164	6218.477	6338.684
34	5059.273	5168.061	6098.164	6218.477	6338.684	6458.7
35	5168.061	5278.621	6218.477	6338.684	6458.7	6578.516
36	5278.621	5391.029	6338.684	6458.7	6578.516	6698.128
37	5391.029	5505.325	6458.7	6578.516	6698.128	6817.495
38	5505.325	5621.444	6578.516	6698.128	6817.495	6936.501
39	5621.444	5739.164	6698.128	6817.495	6936.501	7054.958
40	5739.164	5858.139	6817.495	6936.501	7054.958	7172.637
41	5858.139	5977.944	6936.501	7054.958	7172.637	7289.292
42	5977.944	6098.164	7054.958	7172.637	7289.292	7404.703
43	6098.164	6218.477	7172.637	7289.292	7404.703	7518.665
44	6218.477	6338.684	7289.292	7404.703	7518.665	7630.987

12.3.4　保单最低现金价值

现金价值有多种计算方法，如美国 1941 法、美国 1980 法等，这些方法在前面的实验中有详细的介绍。按照我国精算规定中指定的方法，保单最低现金价值由保单价值准备金决定，保单价值准备金的计算应遵从下面的原则：

（1）计算基础

①死亡率和费用率采用险种报备时厘定保险费所使用的预定死亡率和预定附加费用率；

②利息率采用险种报备时厘定保险费所使用的预定利息率加 2%。

（2）计算方法

①根据该保单的保险责任和各保单年度净保费按上述计算基础采用“未来法”计算。

②保单各保单年度净保费为该保单年度的毛保费扣除附加费用。其中，毛保费是指按保单年度末保单价值准备金的计算基础重新计算的保险费，附加费用为毛保费乘以险种报备时

厘定保险费所采用的该保单年度的预定附加费用率。

③保单年度末保单价值准备金不包括该保单在保单年度末的生存给付金额。

保单年度末保单最低现金价值是保险公司确定人寿保险保单现金价值最低标准，其计算公式为：

$$CVM = r \times Max(PVR,0)$$

调整系数 r 按下列公式计算：

$$r = k + (1-k) \cdot Min(t,20)/Min(n,20)$$

其中，MCV 为保单年度末保单最低现金价值；PVR 为保单年度末保单价值准备金；n 为保单交费期间（趸交保费时，n=1）； t 为已经过保单年度，t=1，2，…。

参数 k 的取值按如下标准：对于趸交业务，k=1；对于期交两全保险和年金保险，k=0.9；对于期交终身保险，k=0.8。

从上面的规定可以看出，保单价值准备金实际上就是 *PPM* 准备金，但是由于计算基础利率发生变化，所以需要重新计算。利率变化后，虽然会影响到毛保费，但是保险责任是不变的。对于本产品，$n = 30, k = 0.9, i = 0.045$ 计算公式为：

$1 \leqslant k \leqslant 20$,

$$_kPVR_x = \frac{BP \cdot \overline{M}_{x+k} + 0.5GP_x(k \cdot (\overline{M}_{x+k} - \overline{M}_{x+30}) + (\overline{R}_{x+k} - \overline{R}_{x+30} - (30-k)\overline{M}_{x+30}) + 30D_{x+30})}{D_{x+k}}$$
$$- \frac{GP1_x \cdot ((N_{x+k} - N_{x+30}) - (0.3(N_{x+k} - N_{x+30}) - 0.1(N_{x+k} - N_{x+20})))}{D_{x+k}}$$

$20 < k < 30$

$$_kPVR_x = \frac{BP \cdot \overline{M}_{x+k} + 0.5GP_x(k \cdot (\overline{M}_{x+k} - \overline{M}_{x+30}) + (\overline{R}_{x+k} - \overline{R}_{x+30} - (30-k)\overline{M}_{x+30}) + 30D_{x+30})}{D_{x+k}}$$
$$- \frac{GP1_x \cdot ((N_{x+k} - N_{x+30}) - 0.3(N_{x+k} - N_{x+30}))}{D_{x+k}} \quad (12-3-3)$$

注意到保单的现金价值不包括年度末的生存给付，又由于 $k=30$ 时，$r=1$，所以在计算保单最低价值准备金的时候就将第 30 年末的生存给付减去，归结为下面的公式：

$k \geqslant 30$,

$$_kPVR_x = \frac{BP \cdot \overline{M}_{x+k}}{D_{x+k}}$$

$$_kCVM_x = r \times Max(_kPVR_x, 0)$$

公式 12-3-3 中的 GP_x 和 $GP1_x$ 分别代表 $i=0.025$ 和 $i=0.045$ 时的毛保费。

在之前的 Excel 文件中新建工作簿，粘贴 Sheet！Premium 的 A-M 列。然后将存储利率的单元格（C1）的数值改为 0.045。PVR 的计算过程与上一节 PPM 准备金基本相同，只需要在输入公式时稍作改动（如图 12-15 所示）。

具体来说，就是将图 12-15 公式栏中显示的第一个$M$19 改为 Sheet！Premium$M$19，表示保单给付责任仍由定价时的毛保费确定。列中的其他单元格也作相应的变动。得到了保单价值准备金，最低现金价值的计算就变得很容易，不再图示计算过程，给出部分结果（如表 12-8 所示）：

图 12－15　PPM 准备金的公式输入

表 12－8　　　　16 岁、17 岁投保者的最低现金价值

保单年度	16	17	保单年度	16	17
1	657.5856	667.428	16	2907.842	2990.278
2	761.4058	774.3144	17	3125.605	3214.989
3	870.3377	886.4724	18	3354.123	3450.782
4	984.6198	1004.247	19	3593.896	3698.157
5	1104.602	1127.993	20	3845.432	3957.632
6	1230.644	1258.086	21	4078.58	4208.684
7	1363.127	1394.905	22	4321.538	4470.277
8	1502.436	1538.802	23	4574.67	4742.822
9	1648.926	1690.14	24	4838.37	5026.788
10	1802.967	1849.298	25	5113.086	5322.713
11	1964.944	2016.705	26	5399.338	5631.176
12	2135.291	2192.737	27	5697.683	5952.799

计算现金价值的 VBA 程序下：

```
Sub Current _ value( )
'在新的评估基础上重新计算换算函数及保费
Dim i As Integer,k As Integer,j As Integer
Dim GP1(105)As Double
For i =0 To 105
   D(i) =Sheets("CV"). Cells(i +3,7)
   M(i) =Sheets("CV"). Cells(i +3,8)
   N(i) =Sheets("CV"). Cells(i +3,9)
   R(i) =Sheets("CV"). Cells(i +3,10)
   Next i
Dim MCV(105,105)As Double
For i =0 To 105
GP1(i) =BP * M(i)/((0.8 * N(i) -0.1 * N(i +20) -0.7 * N(i +30) -0.5 * D(i))
 -0.5 * (R(i) -R(i +30) -30 * M(i +30) +30 * D(i +30)))
```

```
    For k = 1 To 105 - i
    j = WorksheetFunction. Min(k,30)
  MCV(i,k) = WorksheetFunction. Max(0,(BP * M(i + k) + 0.5 * GP(i) * (j * (M(i + j)
- M(i + 30)) + (R(i + j) - R(i + 30) - (30 - j) * M(i + 30)) + Int((1 + Sgn(30 - k)) * 0.5)
* 30 * D(i + 30)) - GP1(i) * ((N(i + j) - N(i + 30)) - Int(1 + Sgn(30 - k) * 0.5)
* 0.3 * (N(i + j) - N(i + 30)) + Int(1 + Sgn(20 - k) * 0.5) * 0.1 * (N(i + j) - N(i + 20))))
/D(i + k)) * (0.9 + 0.1 * WorksheetFunction. Min(k,20)/20)
    Next k
  Next i
  '输出 16 ~ 50 岁投保人各年度的现金价值
  For i = 16 To 50
    For k = 1 To 105 - i
    Sheets("CV"). Cells(k + 18, i + 3) = MCV(i,k)
    Next k
  Next i
  End Sub
```

程序定义了数组 GP1（105）以存储新利率下的毛保费。由于利率变化，换算函数都发生改变，所以在程序中用循环语句重新对这些数组赋值。逐一运行赋值过程 number（），定价过程 pricing（）和 Current _ value（）即可输出相应的结果（如表 12 - 9 所示）：

表 12 - 9　　最低现金价值

	投保年龄					
保单年度	16	17	25	26	27	28
1	657.5856	667.428	748.2908	758.6245	768.9853	779.2994
2	761.4058	774.3144	885.8191	900.8606	916.0966	931.44
3	870.3377	886.4724	1030.698	1050.674	1070.996	1091.544
4	984.6198	1004.247	1183.258	1208.382	1233.965	1259.901
28	6008.718	6187.42	7805.319	8035.13	8272.051	8516.123
29	6333.037	6521.723	8228.33	8470.858	8720.577	8977.35
30	2690.7	2792.5	3733.418	3868.362	4006.734	4147.996
31	2792.5	2897.617	3868.362	4006.734	4147.996	4291.598
32	2897.617	3006.057	4006.734	4147.996	4291.598	4437.111
33	3006.057	3117.891	4147.996	4291.598	4437.111	4584.272
34	3117.891	3233.245	4291.598	4437.111	4584.272	4732.979
35	3233.245	3352.311	4437.111	4584.272	4732.979	4883.243
36	3352.311	3475.285	4584.272	4732.979	4883.243	5035.08
37	3475.285	3602.319	4732.979	4883.243	5035.08	5188.453
38	3602.319	3733.418	4883.243	5035.08	5188.453	5343.211
39	3733.418	3868.362	5035.08	5188.453	5343.211	5499.082
40	3868.362	4006.734	5188.453	5343.211	5499.082	5655.725
41	4006.734	4147.996	5343.211	5499.082	5655.725	5812.764
42	4147.996	4291.598	5499.082	5655.725	5812.764	5969.846
43	4291.598	4437.111	5655.725	5812.764	5969.846	6126.634

实验十三

SHIYANSHISAN

典型寿险产品的费率测算

实验目的和要求：

选择保险市场上典型的寿险产品进行费率测算，并保证定价符合中国保险监督管理委员会相关规定。

实验内容：

（1）产品 A 终身保险的费率测算。

（2）产品 B 防癌保障计划的费率测算。

13.1

费率测算方法简介

在保险公司的实际运作中，费率测算往往按照下列的步骤进行如图 13－1 所示：

由图 13－1 可知，实际工作中费率测算的结果包括三个部分：费率表，即每千元保额（每份保单）所对应的毛保费；现金价值表，即每个保单年度末投保人退保所能获得的保单价值；准备金因子，即每个保单年度末的修正净保费责任准备金以及保费不足准备金。

下面，我们先分别简要介绍本章中费率表、现金价值表、准备金因子的计算方法，以及利润检验的方法①。

13.1.1　费率表

按照保监发〔1999〕90 号《关于下发有关精算规定的通知》之“人寿保险预定附加费用率规定”，人寿保险的毛保费由净保费和附加费用构成；同时，预计附加费用占毛保费的百分比，即预计费用率（个险）必须满足以下的限制：

① 可能与其他章节的计算方法不一致。

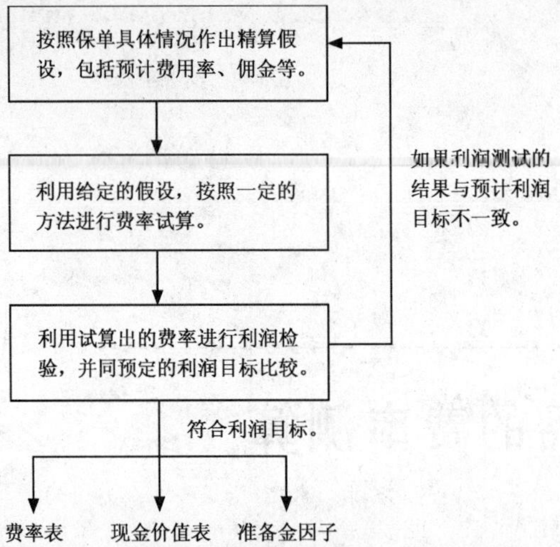

图 13－1　费率测算步骤

（1）按交费期限的不同，各保单年度的预定费用率必须符合表 13－1 规定的上限：

表 13－1　期交保费预定附加费用率上限

期交保费预定附加费用率上限						
保单年度	交费期限为 10 年以下		交费期限为 10 年至 19 年		交费期限为 20 年及以上	
	死亡险、健康险（%）	年金险、生死两全险（%）	死亡险、健康险（%）	年金险、生死两全险（%）	死亡险、健康险（%）	年金险、生死两全险（%）
第 1 年	60.00	35.00	70.00	45.00	75.00	50.00
第 2 年	35.00	20.00	40.00	25.00	45.00	25.00
第 3 年	35.00	20.00	40.00	25.00	45.00	25.00
以后各年	25.00	15.00	30.00	15.00	30.00	15.00

（2）平均附加费用率不得超过表 13－2 规定的上限：

表 13－2　平均附加费用率上限

平均附加费用率上限		
交费方式	两全保险、年金保险（%）	死亡保险、健康保险（%）
分　期	18.00	35.00
趸　交	10.00	20.00

用公式表示毛保费计算方法如下：

$$GP_x = \frac{\text{未来保险责任的现值}}{\sum_{t=0}[(1-L_t)\times D_{x+t}]}$$

其中 L_t 为第 $t+1$ 保单年度的预计费用率。

同时，按照中国保监会相关规定，在利用上述公式计算毛保费时，使用的年利率不超过

2.5%，在本章的计算中，一律使用2.5%的定价利率。

13.1.2　现金价值表

现金价值为被保险人在选择退保时所应得的保单价值。根据《人寿保险精算规定》，保单年度末最低现金价值的计算方法如下：

保单最低现金价值 = 保单价值准备金 × 系数 r

$$= \frac{\left[\text{未来保险责任的精算现值} - GP'_x \times \sum_{k=t}^{m-1}(1-L_k)\times D_{x+k}\right]}{D_{x+t}} \times \text{系数 } r$$

GP'_x：根据新的计算基础计算的毛保费；

m：交费期间。

对于上述公式，系数 r 的计算方法如下：

$$r = \begin{cases} k\% + t \times (100\% - k\%)/\min(20,n) & \text{当 } t < \min(20,n) \text{ 时} \\ 1 & \text{其他情况} \end{cases}$$

其中，n 为交费期间，t 为保单年度；

k 根据险种、交费期的不同而不同①。

计算保单价值准备金时，使用的费用率与死亡率和计算毛保费的时候一致，利息率为厘定保险费时使用的预定费用率加上2%；同时，使用在现金价值计算基础上重新厘定的毛保费来计算未来保费的现值。

13.1.3　准备金因子

准备金因子包括修正的净保费（α，β），保单年度末责任准备金、保费不足准备金，这一部分内容将在下面进行详细说明，故在此略过。

13.2
定价模型简介

在对具体产品进行定价之前，我们有必要对该定价模型进行一个简要的介绍。

本章所设计的模型是利用 Microsoft Excel 建立的。当我们在该模型的指定单元格中输入被保险人及保单的具体信息时，如被保险人年龄、保额、交费期限等，通过重新计算当前表格或者是运行自己编制的宏，软件可以自动的识别出被保险人的相关信息，如死亡概率等。并可以得到我们需要的费率、准备金因子、现金价值等。

在计算之前，为了便于公式的输入，我们可以对部分重要的单元格命名，方法如图13－2所示：

① 详见《人寿保险精算规定》。

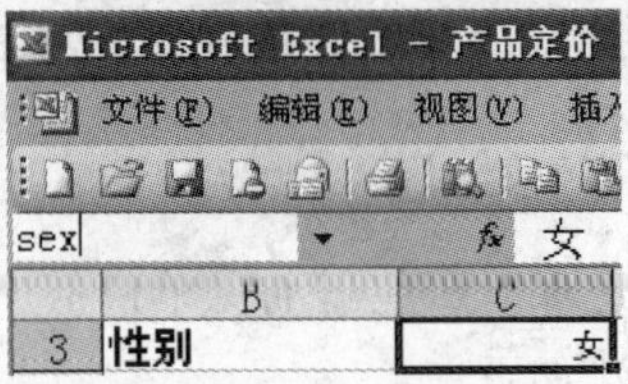

图 13－2　对单元格命名

其他重要单元格对应的内容如表 13－3 所示：

表 13－3　　重要单元格的命名

单元格	内　容	单元格	内　容
Prem _ term	交费期	val _ mort	准备金评估生命表
Pol _ term	105－交费期	val _ int	准备金评估利率
sa	保额	csv _ mort	现金价值计算生命表
mort	定价生命表	csv _ int	现金价值利率
mort _ st	定价死亡率/生命表百分比	k	按保监会规定，取值 80%
mort _ col	生命表名称（包括重疾发生率）	gp	毛保费
mort _ table	生命表（包括重疾发生率）	gp _ csv	现金价值毛保费
ci	重大疾病发生率	alpha	FPT 法修正首年净保费
int	定价利率	beta	FPT 法修正续年净保费
nlp	净均衡保费		

需要说明的是，mort _ col 是下列一组单元格（如图 13－3 所示）：

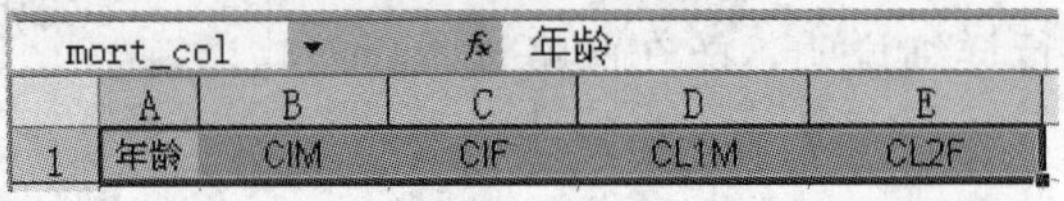

图 13－3　名称为 mort _ col 的单元格

CIM/CIF 分别是男性/女性的重大疾病发生率，需要说明的是，在本章的计算中，我们假设对于各个年龄段的男性或女性，发生重大疾病的发生率均为 0.9‰；CL1M/CL2F 为中国人寿保险业经验生命表（2000—2003）男性/女性非养老金生命表。而 mort _ table 为 mort _ col所对应的具体数值。

13.3

产品 A 的费率测算

13.3.1　险种分析

根据产品 A 的保险条款，我们可知对于每个保单年度该险种的保险责任如图 13－4 所示：

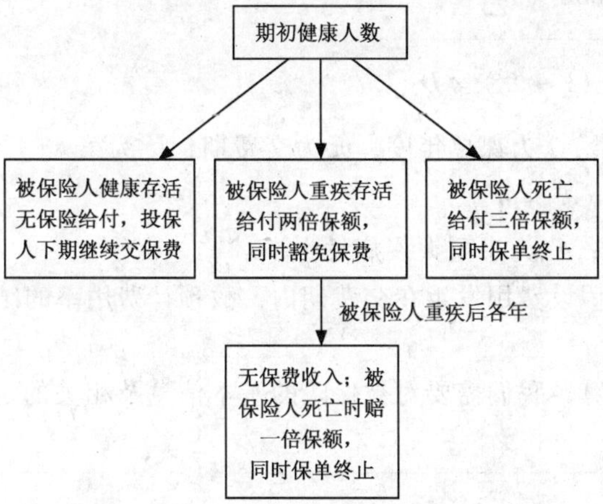

图 13－4　保险责任

如果我们按照保险的实际责任来定价，我们会碰到这样一个问题：我们必须对被保险人发生重疾后的生存函数重新假设，即需要利用选择生命表；而在保险经验明显不足的中国，要获得这样一张选择生命表基本上是不可能的事情。所以我们在定价过程中，必须依照审慎的原则，对该产品的责任进行简化。

由图 13－4 可知，当被保险人发生重疾后，保险公司先给付两倍保额，并且在之后的保险期间内没有任何的保费收入；然后再当该被保险人身故，赔付 1 倍保额。一般而言，被保险人在发生重疾后死亡率很高，所以 2 倍保额的重疾给付和 1 倍保额的死亡给付的时间间隔不长，所以不妨将上述情况简化为（图 13－5）：

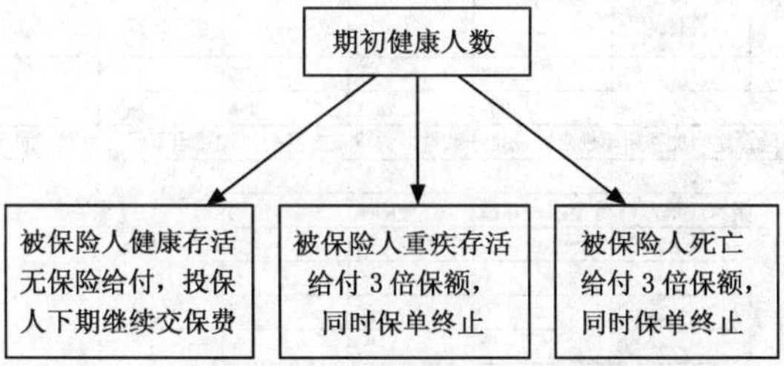

图 13－5　简化后的保险责任

这样处理实际上就是将发生重疾的被保险人剩下的 1 倍保额的死亡给付提前到重疾发生的时刻，并且保证较真实情况保守；同时，也考虑了豁免保费的情况。在这种情况下，不管被保险人发生重疾或死亡，保险合同均终止，所以我们有：

$$l_{x+1} = l_x \times (1 - d_x - d'_x)$$

其中，d_x 是当期死亡率，d'_x 是当期重疾（期末存活）发生率。

13.3.2　费率试算

根据上一节对市场上某保险产品（以下称为产品 A）的保险责任的简化，采取净保费法定价，对于每千元保额我们有：

$$毛保费\ GP_x = \frac{3000 \times \sum_{t=0}^{106-x} \overline{C}_{x+t}^{(\tau)}}{\sum_{t=0}^{m-1} [(1 - L_t) \times D_{x+t}]}$$

其中，x 为投保年龄，t 为保单年度，m 为交费期，L_t 为第 $t+1$ 保单年度附加费用率

$$\overline{C}_x^{(\tau)} = v^{x+0.5} \times l_x \times (d_x^d + d_x^i)$$

其中，d_x^d 为死亡率；d_x^i 为患重大疾病发生率。

由于上述计算方法假设费用发生在交费期内，故预计费用率的结构应该随着交费期长短的不同而不同。

为了进行费率的测算，我们需要对被保险的基本信息及相关的定价假设做出如图 13－6 所示的规定：

被保险人信息	年龄	60					
	性别	女					
	交费期	20					
	保障期	45					
	保额	1000					
定价假设	生命表	CL2F	注：保监发〔2005〕118号 《关于修订精算规定中生命表使用有关事项的通知》第一条				
	死亡率百分比	100%					
	重疾发生率	CIF					
	定价利率	2.50%	注：保监发〔1999〕93号 《关于调整寿险保单预定利率的紧急通知》第二条				
准备金计算假设	生命表	CL2F	注：保监发〔2005〕118号 《关于修订精算规定中生命表使用有关事项的通知》第一条				
	准备金利率	2.50%	注：保监发〔1999〕90号 《关于下发有关精算规定的通知》之“人寿保险精算规定”的第九条（一）				
现金价值计算假设	生命表	CL2F	注：保监发〔1999〕90号 《关于下发有关精算规定的通知》之“人寿保险精算规定”的第四条（一）				
	现价利率	4.50%	注：保监发〔1999〕90号 《关于下发有关精算规定的通知》之“人寿保险精算规定”的第四条（一）				
	现价百分比	80%	注：保监发〔1999〕90号 《关于下发有关精算规定的通知》之“人寿保险精算规定”的第五条				
附加费用率	应当符合保监发[1999]90号 《关于下发有关精算规定的通知》之“人寿保险预定附加费用率规定”的第七条						
	保单年度／交费期	1	2	3	4	5	6
	10	45%	25%	25%	15%	15%	15%
	20	70%	40%	40%	30%	30%	30%
	为了与《人寿保险预定附加费用率规定》保持一致性，假设该产品的附加费用率因交费期不同而不同						
	投保规则	最大投保年龄	最小投保年龄	交费期限	性别		
	4	60	0	10	男		
	输出	60	0	10	女		
		60	0	20	男		
		60	0	20	女		

图 13－6　定价假设

图 13－6 中的投保规则是指选择不同交费期的被保险人的年龄限制。

（1）利用 Excel 公式直接计算

根据上述方法，我们可以在 Excel 的单元格中输入相应的函数或者公式，从而计算出该保险毛保费。

首先对该模型的费率厘定部分作一个简要的介绍，界面如图 13－7 所示：

可以看到，这个模型分为如下四个部分内容：

时间：包括保单年度和被保险人年龄。

人数：包括每个保单年度的期初人数、死亡人数、重疾人数与期末人数。

责任：包括死亡保额、重疾保额。

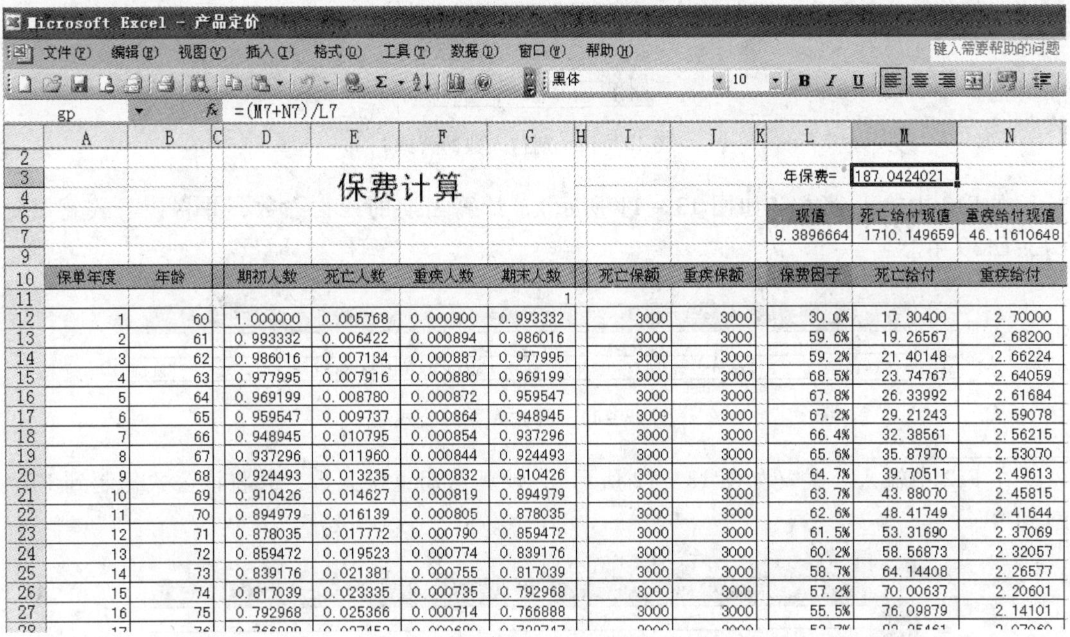

现值	死亡给付现值	重疾给付现值
9.3896664	1710.149659	46.11610648

保单年度	年龄	期初人数	死亡人数	重疾人数	期末人数	死亡保额	重疾保额	保费因子	死亡给付	重疾给付
					1					
1	60	1.000000	0.005768	0.000900	0.993332	3000	3000	30.0%	17.30400	2.70000
2	61	0.993332	0.006422	0.000894	0.986016	3000	3000	59.6%	19.26567	2.68200
3	62	0.986016	0.007134	0.000887	0.977995	3000	3000	59.2%	21.40148	2.66224
4	63	0.977995	0.007916	0.000880	0.969199	3000	3000	68.5%	23.74767	2.64059
5	64	0.969199	0.008780	0.000872	0.959547	3000	3000	67.8%	26.33992	2.61684
6	65	0.959547	0.009737	0.000864	0.948945	3000	3000	67.2%	29.21243	2.59078
7	66	0.948945	0.010795	0.000854	0.937296	3000	3000	66.4%	32.38561	2.56215
8	67	0.937296	0.011960	0.000844	0.924493	3000	3000	65.6%	35.87970	2.53070
9	68	0.924493	0.013235	0.000832	0.910426	3000	3000	64.7%	39.70511	2.49613
10	69	0.910426	0.014627	0.000819	0.894979	3000	3000	63.7%	43.88070	2.45815
11	70	0.894979	0.016139	0.000805	0.878035	3000	3000	62.6%	48.41749	2.41644
12	71	0.878035	0.017772	0.000790	0.859472	3000	3000	61.5%	53.31690	2.37069
13	72	0.859472	0.019523	0.000774	0.839176	3000	3000	60.2%	58.56873	2.32057
14	73	0.839176	0.021381	0.000755	0.817039	3000	3000	58.7%	64.14408	2.26577
15	74	0.817039	0.023335	0.000735	0.792968	3000	3000	57.2%	70.00637	2.20601
16	75	0.792968	0.025366	0.000714	0.766888	3000	3000	55.5%	76.09879	2.14101

图 13-7 模型界面

现金流：包括保费因子、死亡给付、重疾给付。

此外，该模型在上述信息的基础上计算出保费因子现值、死亡给付现值、重疾给付现值，并最终计算出毛保费。

下面，我们将详细地介绍 A 产品的费率厘定过程。

①首先，让 Excel 识别出该保单的保险期间，在 A12 单元格中输入公式（如图 13-8 所示），并将该公式复制到 A13:A130 中。

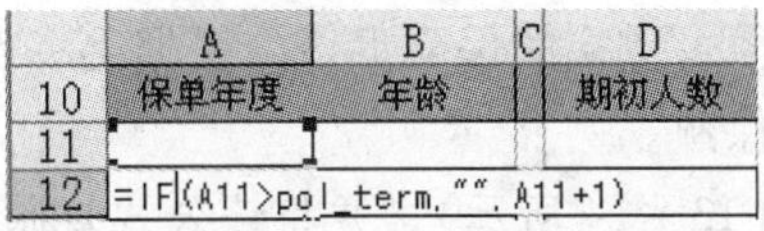

图 13-8 识别保险期间的公式

在 B12 中输入公式（如图 13-9 所示），使 Excel 找到被保险人的最高年龄，并将该公式复制到 B13:B130 中。

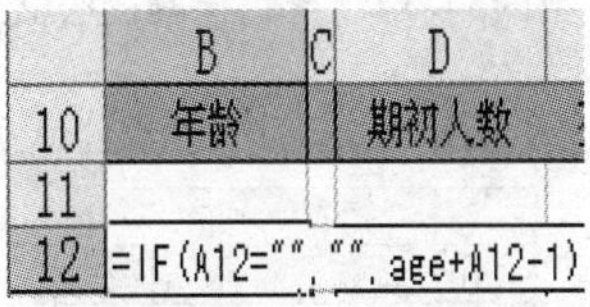

图 13-9 找到被保险人的最高年龄的公式

②其次，我们需要计算各个保单年度的期初人数、死亡人数、重疾人数和期末死亡人数。

在 D12 中输入公式（如图 13-10 所示），并将该公式复制到 D13:D130 中。

	D	E
10	期初人数	死亡人数
11		
12	=IF(A12="","",G11)	

图 13 - 10　期初人数的公式

在 E12 中输入公式（如图 13 - 11 所示），计算当期的死亡人数，并将该公式复制到 E13:E130 中。

	E	F	G	H	I	J	K	L	M	
10	死亡人数	重疾人数	期末人数		死亡保额	重疾保额		保费因子	死亡给付	重
11			1							
12	=IF(A12="","",D12*mort_st*VLOOKUP(B12,mort_table,MATCH(mort,mort_col,FALSE),FALSE))									

图 13 - 11　死亡人数的公式

在 F12 中输入公式（如图 13 - 12 所示），计算当期重疾人数，并将该公式复制到 F13:F130 中。

	F	G	H	I	J	K	L	M	
10	重疾人数	期末人数		死亡保额	重疾保额		保费因子	死亡给付	重疾
11		1							
12	=IF(A12="","",D12*VLOOKUP(B12,mort_table,MATCH(ci,mort_col,FALSE),FALSE))								

图 13 - 12　重疾人数的公式

在 G12 中输入公式（如图 13 - 13 所示），并将该公式复制到 G13:G130 中。

	G	H	I	J
10	期末人数		死亡保额	重疾保额
11	1			
12	=IF(A12="","",MAX(0,D12-E12-F12))			

图 13 - 13　期末人数的公式

③然后，我们需要计算死亡/重疾的保险责任，根据上一节内容可知，我们将产品 A 的死亡/重疾给付都简化为 3 倍保额。

在 I12 中输入公式（如图 13 - 14 所示），并将该公式复制到 I13:I130 中。

	I	J
10	死亡保额	重疾保额
11		
12	=IF(A12="","",sa*3)	

图 13 - 14　死亡保额的公式

在 J12 中输入公式（如图 13 - 15 所示），并将该公式复制到 J13:J130 中。

	J	K	L
10	重疾保额		保费因子
11			
12	=IF(A12="","",sa*3)		

图 13 - 15　重疾保额的公式

④接下来，我们计算上一节中的毛保费计算公式的分母部分：

$$\sum_{t=0}^{m-1}\left[\left(1-L_t\right)\times D_{x+t}\right]$$

由于 $(1-L_t)\times D_{x+t}=(1-L_t)\times {}_tP_x\times v^t$，我们先可以计算保费因子。在 L12 中输入公式（如图 13－16）所示，并将该公式复制到 L13:L130 中。

	L	M	N	O	P	Q	R
10	保费因子	死亡给付	重疾给付				
11							
12	=IF(A12>prem_term,"",D12*(1-VLOOKUP(prem_term,输入项!$B$23:$H$24,MIN(6,A12)+1)))						

图 13－16　保费因子的公式

然后，用 Excel 自带的 npv 函数在单元格 L7 中计算所有保费因子的现值（如图13－17）所示。

	L	M
6	现值	死亡给付现值　重
7	=NPV(int,L12:L130)*(1+int)	

图 13－17　保费因子现值的公式

⑤接下来，我们计算上一节中的毛保费计算公式的分子部分：

$$3000\times\sum_{t=0}^{106-x}\overline{C}_{x+t}^{(\tau)}\text{，即 }3000\times\sum_{t=0}^{106-x}v^{x+0.5}\times l_x\times\left(d_x^d+d_x^i\right)$$

计算各个保单年度的期望死亡给付，在 M12 中输入公式（如图 13－18）所示，并将该公式复制到 M13:M130 中。

	M	N
10	死亡给付	重疾给付
11		
12	=IF(A12>pol_term+1,"",E12*I12)	

图 13－18　死亡给付的公式

计算各个保单年度的期望重疾给付，在 N12 中输入公式（如图 13－19）所示，并将该公式复制到 N13:N130 中。

	N	O	P
10	重疾给付		
11			
12	=IF(A12>pol_term+1,"",F12*J12)		

图 13－19　重疾给付的公式

同样，利用 npv 函数计算出所有保单年度的期望死亡给付的现值和期望重疾给付的现值（如图 13－20 和图 13－21 所示）。

	M	N
6	死亡给付现值	重疾给付现值
7	=NPV(int,M12:M130)*(1+int)^0.5	

图 13－20　死亡给付现值的公式

	N	O	P
6	重疾给付现值		
7	=NPV(int,N12:N130)*(1+int)^0.5		

图 13－21　重疾给付现值的公式

⑥利用毛保费 =（死亡给付现值 + 重疾给付现值）/保费因子现值，在单元格 M3 中计算出费率（如图 13－22 所示）。

	L	M	N
3	年保费=	=(M7+N7)/L7	
4			
6	现值	死亡给付现值	重疾给付现值
7	9.3896664	1710.149659	46.11610648

图 13－22　毛保费的公式

（2）利用 Excel VBA 计算

根据上一部分的内容，了解到直接利用公式计算毛保费过程比较繁杂；且当数据量很大时，Excel 运行速度慢，同时文件庞大。我们可以利用 Excel VBA 来计算费率，从而解决这些问题。

我们可以直接运行下面的宏来替代上一部分介绍的所有公式输入步骤。

```
Sub prem()
Range("pol_term") = 105 - Range("age")
Sheets("保费计算").Select
Cells(11,7) = 1
If Range("sex") = "男"Then
   mort = 4
   ci = 2
Else
   mort = 5
   ci = 3
End If

For i = 1 To Range("pol_term") + 1
Cells(11 + i,1) = i
Cells(11 + i,2) = Range("age") + i - 1
'下面计算各个保单年度的期初人数、死亡人数、重疾人数和期末死亡人数
Cells(11 + i,4) = Cells(11 + i - 1,7)
Cells(11 + i,5) = Cells(11 + i,4) * Range("mort_St")
                    * Sheets("死亡率").Cells(2 + Range("age") + i - 1,mort)
Cells(11 + i,6) = Cells(11 + i,4) * Sheets("死亡率").Cells(2 + Range("age") + i - 1,ci)
Cells(11 + i,7) = Cells(11 + i,4) - Cells(11 + i,5) - Cells(11 + i,6)
```

```
'下面计算死亡/重疾的保险责任
Cells(11 + i,9) = Range("sa") * 3
Cells(11 + i,10) = Range("sa") * 3
'下面计算保费因子
If i > Range("prem _ term") Then
  Cells(11 + i,12) = ""
Else If i > 6 Then
  Cells(11 + i,12) = Cells(11 + i,4)
                    * (1 - Sheets("输入项"). Cells(22 + Range("premv _ term")/10,2
                    +6))
Else
  Cells(11 + i,12) = Cells(11 + i,4)
                    * (1 - Sheets("输入项"). Cells(22 + Range("prem _ term")/10,2 + i))
End If
Cells(11 + i,13) = Cells(11 + i,5) * Cells(11 + i,9)
Cells(11 + i,14) = Cells(11 + i,6) * Cells(11 + i,10)
Next i
'下面计算保费因子现值、死亡给付现值、重疾给付现值
For i = 1 To Range("pol _ term") + 1
premium = Cells(13 + Range("pol _ Term") - i,12) + premium/(1 + Range("int"))
mort _ ben = Cells(13 + Range("pol _ Term") - i,13)/(1 + Range("int"))^0. 5
            + mort _ ben/(1 + Range("int"))
ci _ ben = Cells(13 + Range("pol _ Term") - i,14)/(1 + Range("int"))^0. 5
          + ci _ ben/(1 + Range("int"))
Next i
Cells(7,12) = premium
Cells(7,13) = mort _ ben
Cells(7,14) = ci _ ben
'下面计算毛保费
Range("gp") = (mort _ ben + ci _ ben)/premium
End Sub
```

通过运行上述语言，可以得到和本节上一部分一样的结果。比如对于60岁的女性，若选择交费20年，则每千元保额的年交保费为187.04元（如图13-23）所示。

13.3.3 现金价值试算

对于产品A，每个保单年度末的现金价值计算公式为：

Microsoft Excel - 产品定价 vba

	A	B	D	E	F	G	I	J	L	M	N
1											
3			保费计算						年保费=	187.0424021	
4											
6									现值	死亡给付现值	重疾给付现值
7									9.3896664	1710.149659	46.11610648
9											
10	保单年度	年龄	期初人数	死亡人数	重疾人数	期末人数	死亡保额	重疾保额	保费因子	死亡给付	重疾给付
11						1					
12	1	60	1.000000	0.005768	0.000900	0.993332	3000	3000	30.0%	17.30400	2.70000
13	2	61	0.993332	0.006422	0.000894	0.986016	3000	3000	59.6%	19.26567	2.68200
14	3	62	0.986016	0.007134	0.000887	0.977995	3000	3000	59.2%	21.40148	2.66224
15	4	63	0.977995	0.007916	0.000880	0.969199	3000	3000	68.5%	23.74767	2.64059
16	5	64	0.969199	0.008780	0.000872	0.959547	3000	3000	67.8%	26.33992	2.61684
17	6	65	0.959547	0.009737	0.000864	0.948945	3000	3000	67.2%	29.21243	2.59078
18	7	66	0.948945	0.010795	0.000854	0.937296	3000	3000	66.4%	32.38561	2.56215
19	8	67	0.937296	0.011960	0.000844	0.924493	3000	3000	65.6%	35.87970	2.53070
20	9	68	0.924493	0.013235	0.000832	0.910426	3000	3000	64.7%	39.70511	2.49613
21	10	69	0.910426	0.014627	0.000819	0.894979	3000	3000	63.7%	43.88070	2.45815
22	11	70	0.894979	0.016139	0.000805	0.878035	3000	3000	62.6%	48.41749	2.41644
23	12	71	0.878035	0.017772	0.000790	0.859472	3000	3000	61.5%	53.31690	2.37069
24	13	72	0.859472	0.019523	0.000774	0.839176	3000	3000	60.2%	58.56873	2.32057
25	14	73	0.839176	0.021381	0.000755	0.817039	3000	3000	58.7%	64.14408	2.26577
26	15	74	0.817039	0.023335	0.000735	0.792968	3000	3000	57.2%	70.00637	2.20601
27	16	75	0.792968	0.025366	0.000714	0.766888	3000	3000	55.5%	76.09879	2.14101

图 13－23　部分费率结果

$$ {}_tCV_x = \left[80\% + 20\% \times \frac{t}{\min(20, m)}\right] \times \max\left(\left[\frac{3000 \times \sum_{k=t}^{106-x} \overline{C}_{x+k}^{(\tau)} - GP'_x \times \sum_{k=t}^{m-1} D_{x+k} \times (1 - L_k)}{D_{x+t}}\right], 0\right) $$

其中，计算 D_x 的利率为定价利率加上 2%，即 4.5%

GP'_x 为现金价值基础上重新计算出来的毛保费，即：

$$ GP'_x = \frac{3000 \times \sum_{t=0}^{106-x} \overline{C}_{x+t}^{(\tau)}}{\sum_{t=0}^{m-1} [(1 - L_t) \times D_{x+t}]} $$，其中计算 D_x 利率为 4.5%

（1）利用 Excel 公式直接计算

在这里，先对该模型的现金价值计算部分作一个简要的介绍。与费率厘定部分相比，除了假设的不同外，我们还需要计算现金价值计算基础上的毛保费以及增加现金价值计算部分（如图 13－24 所示）。

我们可以看到现金价值计算部分包括了未来给付现值、未来保费现值、保单价值准备金、r 值以及每个保单年度末的现金价值。

下面，我将详细介绍如何利用 Excel 公式计算保单的现金价值。

①由于计算现金价值的死亡率/重疾发生率与费率厘定时一致，且利率较定价利率提高 2%，故计算保单年度（A 列）、年龄（B 列）、期初人数（D 列）、死亡人数（E 列）、重疾人数（F 列）、期末人数（G 列）、死亡保额（I 列）、重疾保额（J 列）、保费因子（L 列）、死亡给付（N 列）、重疾给付（O 列）以及死亡给付现值（单元格 N7）、重疾给付现值（单

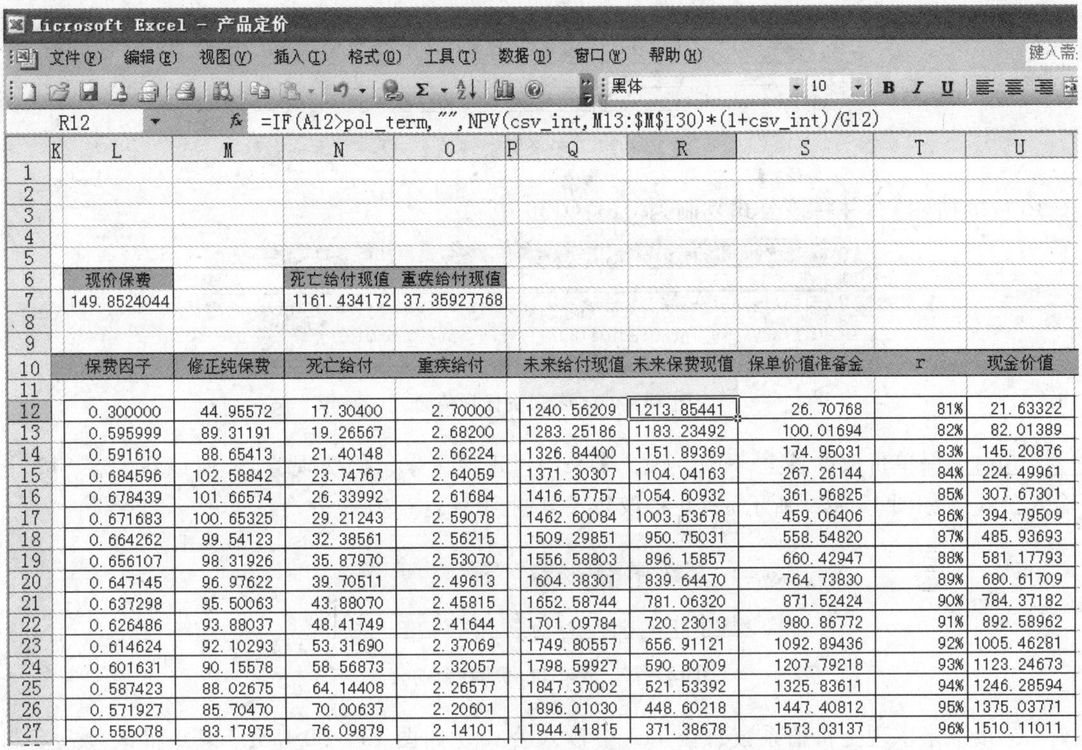

Microsoft Excel - 产品定价

文件(F) 编辑(E) 视图(V) 插入(I) 格式(O) 工具(T) 数据(D) 窗口(W) 帮助(H)

R12　=IF(A12>pol_term,"",NPV(csv_int,M13:$M$130)*(1+csv_int)/G12)

	L	M	N	O	Q	R	S	T	U
1									
2									
3									
4									
5									
6	现价保费		死亡给付现值	重疾给付现值					
7	149.8524044		1161.434172	37.35927768					
8									
9									
10	保费因子	修正纯保费	死亡给付	重疾给付	未来给付现值	未来保费现值	保单价值准备金	r	现金价值
11									
12	0.300000	44.95572	17.30400	2.70000	1240.56209	1213.85441	26.70768	81%	21.63322
13	0.595999	89.31191	19.26567	2.68200	1283.25186	1183.23492	100.01694	82%	82.01389
14	0.591610	88.65413	21.40148	2.66224	1326.84400	1151.89369	174.95031	83%	145.20876
15	0.684596	102.58842	23.74767	2.64059	1371.30307	1104.04163	267.26144	84%	224.49961
16	0.678439	101.66574	26.33992	2.61684	1416.57757	1054.60932	361.96825	85%	307.67301
17	0.671683	100.65325	29.21243	2.59078	1462.60084	1003.53678	459.06406	86%	394.79509
18	0.664262	99.54123	32.38561	2.56215	1509.29851	950.75031	558.54820	87%	485.93693
19	0.656107	98.31926	35.87970	2.53070	1556.58803	896.15857	660.42947	88%	581.17793
20	0.647145	96.97622	39.70511	2.49613	1604.38301	839.64470	764.73830	89%	680.61709
21	0.637298	95.50063	43.88070	2.45815	1652.58744	781.06320	871.52424	90%	784.37182
22	0.626486	93.88037	48.41749	2.41644	1701.09784	720.23013	980.86772	91%	892.58962
23	0.614624	92.10293	53.31690	2.37069	1749.80557	656.91121	1092.89436	92%	1005.46281
24	0.601631	90.15578	58.56873	2.32057	1798.59927	590.80709	1207.79218	93%	1123.24673
25	0.587423	88.02675	64.14408	2.26577	1847.37002	521.53392	1325.83611	94%	1246.28594
26	0.571927	85.70470	70.00637	2.20601	1896.01030	448.60218	1447.40812	95%	1375.03771
27	0.555078	83.17975	76.09879	2.14101	1944.41815	371.38678	1573.03137	96%	1510.11011

图 13－24　现金价值模型界面

元格 O7）的计算方法与费率厘定部分介绍的方法一样，这里就不再赘述。

②在计算出上面的数值后，首先需要计算 GP'_x。可以在单元格 L7 中输入公式得到（如图 13－25 所示）。

	L	M	N	O
6	现价保费		死亡给付现值	重疾给付
7	=(N7+O7)/(NPV(csv_int,L12:L130)*(1+csv_int))			

图 13－25　保费公式

③在得到 GP'_x 后，可以计算出每年的实收净保费，即 $GP'_x \times (1-L_k)$。在 M12 中输入公式（如图 13－26 所示），并将该公式复制到 M13:M130 中。

	M	N
10	修正纯保费	死亡给付
11		
12	=IF(L12="","",gp_csv*L12)	

图 13－26　修正纯保费公式

④这样，就可以计算出每个保单年度末的未来实收净保费的现值，即：

$$GP'_x \times \sum_{k=t}^{m-1} D_{x+k} \times (1-L_k)$$

在 R12 中输入公式（如图 13－27 所示），并将该公式复制到 R13:R130 中。

⑤同样，我们可以计算出每个保单年度末的未来责任现值，即在 Q12 中输入公式（如

	R	S	T	U	V
10	未来保费现值	保单价值准备金	r	现金价值	
11					
12	=IF(A12>pol_term,"",NPV(csv_int,M13:$M$130)*(1+csv_int)/G12)				

图 13－27　未来保费现值公式

图 13－28 所示），并将该公式复制到 Q13:Q130 中。

10	未来给付现值	未来保费现值	保单价值准备金	r	现金价值
11					
12	=IF(A12>pol_term,"",NPV(csv_int,N13:$N$130)*(1+csv_int)^0.5/				
13	G12+NPV(csv_int,O13:$O$130)*(1+csv_int)^0.5/G12)				
14					

图 13－28　未来责任现值公式

⑥由于保单价值准备金 = max（0，未来给付现值 - 未来保费现值），所以我们在 S12 中输入公式（如图 13－29 所示），并将该公式复制到 S13:S130 中。

	S	T	U
10	保单价值准备金	r	现金价值
11			
12	=IF(A12>pol_term,"",MAX(0,Q12-R12))		

图 13－29　保单价值准备金的公式

⑦接下来求现金价值系数，在 T12 中输入公式（如图 13－30 所示），并将该公式复制到 T13:T130 中。

	T	U	V	W	X	Y
10	r	现金价值				
11						
12	=IF(A12>pol_term,"",MIN(1,k+(1-k)*A12/MIN(20,prem_term)))					

图 13－30　现金价值系数的公式

⑧这样，就可以求每个保单年度末的现金价值了。在 U12 中输入公式（如图 13－31 所示），并将该公式复制到 U13:U130 中。

	U	V	W
10	现金价值		
11			
12	=IF(A12>pol_term,"",T12*S12)		

图 13－31　现金价值的公式

（2）利用 Excel VBA 计算

同样，我们可以直接运行下面的宏来替代上一部分介绍的所有公式输入步骤。

```
Sub csv()
Range("pol_term") = 105 - Range("age")
Sheets("现金价值计算").Select
Cells(11,7) = 1
If Range("sex") = "男"Then
    mort = 4
```

```
    ci = 2
  Else
    mort = 5
    ci = 3
  End If
  For i = 1 To Range("pol _ term") + 1
  Cells(11 + i,1) = i
  Cells(11 + i,2) = Range("age") + i - 1
  '下面计算各个保单年度的期初人数、死亡人数、重疾人数和期末死亡人数
  Cells(11 + i,4) = Cells(11 + i - 1,7)
  Cells(11 + i,5) = Cells(11 + i,4) * Sheets("死亡率"). Cells(2 + Range("age")
+ i - 1,mort)
  Cells(11 + i,6) = Cells(11 + i,4) * Sheets("死亡率"). Cells(2 + Range("age")
+ i - 1,ci)
  Cells(11 + i,7) = Cells(11 + i,4) - Cells(11 + i,5) - Cells(11 + i,6)
  '下面计算死亡/重疾的保险责任
  Cells(11 + i,9) = Range("sa") * 3
  Cells(11 + i,10) = Range("sa") * 3
  '下面计算保费因子
  If i > Range("prem _ term") Then
    Cells(11 + i,12) = ""
  ElseIf i > 6 Then
    Cells(11 + i,12) = Cells(11 + i,4)
                * (1 - Sheets("输入项"). Cells(22 + Range("prem _ term")/10,2 + 6))
  Else
    Cells(11 + i,12) = Cells(11 + i,4)
                * (1 - Sheets("输入项"). Cells(22 + Range("prem _ term")/10,2 + i))
  End If
  Cells(11 + i,14) = Cells(11 + i,5) * Cells(11 + i,9)
  Cells(11 + i,15) = Cells(11 + i,6) * Cells(11 + i,10)
  Next i
  '下面计算保费因子现值、死亡给付现值、重疾给付现值
  For i = 1 To Range("pol _ term") + 1
  premium = Cells(13 + Range("pol _ Term") - i,12) + premium/(1 + Range("csv _ int"))
  mort _ ben = Cells(13 + Range("pol _ Term") - i,14)/(1 + Range("csv _ int"))^0. 5
          + mort _ ben/(1 + Range("csv _ int"))
  ci _ ben = Cells(13 + Range("pol _ Term") - i,15)/(1 + Range("csv _ int"))^0. 5
          + ci _ ben/(1 + Range("csv _ int"))
```

```
Cells(12 + Range("pol_term") - i,17) = (mort_ben + ci_ben)/Cells(12
                                        + Range("pol_term") - i,7)
Next i
Cells(7,14) = mort_ben
Cells(7,15) = ci_ben
Range("gp_csv") = (mort_ben + ci_ben)/premium
'下面计算现金价值
premium = 0
For i = 1 To Range("pol_term") + 1
Cells(13 + Range("pol_term") - i,13) = Cells(13 + Range("pol_term") - i,12)
                                        * Range("gp_csv")
premium = Cells(13 + Range("pol_Term") - i,13) + premium/(1 + Range("cs_int"))
Cells(12 + Range("pol_term") - i,18) = premium/Cells(12 + Range("pol_term") - i,7)
If Cells(12 + Range("pol_term") - i,17) - Cells(12 + Range("pol_term") - i,18) > 0 Then
Cells(12 + Range("pol_term") - i,19) = Cells(12 + Range("pol_term") - i,17) - Cells(12
+ Range("pol_term") - i,18)
Else
Cells(12 + Range("pol_term") - i,19) = 0
End If
pol = Range("prem_term")
If pol > 20 Then
pol = 20
End If
Cells(12 + Range("pol_term") - i,20) = Range("k") + (1 - Range("k"))
                                        * Cells(12 + Range("pol_term") - i,1)/pol
If Cells(12 + Range("pol_term") - i,20) > 1 Then Cells(12 + Range("pol_term") - i,20) = 1
Cells(12 + Range("pol_term") - i,21) = Cells(12 + Range("pol_term") - i,20)
                                        * Cells(12 + Range("pol_term") - i,19)
Next i
End Sub
```

通过运行上述语言，可以得到和本节上一部分一样的结果。比如对于 60 岁的女性，若选择交费 20 年，则每千元保额所对应的各个保单年度末现金价值如图 13 - 32 所示。

13.3.4 准备金因子试算

准备金因子包括 alpha、beta、责任准备金、保费不足准备金。根据相关规定，产品 A 的准备金计算使用 FPT 方法，其公式如下：

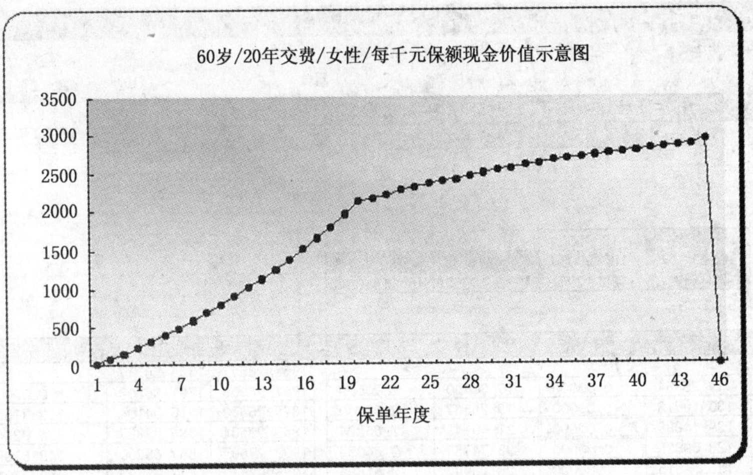

图 13－32　现金价值折线图

$$\alpha = 3000 \times \frac{\overline{C}_x^{(\tau)}}{D_x}$$

$$\beta = \frac{NP_x \times \dfrac{N_x - N_{x+m}}{D_x} - \alpha}{\dfrac{N_{x+1} - N_{x+m}}{D_x}}$$

$${}_tV_x = \max\left(\left[\frac{3000 \times \sum_{k=t}^{106-x} \overline{C}_{x+k}^{(\tau)} - \beta \times \sum_{k=t}^{m-1} D_{x+k}}{D_{x+t}}\right], {}_tCV_x\right)$$

$$保费不足准备金 = \max(\beta - GP, 0) \times \sum_{k=t}^{m-1} D_{x+k}$$

（1）利用 Excel 公式直接计算

同样，我先对该模型的准备金因子计算部分做一个简要的介绍。除了假设不一致外，准备金的计算与现金价值准备金的方法一致；此外，这里计算未来保费现值时，不再用：

$$GP'_x \times \sum_{k=t}^{m-1} D_{x+k} \times (1 - L_k)$$

而直接使用：

$$\beta \times \sum_{k=t}^{m-1} D_{x+k}$$

保单准备金部分计算的模型如图 13－33 所示：

由于责任准备金的计算与之前现金价值准备金的计算方法一致，故这里略过此部分，单独介绍保费不足准备金的计算。

①首先需要计算 alpha，beta。由于 alpha 为第一年死亡/重疾的赔付成本，故在 N5 单元格中输入公式（如图 13－34 所示）。

在 N6 单元格输入公式所示（如图 13－35）。

②计算从第二年开始每年 max（修正净保费－毛保费，0），在 N12 中输入公式（如图

Microsoft Excel - 产品定价

文件(F) 编辑(E) 视图(V) 插入(I) 格式(O) 工具(T) 数据(D) 窗口(W) 帮助(H)

N14 =IF(L14="","",L14*IF(A14=1,0,MAX(0,beta-gp)))

	L	M	N	O	P	R	S	T	U
5		Alpha	19.75854						
6		Beta	130.98050	死亡给付现值	重疾给付现值				
7		均衡存保费	123.17970	1710.149659	46.11610648				
10	保费因子	修正存保费	保费不足	死亡给付	重疾给付	未来给付现值	未来保费现值	未到期责任准备金	保费不足准备金
11						1756.26577	1756.26577		
12	1.000000	19.75854	0.00000	17.30400	2.70000	1791.86808	1791.86808	0.00000	0.00000
13	0.993332	130.10713	0.00000	19.26567	2.68200	1827.75673	1715.04104	112.71569	0.00000
14	0.986016	129.14889	0.00000	21.40148	2.66224	1863.90534	1636.97887	226.92646	0.00000
15	0.977995	128.09826	0.00000	23.74767	2.64059	1900.27687	1557.65790	342.61896	0.00000
16	0.969199	126.94615	0.00000	26.33992	2.61684	1936.82447	1477.05432	459.77015	0.00000
17	0.959547	125.68189	0.00000	29.21243	2.59078	1973.49248	1395.13915	578.35333	0.00000
18	0.948945	124.29336	0.00000	32.38561	2.56215	2010.22177	1311.86710	698.35467	0.00000
19	0.937296	122.76753	0.00000	35.87970	2.53070	2046.94955	1227.17192	819.77763	0.00000
20	0.924493	121.09053	0.00000	39.70511	2.49613	2083.61246	1140.95701	942.65546	0.00000
21	0.910426	119.24801	0.00000	43.88070	2.45815	2120.14282	1053.09268	1067.05014	0.00000
22	0.894979	117.22485	0.00000	48.41749	2.41644	2156.47024	963.40513	1193.06510	0.00000
23	0.878035	115.00543	0.00000	53.31690	2.37069	2192.52323	871.66307	1320.86016	0.00000
24	0.859472	112.57410	0.00000	58.56873	2.32057	2228.23089	777.56175	1450.66914	0.00000
25	0.839176	109.91567	0.00000	64.14408	2.26577	2263.52611	680.70202	1582.82409	0.00000
26	0.817039	107.01620	0.00000	70.00637	2.20601	2298.34483	580.56868	1717.77615	0.00000
27	0.792968	103.86340	0.00000	76.09879	2.14101	2332.62855	476.49947	1856.12908	0.00000

图 13－33　准备金模型界面

alpha =(O12+P12)*(1+val_int)^(-0.5)

	M	N	O	P	R
5	Alpha	19.75854			
6	Beta	130.98050	死亡给付现值	重疾给付现值	
7	均衡存保费	123.17970	1710.149659	46.11610648	

图 13－34　alpha 公式

beta =R12/(NPV(val_int,L13:L130)*(1+val_int)/G12)

	M	N	O	P	R	S
6	Beta	130.98050	死亡给付现值	重疾给付现值		

图 13－35　beta 公式

13－36 所示)，并将该公式复制到 N13:N130 中。

	N	O	P	R
10	保费不足	死亡给付	重疾给付	未来给
11				
12	=IF(L12="","",L12*IF(A12=1,0,MAX(0,beta-gp)))			

图 13－36　保费不足的公式

③根据前面所述的公式计算每个保单年度末的保费不足准备金。在 U12 中输入公式(如图 13－37 所示)，并将该公式复制到 U13:U130 中。

经计算，所有保单年度末的保费不足准备金均为零。

	U	V	W	X	Y	
10	保费不足准备金					
11						
12	=IF(A12>pol_term,"",NPV(val_int,N13:$N$130)*(1+val_int)/G12)					

图 13－37　保费不足准备金的公式

（2）利用 Excel VBA 计算

同样，我们可以利用宏来完成所有的计算过程。（下面语句包括责任准备金和保费不足准备金的计算）

```
Sub res()
Range("pol_term") = 105 - Range("age")
Sheets("准备金计算").Select
Cells(11,7) = 1
If Range("sex") = "男" Then
   mort = 4
   ci = 2
Else
   mort = 5
   ci = 3
End If
For i = 1 To Range("pol_term") + 1
Cells(11 + i,1) = i
Cells(11 + i,2) = Range("age") + i - 1
Cells(11 + i,4) = Cells(11 + i - 1,7)
Cells(11 + i,5) = Cells(11 + i,4) * Sheets("死亡率").Cells(2 + Range("age")
            + i - 1,mort)
Cells(11 + i,6) = Cells(11 + i,4) * Sheets("死亡率").Cells(2 + Range("age")
            + i - 1,ci)
Cells(11 + i,7) = Cells(11 + i,4) - Cells(11 + i,5) - Cells(11 + i,6)
Cells(11 + i,9) = Range("sa") * 3
Cells(11 + i,10) = Range("sa") * 3
If i > Range("prem_term") Then
   Cells(11 + i,12) = ""
Else
   Cells(11 + i,12) = Cells(11 + i,4)
End If
Cells(11 + i,15) = Cells(11 + i,5) * Cells(11 + i,9)
Cells(11 + i,16) = Cells(11 + i,6) * Cells(11 + i,10)
Next i
```

```
For i = 1 To Range("pol_term") + 1
premium = Cells(13 + Range("pol_Term") - i,12)
        + premium/(1 + Range("val_int"))
mort_ben = Cells(13 + Range("pol_Term") - i,15)/(1 + Range("val_int"))^0.5
        + mort_ben/(1 + Range("val_int"))
ci_ben = Cells(13 + Range("pol_Term") - i,16)/(1 + Range("val_int"))^0.5
        + ci_ben/(1 + Range("val_int"))
Cells(12 + Range("pol_term") - i,18) = (mort_ben + ci_ben)
                    /Cells(12 + Range("pol_term") - i,7)
If i = Range("pol_term") Then Range("beta") = (mort_ben + ci_ben)/premium
Next i
Cells(7,15) = mort_ben
Cells(7,16) = ci_ben
Range("nlp") = (mort_ben + ci_ben)/premium
Range("alpha") = (Cells(12,15) + Cells(12,16))/(1 + Range("val_int"))^0.5
premium = 0
For i = 1 To Range("pol_term") + 1
Cells(13 + Range("pol_term") - i,13) = Cells(13 + Range("pol_term") - i,12)
                    * Range("beta")
If i = Range("pol_term") + 1 Then
Cells(13 + Range("pol_term") - i,13) = Cells(13 + Range("pol_term") - i,12)
                    * Range("alpha")
If Range("beta") - Range("gp") > 0 And i <> Range("pol_term") + 1 Then
Cells(13 + Range("pol_term") - i,14) = Cells(13 + Range("pol_term") - i,12)
                    * (Range("beta") - Range("gp"))
Else
Cells(13 + Range("pol_term") - i,14) = 0
End If
premium = Cells(13 + Range("pol_Term") - i,13)
        + premium/(1 + Range("val_int"))
premium_d = Cells(13 + Range("pol_Term") - i,14)
        + premium_d/(1 + Range("val_int"))
Cells(12 + Range("pol_term") - i,19) = premium
                    /Cells(12 + Range("pol_term") - i,7)
Cells(12 + Range("pol_term") - i,21) = premium_d/Cells(12 + Range("pol_term") - i,7)
If Cells(12 + Range("pol_term") - i,18) - Cells(12
+ Range("pol_term") - i,19) > 0 Then
Cells(12 + Range("pol_term") - i,20) = Cells(12 + Range("pol_term") - i,18)
```

```
                                - Cells(12 + Range("pol _ term") - i,19)
Else
Cells(12 + Range("pol _ term") - i,20) = 0
End If
Next i
End Sub
```

通过运行上述语言，可以得到和本节上一部分一样的结果。比如对于 60 岁的女性，若选择交费 20 年，则每千元保额所对应的各个保单年度责任准备金如图 13 - 38 所示。

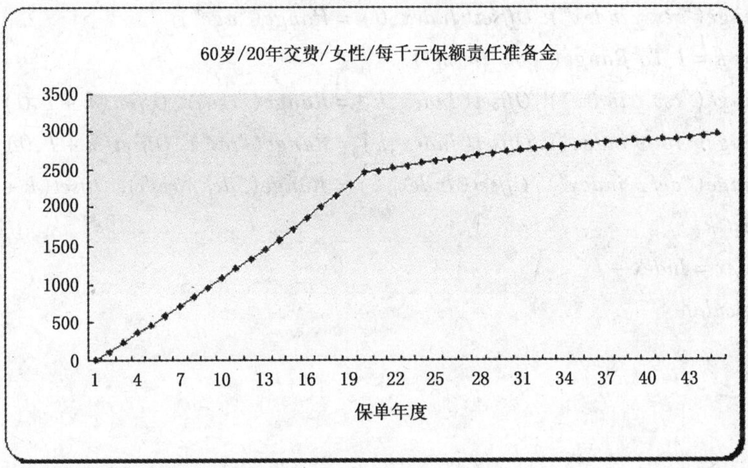

图 13 - 38　准备金折线图

13.3.5　计算费率表、现金价值表及准备金因子

根据上面搭建的模型，可以根据该险种在不同交费期间的投保年龄限制计算出该险种的费率表、现金价值表及准备金因子。

计算过程利用 Excel VBA 实现。

（1）对于利用 Excel 公式搭建的模型

通过运行下面的宏，我们可得到该保单定价的所有结果。

```
Sub output()
Sheets("费率表”). Select
Index = 1
For i = 1 To Range("Count")
Range("sex") = Range("sex _ index"). Offset(i,0)
Range("prem _ term") = Range("pol"). Offset(i,0)
    For j = Range("min _ Age"). Offset(i,0) To Range("max _ age"). Offset(i,0)
        Range("age") = j
        Calculate
        Range("prem _ index"). Offset(j + 1,i) = Range("gp")
        Range("prem _ index"). Offset(j + 1,i). Select
```

```
        Range("csv_index").Offset(Index, -2) = Range("sex")
        Range("csv_index").Offset(Index, -1) = Range("prem_term")
        Range("csv_index").Offset(Index,0) = Range("age")
        Range("def_index").Offset(Index, -2) = Range("sex")
        Range("def_index").Offset(Index, -1) = Range("prem_term")
        Range("def_index").Offset(Index,0) = Range("age")
        Range("res_index").Offset(Index, -2) = Range("sex")
        Range("res_index").Offset(Index, -1) = Range("prem_term")
        Range("res_index").Offset(Index,0) = Range("age")
        For k = 1 To Range("pol_term")
        Range("csv_index").Offset(Index,k) = Range("csv").Offset(k + 1,0)
        Range("res_index").Offset(Index,k) = Range("res").Offset(k + 1,0)
        Range("def_index").Offset(Index,k) = Range("def_res").Offset(k + 1,0)
        Next k
        Index = Index + 1
        Calculate
    Next j
Next i
End Sub
```

其中，Range（"min_Age"）与 Range（"max_Age"）.Offset（i，0）对应的单元格如图 13－39 所示。

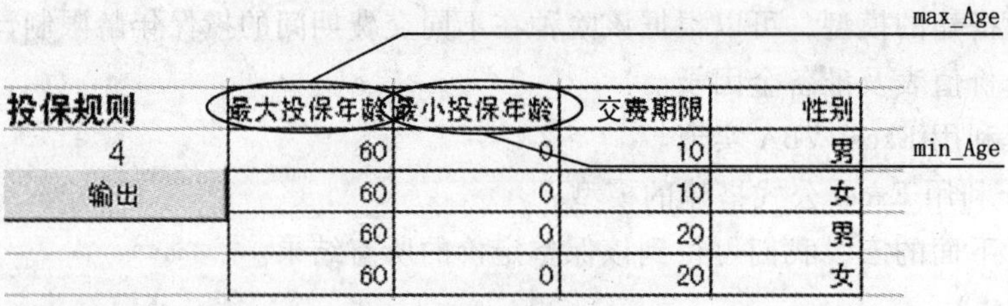

图 13－39　单元格的说明

（2）对于利用 Excel VBA 搭建的模型

通过运行下面的宏，我们可得到该保单定价的所有结果。

```
Sub output()
Sheets("费率表").Select
Index = 1
For i = 1 To Range("Count")
Range("sex") = Range("sex_index").Offset(i,0)
Range("prem_term") = Range("pol").Offset(i,0)
    For j = Range("min_Age").Offset(i,0) To Range("max_age").Offset(i,0)
```

```
        Range("age") = j
Sheets("保费计算").Range("a12:dr10000").ClearContents
Sheets("现金价值计算").Range("a12:dr10000").ClearContents
Sheets("准备金计算").Range("a12:dr10000").ClearContents
Call prem
Call csv
Call res
        Calculate
        Range("prem_index").Offset(j + 1, i) = Range("gp")
        Range("csv_index").Offset(Index, -2) = Range("sex")
        Range("csv_index").Offset(Index, -1) = Range("prem_term")
        Range("csv_index").Offset(Index, 0) = Range("age")
        Range("def_index").Offset(Index, -2) = Range("sex")
        Range("def_index").Offset(Index, -1) = Range("prem_term")
        Range("def_index").Offset(Index, 0) = Range("age")
        Range("res_index").Offset(Index, -2) = Range("sex")
        Range("res_index").Offset(Index, -1) = Range("prem_term")
        Range("res_index").Offset(Index, 0) = Range("age")

        For k = 1 To Range("pol_term")
        Range("csv_index").Offset(Index, k) = Range("csv").Offset(k + 1, 0)
        Range("res_index").Offset(Index, k) = Range("res").Offset(k + 1, 0)
        Range("def_index").Offset(Index, k) = Range("def_res").Offset(k + 1, 0)
        Next k

        Index = Index + 1
        Calculate
    Next j
Next i
End Sub
```

13.4

产品 B 的费率测算

13.4.1　险种分析

某公司推出的这款防癌保障计划包括三个险种。该防癌保障计划打包销售（即每个险种保额的比例是一定的)，交费期为5年，保障期为15年。为了方便定价模型的搭建，相应地可以把整个保障计划的保险责任拆成三部分（以1万元的疾病附加险保额为计算基础），三个险种如下：

（1）B两全保险

保险责任：被保险人死亡/全残，给付已交保费（主险与防癌附加险）的106%，满期给付已交保费的106%（均含豁免期间）。

主险保费的收取取决于被保险人是否存活/全残，与疾病与否无关。

（2）B防癌疾病保险

保险责任：被保险人得癌症，给付1万元。

同时该附加险终止。

（3）B附加防癌豁免保险费疾病保险

保险责任：被保险人得癌症之后，在被保险人死亡前应该交的主险与本附加险需要交的保费。

由于豁免保费保险的费率取决于两全保险和疾病保险的毛保费，应该先厘定这两个险种的费率；同时，两全保险的毛保费也取决于自身与癌症附加险的毛保费，所以第一步是厘定癌症附加险的费率。定价过程应该按照如下流程进行（如图13－40所示）。

图13－40　产品B的定价流程图

由于在介绍产品A的定价过程时，详细介绍了每一步的做法，为了避免重复，笔者对于产品B将更多地强调定价的思路。此外，假设这款产品的癌症发生率与产品A的重疾发生率相同，都为0.9‰。除了预计附加费用率之外，所有假设均与产品A一致；预计附加费用率如表13－4所示：

表13－4　　　　**预定费用率**

保单年度 / 交费期	1	2	3	4	5
5	40%	20%	20%	10%	10%

13.4.2　防癌附加险费率计算

对于防癌附加险而言，被保险人发生癌症或在健康时死亡，保单结束。对于每个保单年度，我们有：

期末人数＝期初人数－该时期健康时死亡人数－发生癌症人数

因为目前国内对被保险人死亡前的健康状况研究较少，所以我们不妨假设：

期末人数＝期初人数－该时期死亡人数－发生癌症人数

其中，死亡人数由生命表确定。

在这样的假设下，该防癌险费率的计算就相当简单了。方法同产品 A 的费率计算一致，只需要把死亡给付的保额改为 0，重疾给付的保额改为 1 万就可以了。对于 60 岁女性，保费为 31.36，计算过程如图 13－41 所示。

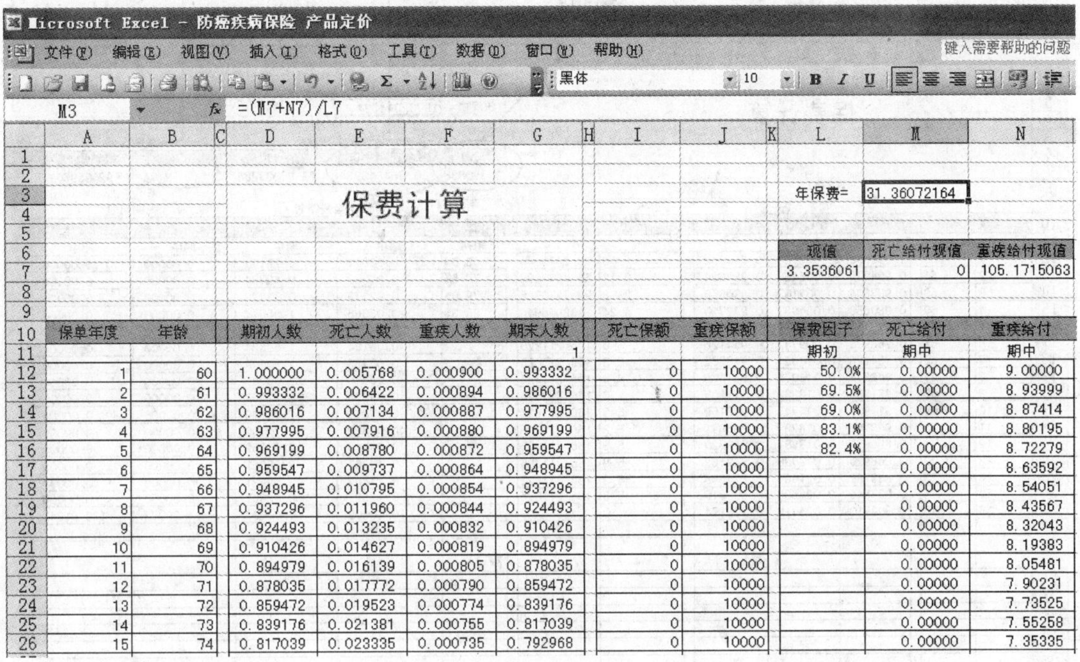
Microsoft Excel - 防癌疾病保险 产品定价

M3　=(M7+N7)/L7

保费计算

年保费= 31.36072164

现值	死亡给付现值	重疾给付现值
3.3536061	0	105.1715063

保单年度	年龄	期初人数	死亡人数	重疾人数	期末人数	死亡保额	重疾保额	保费因子	死亡给付	重疾给付
					1			期初	期中	期中
1	60	1.000000	0.005768	0.000900	0.993332	0	10000	50.0%	0.00000	9.00000
2	61	0.993332	0.006422	0.000894	0.986016	0	10000	69.5%	0.00000	8.93999
3	62	0.986016	0.007134	0.000887	0.977995	0	10000	69.0%	0.00000	8.87414
4	63	0.977995	0.007916	0.000880	0.969199	0	10000	83.1%	0.00000	8.80195
5	64	0.969199	0.008780	0.000872	0.959547	0	10000	82.4%	0.00000	8.72279
6	65	0.959547	0.009737	0.000864	0.948945	0	10000		0.00000	8.63592
7	66	0.948945	0.010795	0.000854	0.937296	0	10000		0.00000	8.54051
8	67	0.937296	0.011960	0.000844	0.924493	0	10000		0.00000	8.43567
9	68	0.924493	0.013235	0.000832	0.910426	0	10000		0.00000	8.32043
10	69	0.910426	0.014627	0.000819	0.894979	0	10000		0.00000	8.19383
11	70	0.894979	0.016139	0.000805	0.878035	0	10000		0.00000	8.05481
12	71	0.878035	0.017772	0.000790	0.859472	0	10000		0.00000	7.90231
13	72	0.859472	0.019523	0.000774	0.839176	0	10000		0.00000	7.73525
14	73	0.839176	0.021381	0.000755	0.817039	0	10000		0.00000	7.55258
15	74	0.817039	0.023335	0.000735	0.792968	0	10000		0.00000	7.35335

图 13－41 防癌险保费的计算

现金价值和准备金的计算与产品 A 的方法一致。

13.4.3 两全主险费率计算

在已知防癌附加险的保费后，主险的费率就好计算了。根据净保费法，有：

$$GP_x = \frac{\sum_{t=0}^{14} C_{x+t}^{(\tau)} \times [max(5,t+1) \times 1.06 \times (GP_x + GP_{1,x})] + 5 \times 1.06 \times (GP_x + GP_{1,x}) \times D_{x+15}}{\sum_{t=0}^{4} [(1-L_t) \times D_{x+t}]}$$

其中，$GP_{1,x}$ 是防癌附加险的费率。可以将上述公式简化为：

$$GP_x = \frac{\sum_{t=0}^{14} C_{x+t}^{(\tau)} \times [max(5,t+1) \times 1.06 \times GP_{1,x}]}{\sum_{t=0}^{4} [(1-L_t) \times D_{x+t}] - \sum_{t=0}^{14} C_{x+t}^{(\tau)} \times 1.06 \times max(5,t+1) - 5 \times 1.06 \times D_{x+15}}$$

根据上面的公式，就能利用 Excel 计算出主险的毛保费了。对于 60 岁女性，主险的费率是 1373.71，计算过程如图 13－42 所示。

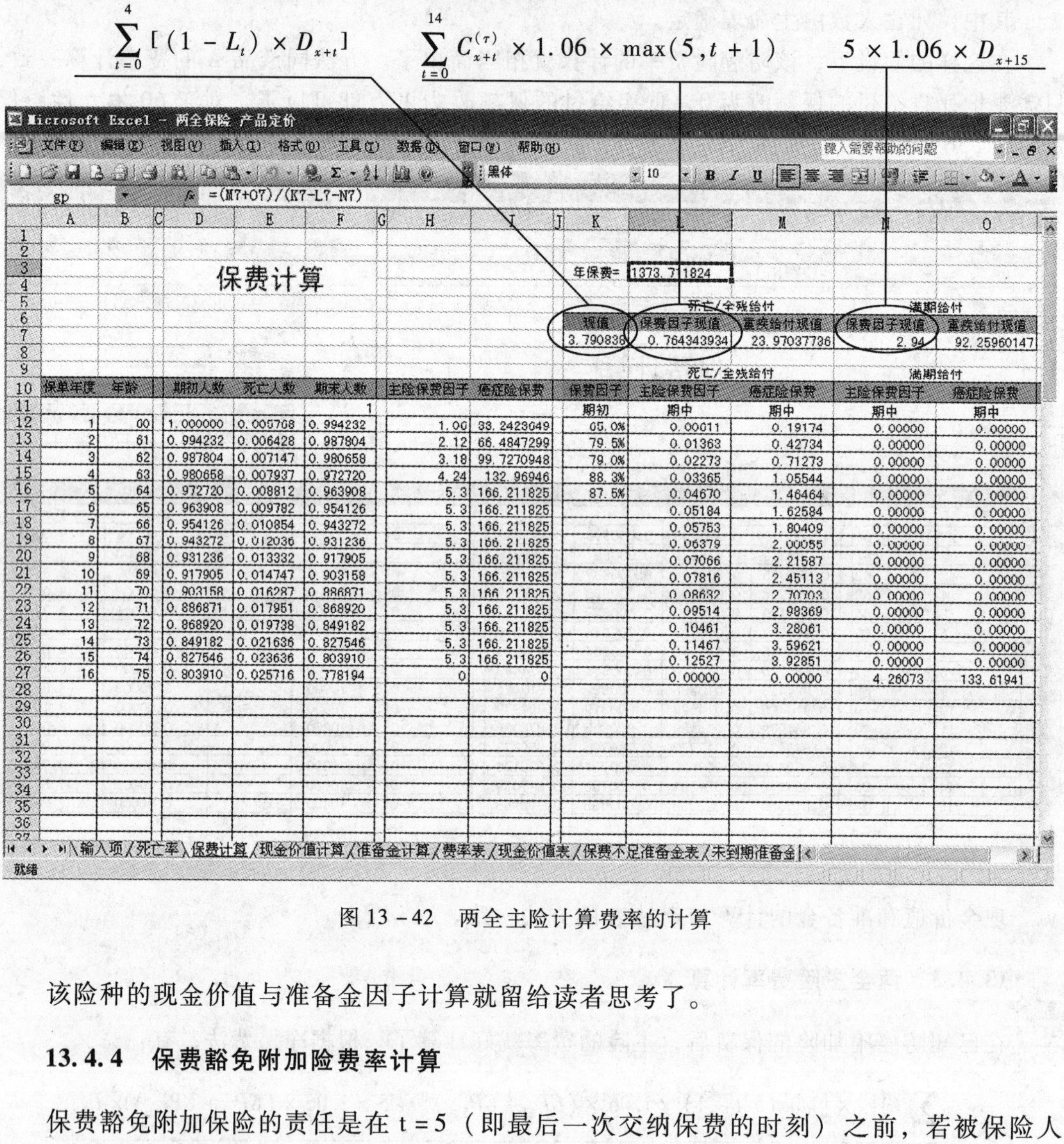

保单年度	年龄	期初人数	死亡人数	期末人数	主险保费因子	癌症险保费	保费因子	死亡/全残给付 主险保费因子	死亡/全残给付 癌症险保费	满期给付 主险保费因子	满期给付 癌症险保费
				1			期初	期中	期中	期中	期中
1	60	1.000000	0.005768	0.994232	1.06	33.2423649	65.0%	0.00011	0.19174	0.00000	0.00000
2	61	0.994232	0.006428	0.987804	2.12	66.4847299	79.5%	0.01363	0.42734	0.00000	0.00000
3	62	0.987804	0.007147	0.980658	3.18	99.7270948	79.0%	0.02273	0.71273	0.00000	0.00000
4	63	0.980658	0.007937	0.972720	4.24	132.96946	88.3%	0.03365	1.05544	0.00000	0.00000
5	64	0.972720	0.008812	0.963908	5.3	166.211825	87.5%	0.04670	1.46464	0.00000	0.00000
6	65	0.963908	0.009782	0.954126	5.3	166.211825		0.05184	1.62584	0.00000	0.00000
7	66	0.954126	0.010854	0.943272	5.3	166.211825		0.05753	1.80409	0.00000	0.00000
8	67	0.943272	0.012036	0.931236	5.3	166.211825		0.06379	2.00055	0.00000	0.00000
9	68	0.931236	0.013332	0.917905	5.3	166.211825		0.07066	2.21587	0.00000	0.00000
10	69	0.917905	0.014747	0.903158	5.3	166.211825		0.07816	2.45113	0.00000	0.00000
11	70	0.903158	0.016287	0.886871	5.3	166.211825		0.08632	2.70703	0.00000	0.00000
12	71	0.886871	0.017951	0.868920	5.3	166.211825		0.09514	2.98369	0.00000	0.00000
13	72	0.868920	0.019738	0.849182	5.3	166.211825		0.10461	3.28061	0.00000	0.00000
14	73	0.849182	0.021636	0.827546	5.3	166.211825		0.11467	3.59621	0.00000	0.00000
15	74	0.827546	0.023636	0.803910	5.3	166.211825		0.12527	3.92851	0.00000	0.00000
16	75	0.803910	0.025716	0.778194	0	0		0.00000	0.00000	4.26073	133.61941

图 13－42　两全主险计算费率的计算

该险种的现金价值与准备金因子计算就留给读者思考了。

13.4.4　保费豁免附加险费率计算

保费豁免附加保险的责任是在 t=5（即最后一次交纳保费的时刻）之前，若被保险人确诊为癌症，则免交之后所有主险保费和本附加险保费（注意，此时防癌附加险已经终止）。实际上可以认为，本产品在前四个保单年度的保额为之后所有应交主险保费的精算现值，在 t=5 之后该附加险终止；给付发生的条件为被保险人确诊为癌症。但是值得注意的是，若被保险人身体健康，在 t=5 时，仍需要交纳此附加险的保费。

所以对于该险种而言，期初期末人数的确定同防癌附加险一样，期末人数 = 期初人数 − 当期死亡人数 − 当期癌症人数，即

$l_{x+1}=l_x\times(1-d_x^d-d_x^i)$

其中，d_x^d 为死亡人数；d_x^i 为患重大疾病的人数。

$D_x=l_x\times v^x$

如图 13－43 所示。

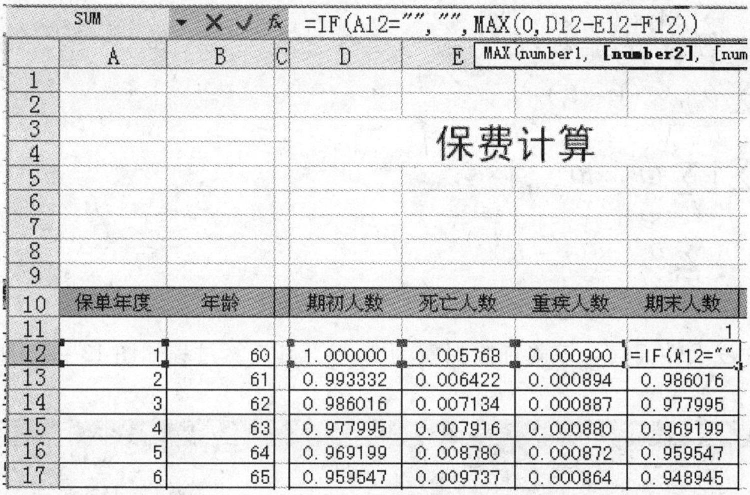
SUM　=IF(A12="","",MAX(0,D12-E12-F12))
MAX(number1, [number2], [num

保费计算

	A	B	C	D	E	F	G
10	保单年度	年龄		期初人数	死亡人数	重疾人数	期末人数
11							1
12	1	60		1.000000	0.005768	0.000900	=IF(A12=""
13	2	61		0.993332	0.006422	0.000894	0.986016
14	3	62		0.986016	0.007134	0.000887	0.977995
15	4	63		0.977995	0.007916	0.000880	0.969199
16	5	64		0.969199	0.008780	0.000872	0.959547
17	6	65		0.959547	0.009737	0.000864	0.948945

图 13－43　保费豁免附加险费率的计算

然而，对于前面四个保单年度，每年的保额通过下面公式计算：

$$SA_t = \sum_{j=1}^{5-t} GP_x \times D'_{x+t+j}$$

这里计算 D'_{x+t}时，$l'_{x+1} = l'_x - d^d_x$，计算过程如图 13－44 所示。

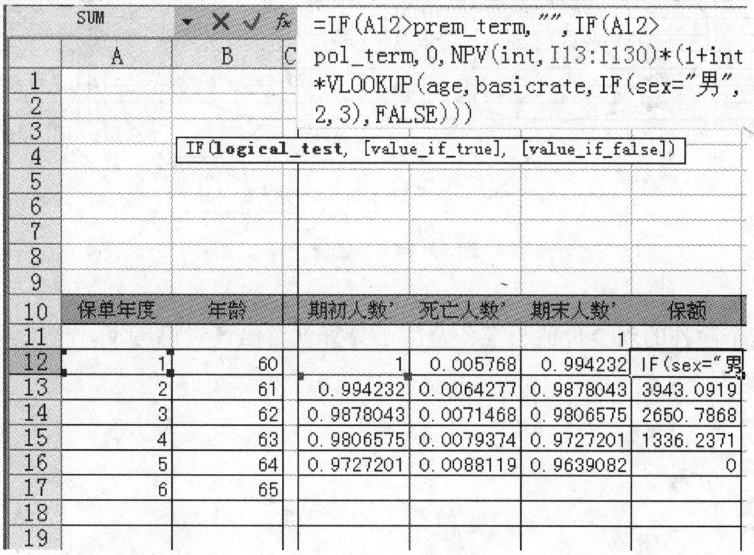
SUM　=IF(A12>prem_term,"",IF(A12>pol_term,0,NPV(int,I13:I130)*(1+int*VLOOKUP(age,basicrate,IF(sex="男",2,3),FALSE)))
IF(logical_test, [value_if_true], [value_if_false])

	A	B	C	D	E	F	G
10	保单年度	年龄		期初人数'	死亡人数'	期末人数'	保额
11						1	
12	1	60		1	0.005768	0.994232	IF(sex="男
13	2	61		0.994232	0.0064277	0.9878043	3943.0919
14	3	62		0.9878043	0.0071468	0.9806575	2650.7868
15	4	63		0.9806575	0.0079374	0.9727201	1336.2371
16	5	64		0.9727201	0.0088119	0.9639082	0
17	6	65					

图 13－44　计算 D'_{x+t}

计算出保额后就可以用下面的公式计算该附加保险的保费了。

$$GP_{2,x}=\frac{\sum_{t=1}^{4}SA\times C_{x+t}}{\sum_{t=1}^{5}D_{x+t}\times(1-L_t)}$$

$$=\frac{\sum_{t=1}^{4}\left[\sum_{j=1}^{5-t}GP_x\times D'_{x+t+j}\right]\times\overline{C}_x^{(i)}}{\sum_{t=1}^{5}D_{x+t}\times(1-L_t)}$$

其中，$\overline{C}_x^{(i)}=v^{x+0.5}\times l_x\times d_x^i$

则对于 60 岁女性而言，该附加险保费为 2.99，其计算过程如图 13 - 45 所示。

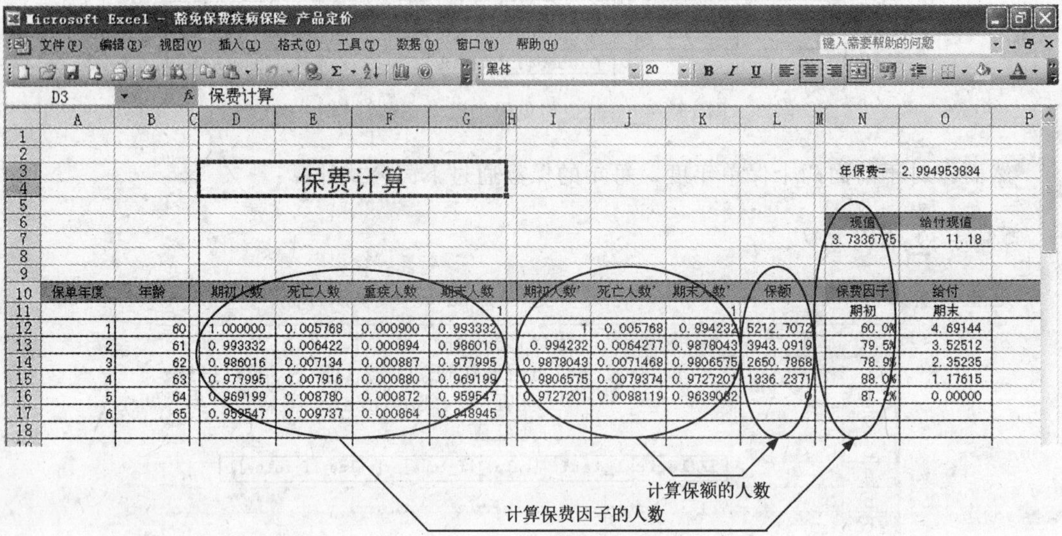

保单年度	年龄	期初人数	死亡人数	重疾人数	期末人数	期初人数'	死亡人数'	期末人数'	保额	保费因子	给付
					1			1		期初	期末
1	60	1.000000	0.005768	0.000900	0.993332	1	0.005768	0.994232	5212.7072	60.0%	4.69144
2	61	0.993332	0.006422	0.000894	0.986016	0.994232	0.0064277	0.9878043	3943.0919	79.5%	3.52512
3	62	0.986016	0.007134	0.000887	0.977995	0.9878043	0.0071468	0.9806575	2650.7868	78.9%	2.35235
4	63	0.977995	0.007916	0.000880	0.969199	0.9806575	0.0079374	0.9727201	1336.2371	88.0%	1.17615
5	64	0.969199	0.008780	0.000872	0.959547	0.9727201	0.0088119	0.9639082	0	87.2%	0.00000
6	65	0.959547	0.009737	0.000864	0.948945						

图 13 - 45　保费计算

同样，这个险种的现金价值与准备金因子计算就留给读者思考了。

13.5

总　　结

根据本章作者对市面上两个典型的寿险产品的定价可以知道，由于在现实生活中风险事件发生的不确定性，往往会导致保险责任十分复杂。所以，必须对实际的情况进行合理、审慎的简化，这样才能保证整个定价过程的正确性、有效性。

实验十四

SHIYANSHISI

利 润 检 测

实验目的和要求:

观察实际死亡率、投资收益率、失效率、费用率等假设的变动会如何影响保单利润的变动，掌握进行利润检测的方法。

实验内容:

根据给出的典型保单类型，变化利率、死亡率和费用率，观察利润的变动，进行利润检测。

14.1

利润指标的测算

根据给出的典型表单类型，计算其投保年龄为 x 的投保人在第 t 个保单年度末的积累盈余 $SUR_{x,t}$、本期损益 $GAIN_{x,t}$和营运损益 $PRO_{x,t}$，并计算其利润现值，获利比率，投资回报率和临界平衡年等利润指标。

14.1.1 实例

假设：某人年龄为 35 岁，男性，分红终身寿险，保额为 1000 元，毛保费为 15.5 元，其他数字可在表 14 - 1 现金流动表中看出。在本实验中，积累利率 = 贴现利率 - 0.005。根据公式：$GAIN_{x,t} = SUR_{x,t} - \frac{SUR_{x,t-1}}{p_{x,t}}, PRO_{x,t} = GAIN_{x,t} - SUR_{x,t-1} \times \frac{i_t}{p_{x,t}}$，其中，$p_{x,t}$为 x 岁购买保险且在保单年度 t 年初生存的被保险人、在第 t + 1 年初仍生存的概率，i_t 为保单年度 t 的积累利率，计算积累盈余、本期损益和营运损益。计算结果如表 14 - 1 所示。

表 14-1 **现金流动表**（贴现利率为 0.095）

1	2	3	4	5	6	7
年度	期初生存人数	死亡人数	退保人数	期末生存人数	每1000费用	现金价值
1	100000	88	20000	79912	27	0
2	79912	81	8630	71201	3	0
3	71201	85	5696	65420	3	0
4	65420	91	4056	61273	3	6.7
5	61273	94	2941	58238	3	14.04
6	58238	105	2096	56037	3	21.72
7	56037	113	1793	54131	3	29.73
8	54131	121	1569	52441	3	38.12
9	52441	130	1415	50896	3	46.87
10	50896	139	1272	49485	3	56.02
11	49485	157	1187	48141	3	65.55
12	48141	168	1107	46866	3	75.5
13	46866	179	1031	45656	3	85.88
14	45656	191	958	44507	3	96.71
15	44507	203	890	43414	3	108.01
16	43414	217	868	42329	3	119.79
17	42329	233	846	41250	3	132.02
18	41250	250	825	40175	3	144.69
19	40175	270	803	39102	3	157.79
20	39102	292	782	38028	3	171.28

续表

8	9	10	11	12	13	14
红利	期初基金数额	保费收入	费用支出	死亡支付	退保支付	红利支付总额
0	0	1550000	2700000	88000	0	0
0.5	-1345460	1238636	239736	81000	0	35600.5
1	-497995.9	1103616	213603	85000	0	65420
1.5	273053.094	1014010	196260	91000	27175.2	91909.5
2	974795.6725	949731.5	183819	94000	41291.64	116476
2.5	1641374.268	902689	174714	105000	45525.12	140092.5
3.1	2287248.082	868573.5	168111	113000	53305.89	167806.1
3.7	2917407.544	839030.5	162393	121000	59810.28	194031.7
4.3	3537222.118	812835.5	157323	130000	66321.05	218852.8
5.9	4149056.884	788888	152688	139000	71257.44	291961.5
6.6	4707456.064	767017.5	148455	157000	77807.85	317730.6
7.3	5245756.784	746185.5	144423	168000	83578.5	342121.8
8	5772535.72	726423	140598	179000	88542.28	365248
8.7	6289767.905	707668	136968	191000	92648.18	387210.9
9.4	6798455.936	689858.5	133521	203000	96128.9	408091.6
10.2	7300369.346	672917	130242	217000	103977.7	431755.8
11	7786419.817	656099.5	126987	233000	111688.9	453750
11.8	8255006.305	639375	123750	250000	119369.3	474065
12.7	8705303.873	622712.5	120525	270000	126705.4	496595.4
13.6	9130714.826	606081	117306	292000	133941	517180.8

续表

15	16	17	18	19	20	21
利息收入	期末基金数额	期末资产份额	期末准备金	期末盈余	本期损益	营运损益
-107460	-1345460	-16.83677045	7.63	-24.4668	-24.4668	-24.4668
-34835.4	-497995.9	-6.994226205	15.61	-22.6042	4.855902	7.327313
31456.49	273053.094	4.173847356	23.94	-19.7662	4.835552	7.049705
94077.28	974795.6725	15.90905737	32.6	-16.6909	4.412997	6.312352
152433.7	1641374.268	28.18390515	41.61	-13.4261	4.134675	5.715145
208516.4	2287248.082	40.81674754	50.97	-10.1533	3.800187	5.055997
263809	2917407.544	53.89531959	60.67	-6.77468	3.736077	4.682045
318019.1	3537222.118	67.451462	70.73	-3.27854	3.714468	4.343838
371496.1	4149056.884	81.52029401	81.14	0.380294	3.758355	4.062381
424418.1	4707456.064	95.12894945	91.93	3.198949	2.807812	2.772609
472276.7	5245756.784	108.9665106	103.09	5.876511	2.588253	2.29231
518716.7	5772535.72	123.1710775	114.65	8.521078	2.484695	1.941421
564197.5	6289767.905	137.7643224	126.61	11.15432	2.407415	1.620193
608847.1	6798455.936	152.7502626	138.99	13.76026	2.317978	1.288173
652796.4	7300369.346	168.157031	151.79	16.36703	2.260337	0.990735
696109	7786419.817	183.9500063	165.03	18.92001	2.133447	0.622656
737912.9	8255006.305	200.121365	178.66	21.46136	2.046457	0.299115
778106.8	8705303.873	216.6846017	192.68	24.0046	1.968975	-0.01423
816524.2	9130714.826	233.5101741	207.06	26.45017	1.786861	-0.43284
852614.1	9528982.151	250.5780517	221.77	28.80805	1.609929	-0.8379

下面给出表 14 - 1 中各列的计算公式，其中：

$(5)_t = (2)_t - (3)_t - (4)_t$

$(9)_t = (16)_{t-1}$

$(10)_t = (2)_t \times 15.5$

$(11)_t = (2)_t \times (6)_t$

$(12)_t = (3)_t \times 1000$

$(13)_t = (4)_t \times (7)_t$

$(14)_t = (5)_t \times (8)_t$

$(15)_t = [(9)_t + (10)_t - (11)_t - 0.5 \times (12)_t] \times 0.09$

$(16)_t = (9)_t + (10)_t - (11)_t - (12)_t - (13)_t - (14)_t + (15)_t$

$(17)_t = (16)_t \div (5)_t$

$(19)_t = (17)_t - (18)_t$

$(20)_t = (19)_t - (19)_{t-1} \div (5)_t \times (2)_t$

$(20)_1 = (19)_1$

$(21)_t = (20)_t - [0.09 \times (19)_{t-1}] \times (2)_t \div (5)_t$

需要说明一下的是，由于假设死亡给付赔款在每个保单年度的中间时刻发生，所以在计算利息收入时，死亡支付部分需要乘以 0.5 作为调整。

14.1.2 利润指标测量值

（1）利润现值

本实验在计算利润现值时使用了 Excel 的 SUMPRODUCT 函数。其使用方法简单介绍如下：

①函数功能：在给定的几组数组中，将数组间对应的元素相乘，并返回乘积之和。

②语法：SUMPRODUCT（array1，array2，array3，...），array1，array2，array3，... 为 2 到 255 个数组，其相应元素需要进行相乘并求和。

如图 14 - 1 所示，U8 单元格中的数据为利润现值，它是由营运损益（U 列）、每年度期末生存人数（E 列）与利率因子 1（X 列）的乘积之和，除以年度 1 时的期初人数得到的。其中，利率因子 1 将各年度期末的利润值贴现到第一年度的期初，利率因子 1 的构建见图 14 - 2 与图 14 - 3，其中单元格 H2 代表贴现利率。

（2）获利比例

获利比率等于利润现值与保费收入现值的比率。保费收入现值的计算采用了与利润现值相同的 SUMPRODUCT 函数，如图 14 - 4 所示。

保费收入现值是由各保单年度期初生存人数（B 列）与各年度利率因子 2（Y 列）的乘积之和，除以 10 万（保单年度 1 期初生存人数），再乘以每期保费收入 15.5 得到的。其中，利率因子 2 将每保单年度期初的保费收入贴现到第一保单年度期初，其构成如图 14 - 5 所示，其中 H2 代表贴现利率。

（3）投资回报率

投资回报率等于确定的收益率，这个收益率用于利润的贴现。计算投资回报率的时候一

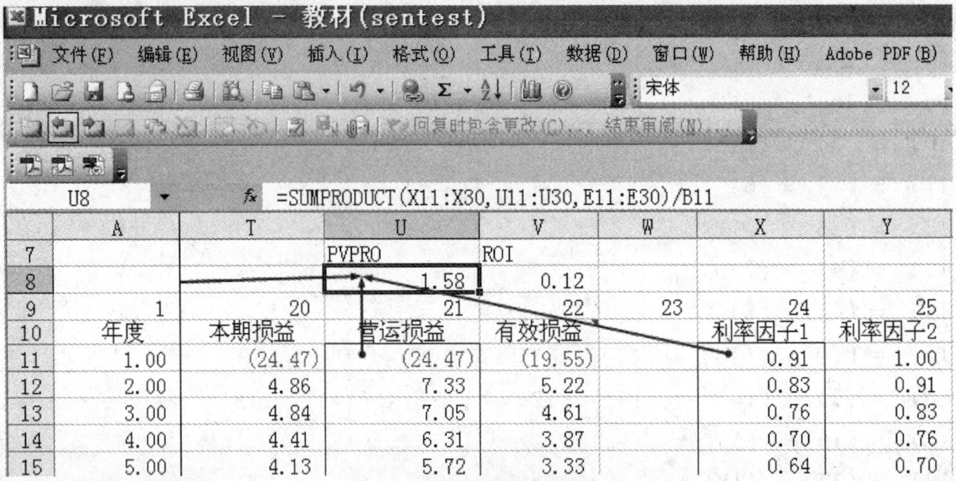

图 14－1　利润现值

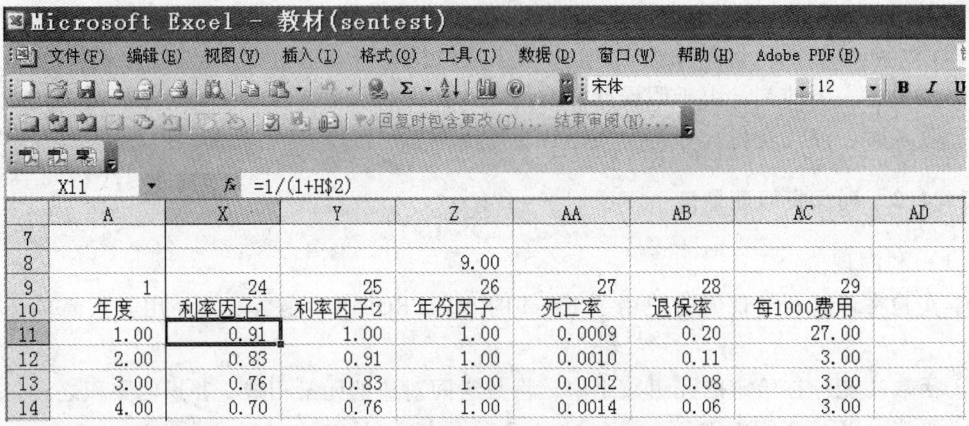

图 14－2　利率因子 1 的构建

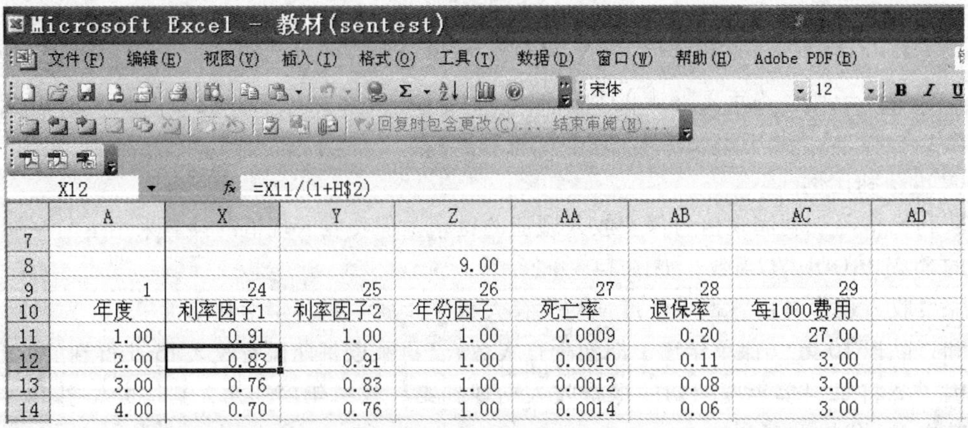

图 14－3　利率因子 1 的构建（续）

般使用 Excel 的 IRR 函数。其使用方法简单介绍如下：

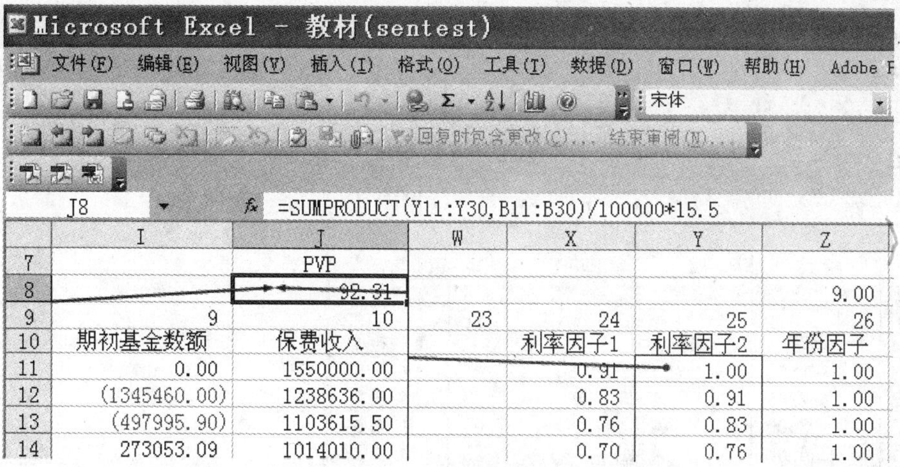

图 14－4 保费收入现值

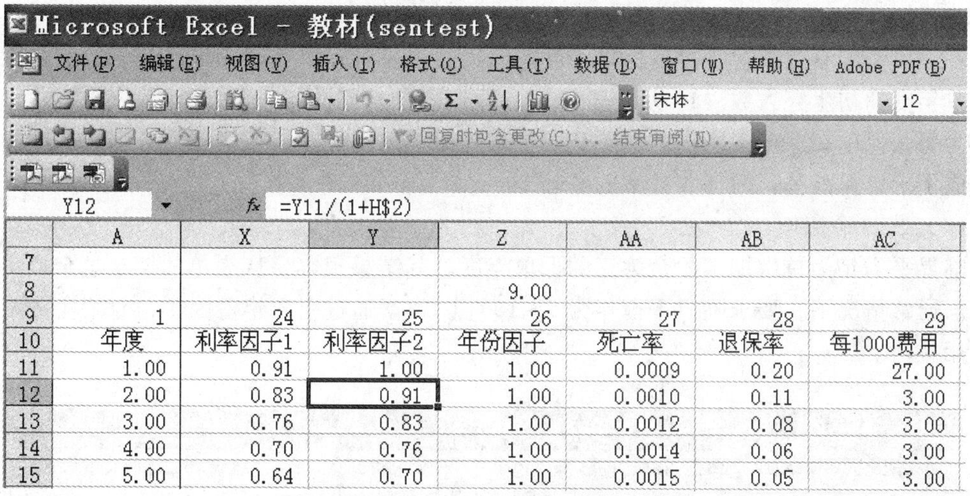

图 14－5 利率因子 2 的构建

①函数功能：返回由数值代表的一组现金流的内部收益率。这些现金流不必为均衡的，但作为年金，它们必须按固定的间隔产生，如按月或按年。内部收益率为投资的回收利率，其中包含定期支付（负值）和定期收入（正值）。

②语法：IRR（values，guess），Values 为数组或单元格的引用，包含用来计算返回的内部收益率的数字。Values 必须包含至少一个正值和一个负值，以计算返回的内部收益率。函数 IRR 根据数值的顺序来解释现金流的顺序。故应确定按需要的顺序输入了支付和收入的数值。如果数组或引用包含文本、逻辑值或空白单元格，这些数值将被忽略。Guess 为对函数 IRR 计算结果的估计值。在大多数情况下，并不需要为函数 IRR 的计算提供 guess 值。如果省略 guess，假设它为 0.1（10%）。

如图 14－6 所示，单元格 V8 中的数据为投资回报率，它是利用 IRR 函数，由各保单年度有效损益（V 列）构成一组现金流来计算的内部收益率。

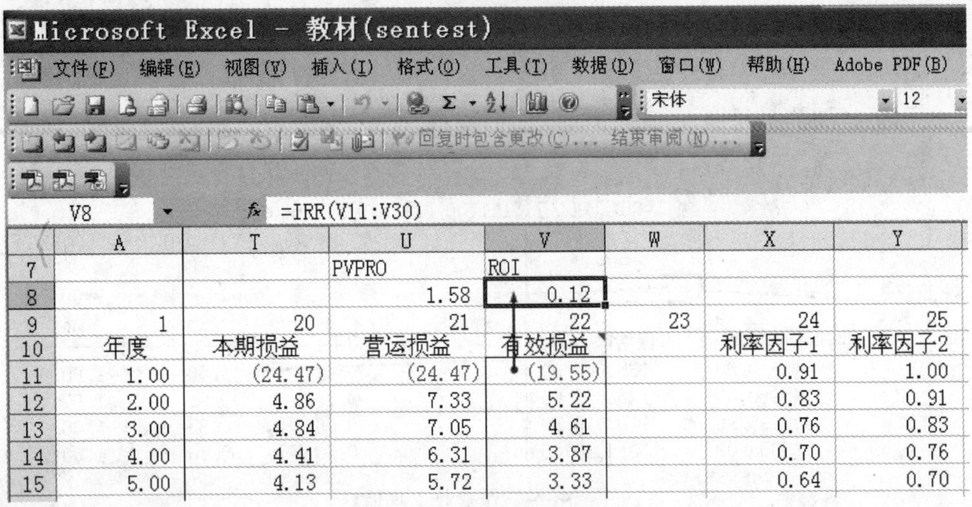

	A	T	U	V	W	X	Y
7			PVPRO	ROI			
8			1.58	0.12			
9	1	20	21	22	23	24	25
10	年度	本期损益	营运损益	有效损益		利率因子1	利率因子2
11	1.00	(24.47)	(24.47)	(19.55)		0.91	1.00
12	2.00	4.86	7.33	5.22		0.83	0.91
13	3.00	4.84	7.05	4.61		0.76	0.83
14	4.00	4.41	6.31	3.87		0.70	0.76
15	5.00	4.13	5.72	3.33		0.64	0.70

图 14-6 投资回报率

各保单年度有效损益是由各保单年度营运损益乘以各保单年度期末生存人数，再除以第一保单年度期初生存人数（10 万）得到的，即期末的营运损益与生存概率的乘积，它可以理解为每张保单在保单年度末为保险公司带来的期望现金流动，各个保单年度末的期望现金流构成了求解保险公司内部收益率的基础。

（4）临界平衡年

临界平衡年为首次期末盈余为正的保单年度。其结果很容易从表单的期末盈余栏中观察得到。通常情况下，要求临界平衡年为 5~10 年。本章通过引入年份因子，介绍实务中的一项常用技巧。

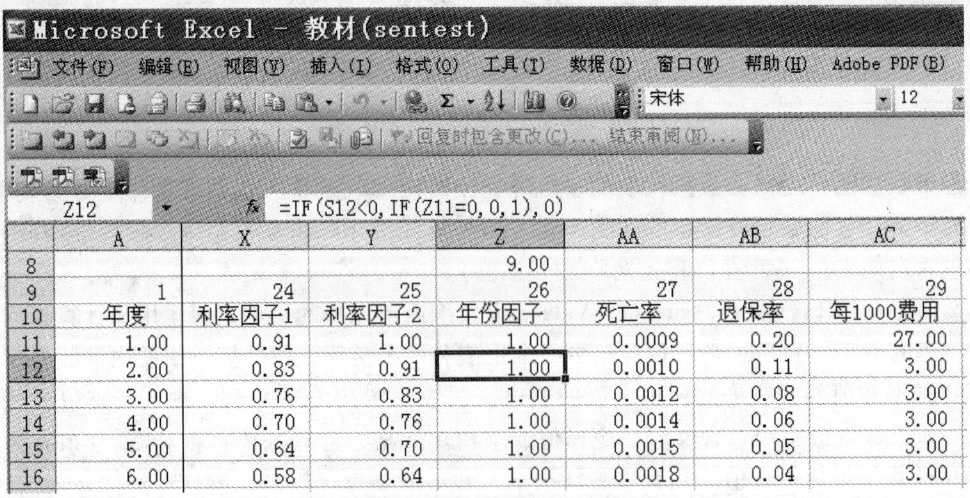

	A	X	Y	Z	AA	AB	AC
8				9.00			
9	1	24	25	26	27	28	29
10	年度	利率因子1	利率因子2	年份因子	死亡率	退保率	每1000费用
11	1.00	0.91	1.00	1.00	0.0009	0.20	27.00
12	2.00	0.83	0.91	1.00	0.0010	0.11	3.00
13	3.00	0.76	0.83	1.00	0.0012	0.08	3.00
14	4.00	0.70	0.76	1.00	0.0014	0.06	3.00
15	5.00	0.64	0.70	1.00	0.0015	0.05	3.00
16	6.00	0.58	0.64	1.00	0.0018	0.04	3.00

图 14-7 年份因子的计算

如图 14-7 所示，本章通过使用 IF 函数来引入年份因子。如果本年度期末盈余为非负数（即 S 列的值为非负数），该函数返回值为零；如果本年度期末盈余为负数，那么返回值取决于另外一个 IF 函数：即在本年度期末盈余为负数的情况下，若上一年度年份因子为零，那么本年度的年份因子也为零，反之本年度的年份因子则为 1。

如图 14－8 所示，临界平衡年可以通过将各年度的年份因子加总再加上 1 获得。通过构建年份因子来求解临界平衡年，可以有效避免各年度期末盈余由正数变化为负数的情况出现时，对结果所造成的影响。

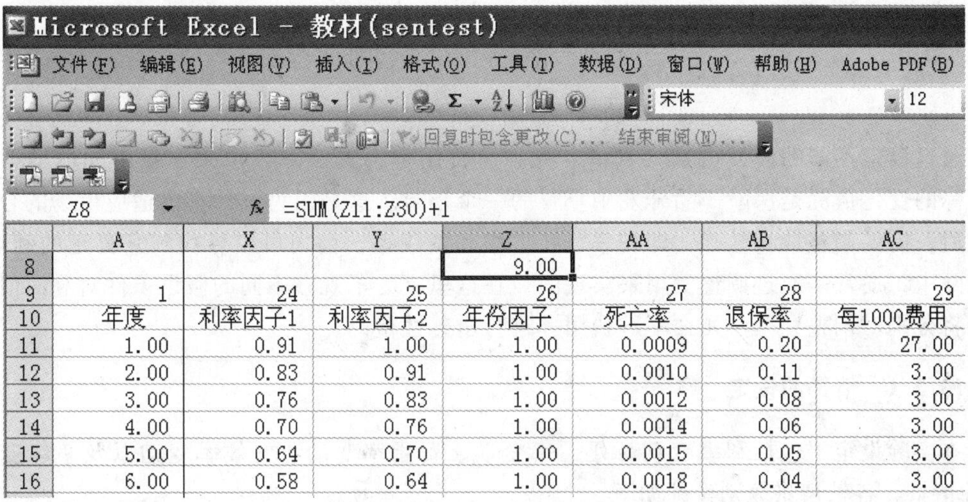

Microsoft Excel － 教材(sentest)

Z8 =SUM(Z11:Z30)+1

	A	X	Y	Z	AA	AB	AC
8				9.00			
9	1	24	25	26	27	28	29
10	年度	利率因子1	利率因子2	年份因子	死亡率	退保率	每1000费用
11	1.00	0.91	1.00	1.00	0.0009	0.20	27.00
12	2.00	0.83	0.91	1.00	0.0010	0.11	3.00
13	3.00	0.76	0.83	1.00	0.0012	0.08	3.00
14	4.00	0.70	0.76	1.00	0.0014	0.06	3.00
15	5.00	0.64	0.70	1.00	0.0015	0.05	3.00
16	6.00	0.58	0.64	1.00	0.0018	0.04	3.00

图 14－8 年份因子的计算（续）

（5）资产份额/准备金

保单年度末资产份额与准备金的比率也是实务中所关注的一个重要的利润目标，一般情况下，该比例大于 100%。本章计算了保单年度第 20 年的该项指标。

如图 14－9 所示，Q30 单元格为保单年度第 20 年时的保单资产份额，R30 单元格为保单年度第 20 年时的准备金。

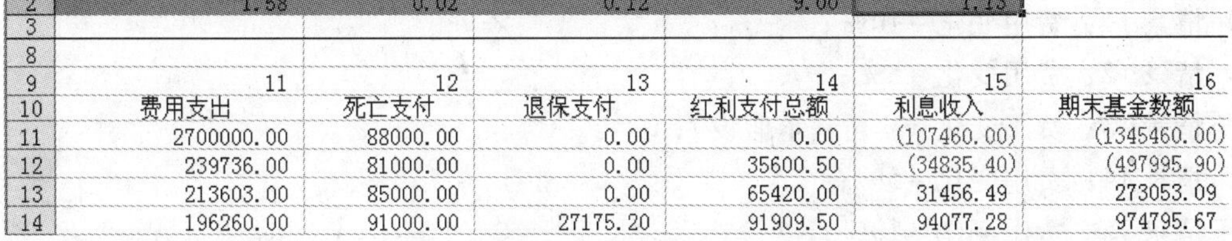

Microsoft Excel － 教材(sentest)

O2 =Q30/R30

	K	L	M	N	O	P
1	利润现值	获利比率	投资回报率	临界平衡年	资产份额/准备金	
2	1.58	0.02	0.12	9.00	1.13	
3						
8						
9	11	12	13	14	15	16
10	费用支出	死亡支付	退保支付	红利支付总额	利息收入	期末基金数额
11	2700000.00	88000.00	0.00	0.00	(107460.00)	(1345460.00)
12	239736.00	81000.00	0.00	35600.50	(34835.40)	(497995.90)
13	213603.00	85000.00	0.00	65420.00	31456.49	273053.09
14	196260.00	91000.00	27175.20	91909.50	94077.28	974795.67

图 14－9 资产份额与准备金之比

从图 14 - 9 中也可以看到，在已给假设的前提下，测算出来的该终生寿险保单的利润现值为 1.58，获利比率为 0.02，投资回报率为 12%，临界平衡年为 9 年，资产份额/准备金的比值为 1.13，各种指标都反映出来该种保险产品的获利能力较强。

14.2 敏感性检测

通过设定不同的假设情景（利率、死力、费用率、失效率等）来比较不同情境下各利润指标的变化情况是保险产品开发中重要的一个环节。这是因为，计算出适应市场的合理的保费后，需要调整计算基础，即利率、死亡率和费用率，公司可以寻找到它真正的利润点，在实际中，通常是通过调整费用来实现的。在这里，为了观察不同的假设条件对利润值的影响，将分别对调整利率、死亡率、费用率进行敏感性检测。

14.2.1 情景的设定

本实验设定了包括利率变动、死亡率变动、费用率变动、失效率变动以及整体变动的 21 种情景，各种情景分别设计如下：

（1）利率变动的影响

情景 1：利率变动为 7%；

情景 2：利率变动为 8%；

情景 3：利率变动为 9%（基本假设）；

情景 4：利率变动为 10%；

情景 5：利率变动为 11%；

（2）死亡率变动的影响

情景 6：死亡率变动 -20%；

情景 7：死亡率变动 -10%；

情景 8：死亡率变动 0%（基本假设）；

情景 9：死亡率变动 +10%；

情景 10：死亡率变动 +20%；

（3）费用变动的影响

情景 11：费用变化 -10%；

情景 12：费用变化 -5%；

情景 13：费用变化 0%（基本假设）；

情景 14：费用变化 +5%；

情景 15：费用变化 +10%；

（4）失效率变动的影响

情景 16：失效率变化 -20%；

情景 17：失效率变化 -10%；

情景 18：失效率变化 0（基本假设）；

情景 19：失效率变化 +10%；

情景 20：失效率变化 +20%；

（5）整体变动的影响

情景 21：利率提高到 9.5%，死亡率提高到 5%，退保率下降到 5%，费用提高到 1%。

14.2.2 进行利润检测的基本假设的输入

在实务中，经常将一些基本假设在表单中单独列出，这样做可以增加表单的关联性以及为进一步计算做准备，同时当假设改变时，这种做法也会使模型修改工作变得简单。图 14 - 10给出了做利润检测的基本假设。

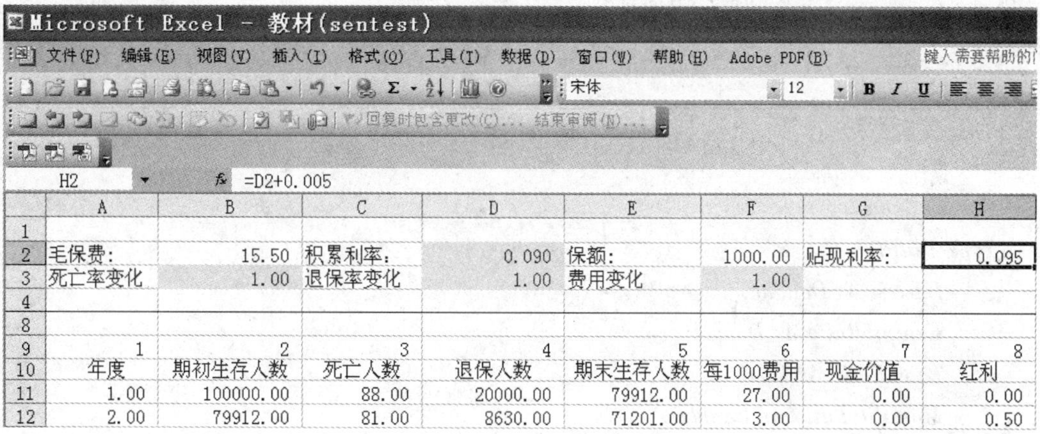

	A	B	C	D	E	F	G	H
1								
2	毛保费:	15.50	积累利率:	0.090	保额:	1000.00	贴现利率:	0.095
3	死亡率变化	1.00	退保率变化	1.00	费用变化	1.00		
4								
8								
9	1	2	3	4	5	6	7	8
10	年度	期初生存人数	死亡人数	退保人数	期末生存人数	每1000费用	现金价值	红利
11	1.00	100000.00	88.00	20000.00	79912.00	27.00	0.00	0.00
12	2.00	79912.00	81.00	8630.00	71201.00	3.00	0.00	0.50

图 14 - 10　基本假设

第二行与第三行中的数据即为假设数据，其中灰色单元格中的数据会在本章节中的利润检测部分作为输入变量。死亡率变化、退保率变化与费用变化均采用比例变化形式表达，即 1.00 代表在现有数据基础上不变化，而 0.8 则表示变化为现有数据大小的 0.8 倍。积累利率是利润检测中的重要变量，它的变化会对检测结果产生很大的影响。如图 14 - 10 所示，贴现利率为积累利率加上 0.005。

14.2.3 宏的使用

在利润检测中，通过宏的使用建立了表单间的关联，其基本思路是：将不同情境假设下多个变量的值（分别代表积累利率、死亡率、费用率和失效率）赋予利润测试表单（Basic 表单），通过利润测试表单（Basic 表单）中的运算，最终将利润测试结果在敏感性检测表（Sentest 表单）中输出。敏感性检测表单如图 14 - 11 所示。

本实验将该例中所用到的宏代码进行了整理，供读者参考。宏代码如下：

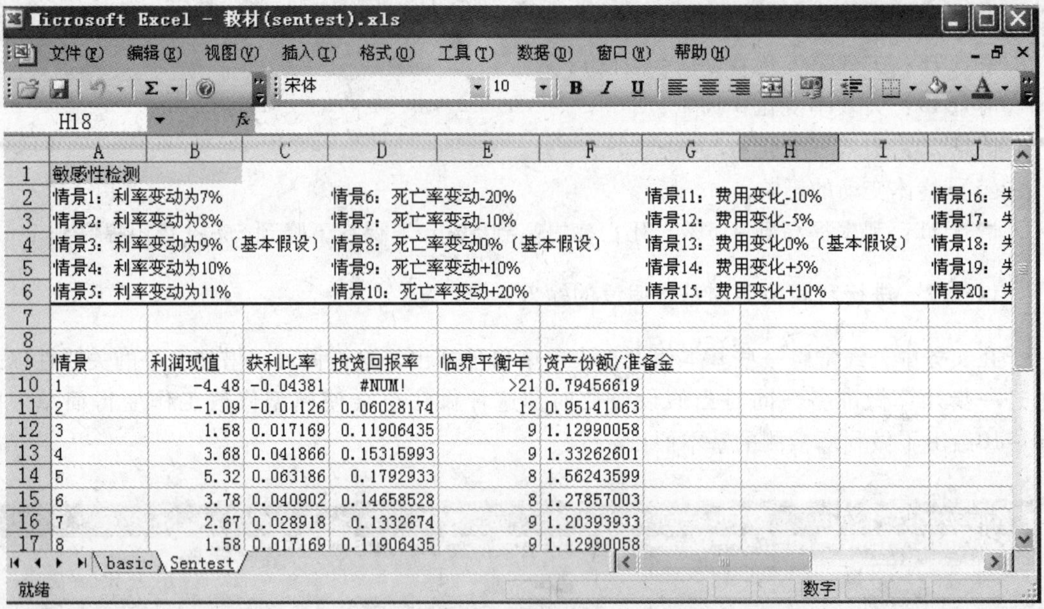

	A	B	C	D	E	F	G	H	I	J
1	敏感性检测									
2	情景1：利率变动为7%			情景6：死亡率变动-20%			情景11：费用变化-10%			情景16：失
3	情景2：利率变动为8%			情景7：死亡率变动-10%			情景12：费用变化-5%			情景17：失
4	情景3：利率变动为9%（基本假设）			情景8：死亡率变动0%（基本假设）			情景13：费用变化0%（基本假设）			情景18：失
5	情景4：利率变动为10%			情景9：死亡率变动+10%			情景14：费用变化+5%			情景19：失
6	情景5：利率变动为11%			情景10：死亡率变动+20%			情景15：费用变化+10%			情景20：失
7										
8										
9	情景	利润现值	获利比率	投资回报率	临界平衡年	资产份额/准备金				
10	1	-4.48	-0.04381	#NUM!	>21	0.79456619				
11	2	-1.09	-0.01126	0.06028174	12	0.95141063				
12	3	1.58	0.017169	0.11906435	9	1.12990058				
13	4	3.68	0.041866	0.15315993	9	1.33262601				
14	5	5.32	0.063186	0.1792933	8	1.56243599				
15	6	3.78	0.040902	0.14658528	8	1.27857003				
16	7	2.67	0.028918	0.1332674	9	1.20393933				
17	8	1.58	0.017169	0.11906435	9	1.12990058				

图 14－11　敏感性检测表（Sentest 表单）

```
Option Explicit
Type TestPlan
        Interest As Double
        ExpenseRatio As Double
        LapseRatio As Double
        MortalityRatio As Double
End Type
Sub SenTest( )

Dim TestInput(1 To 21)  As TestPlan             'Number of Scenarios

TestInput(1). Interest = 0. 07
TestInput(1). ExpenseRatio = 1
TestInput(1). LapseRatio = 1
TestInput(1). MortalityRatio = 1                'Scenario1

TestInput(2). Interest = 0. 08
TestInput(2). ExpenseRatio = 1
TestInput(2). LapseRatio = 1
TestInput(2). MortalityRatio = 1                'Scenario2
.
TestInput(3). Interest = 0. 09
```

```
TestInput(3). ExpenseRatio = 1
TestInput(3). LapseRatio = 1
TestInput(3). MortalityRatio = 1                    'Scenario3

TestInput(4). Interest = 0.1
TestInput(4). ExpenseRatio = 1
TestInput(4). LapseRatio = 1
TestInput(4). MortalityRatio = 1                    'Scenario4

TestInput(5). Interest = 0.11
TestInput(5). ExpenseRatio = 1
TestInput(5). LapseRatio = 1
TestInput(5). MortalityRatio = 1                    'Scenario5

TestInput(6). Interest = 0.09
TestInput(6). ExpenseRatio = 1
TestInput(6). LapseRatio = 1
TestInput(6). MortalityRatio = 0.8                  'Scenario6

TestInput(7). Interest = 0.09
TestInput(7). ExpenseRatio = 1
TestInput(7). LapseRatio = 1
TestInput(7). MortalityRatio = 0.9                  'Scenario7

TestInput(8). Interest = 0.09
TestInput(8). ExpenseRatio = 1
TestInput(8). LapseRatio = 1
TestInput(8). MortalityRatio = 1                    'Scenario8

TestInput(9). Interest = 0.09
TestInput(9). ExpenseRatio = 1
TestInput(9). LapseRatio = 1
TestInput(9). MortalityRatio = 1.1                  'Scenario9

TestInput(10). Interest = 0.09
TestInput(10). ExpenseRatio = 1
TestInput(10). LapseRatio = 1
TestInput(10). MortalityRatio = 1.2                 'Scenario10
```

```
TestInput(11). Interest = 0. 09
TestInput(11). ExpenseRatio = 0. 9
TestInput(11). LapseRatio = 1
TestInput(11). MortalityRatio = 1                 'Scenario11

TestInput(12). Interest = 0. 09
TestInput(12). ExpenseRatio = 0. 95
TestInput(12). LapseRatio = 1
TestInput(12). MortalityRatio = 1                 'Scenario12

TestInput(13). Interest = 0. 09
TestInput(13). ExpenseRatio = 1
TestInput(13). LapseRatio = 1
TestInput(13). MortalityRatio = 1                 'Scenario13

TestInput(14). Interest = 0. 09
TestInput(14). ExpenseRatio = 1. 05
TestInput(14). LapseRatio = 1
TestInput(14). MortalityRatio = 1                 'Scenario14

TestInput(15). Interest = 0. 09
TestInput(15). ExpenseRatio = 1. 1
TestInput(15). LapseRatio = 1
TestInput(15). MortalityRatio = 1                 'Scenario15

TestInput(16). Interest = 0. 09
TestInput(16). ExpenseRatio = 1
TestInput(16). LapseRatio = 0. 8
TestInput(16). MortalityRatio = 1                 'Scenario16

TestInput(17). Interest = 0. 09
TestInput(17). ExpenseRatio = 1
TestInput(17). LapseRatio = 0. 9
TestInput(17). MortalityRatio = 1                 'Scenario17

TestInput(18). Interest = 0. 09
TestInput(18). ExpenseRatio = 1
```

```
TestInput(18). LapseRatio = 1
TestInput(18). MortalityRatio = 1                    'Scenario18

TestInput(19). Interest = 0. 09
TestInput(19). ExpenseRatio = 1
TestInput(19). LapseRatio = 1. 1
TestInput(19). MortalityRatio = 1                    'Scenario19

TestInput(20). Interest = 0. 09
TestInput(20). ExpenseRatio = 1
TestInput(20). LapseRatio = 1. 2
TestInput(20). MortalityRatio = 1                    'Scenario20

TestInput(21). Interest = 0. 095
TestInput(21). ExpenseRatio = 1. 01
TestInput(21). LapseRatio = 0. 95
TestInput(21). MortalityRatio = 1. 05                'Scenario21

Dim RowCount, i As Integer
RowCount = 10                                        'Initial Row
  For i = 1 To 21                                           'Scenario Number
    Worksheets("basic"). Range("d2"). Value = TestInput(i). Interest
    Worksheets("basic"). Range("f3"). Value = TestInput(i). ExpenseRatio
    Worksheets("basic"). Range("d3"). Value = TestInput(i). LapseRatio
    Worksheets("basic"). Range("b3"). Value = TestInput(i). MortalityRatio

    Worksheets("SenTest"). CELLS(RowCount, 2). Value
              = Worksheets("basic"). Range("k2"). Value
    Worksheets("SenTest"). CELLS(RowCount, 3). Value
              = Worksheets("basic"). Range("l2"). Value
    Worksheets("SenTest"). CELLS(RowCount, 4). Value
              = Worksheets("basic"). Range("m2"). Value
    Worksheets("SenTest"). CELLS(RowCount, 5). Value
              = Worksheets("basic"). Range("n2"). Value
    Worksheets("SenTest"). CELLS(RowCount, 6). Value
              = Worksheets("basic"). Range("o2"). Value
    RowCount = RowCount + 1
  Next i
```

End Sub

14.2.4 利润检测结果

表 14 - 2 为针对该例进行利润检测所得到的结果，该结果为利润检测表单（Sentest 表单）的输出结果。

表 14 - 2　　　　利 润 检 测 结 果

情　景	利润现值	获利比率	投资回报率	临界平衡年	资产份额/准备金
1	-4.48	-0.043811	—	>20①	0.7945662
2	-1.09	-0.011264	0.0602817	12	0.9514106
3	1.58	0.0171688	0.1190644	9	1.1299006
4	3.68	0.0418662	0.1531599	9	1.332626
5	5.32	0.0631855	0.1792933	8	1.562436
6	3.78	0.0409019	0.1465853	8	1.27857
7	2.67	0.0289178	0.1332674	9	1.2039393
8	1.58	0.0171688	0.1190644	9	1.1299006
9	0.50	0.0054536	0.1032017	10	1.0552061
10	-0.60	-0.006532	0.0842238	13	0.9779112
11	5.75	0.062317	0.1917953	6	1.4110942
12	3.67	0.0397429	0.1533339	8	1.2704974
13	1.58	0.0171688	0.1190644	9	1.1299006
14	-0.50	-0.005405	0.0876886	>20	0.9893038
15	-2.58	-0.027979	0.0580535	>20	0.8487069
16	1.81	0.0178534	0.1221428	9	1.1205943
17	1.72	0.0178046	0.1209558	9	1.1268708
18	1.58	0.0171688	0.1190644	9	1.1299006
19	1.42	0.0161624	0.116812	10	1.1306219
20	1.23	0.0146278	0.1140323	10	1.1275909
21	1.87	0.0202745	0.1261831	10	1.1586934

① 在 20 年内没有临界平衡年，即各年的期末盈余均为负数。

实验十五

SHIYANSHIWU

根据利润目标调整保费

实验目的和要求：

本实验要求读者熟悉掌握几个比较常用的利润指标，能够灵活利用 Excel 根据不同的利润目标调整典型保单的保费。

实验内容：

在实验十四的基础上，设计常用的几种利润指标（包括获利比率、利润现值与风险成本现值比、利润现值与死亡保险金给付现值比、投资回报率、n 年期末资产份额与期末准备金的关系），根据假定的利润目标调整典型保单的保费。

当给定费率后，通过资产份额法能得出各年份的现金流，从而得到各种利润指标，当利润指标与公司的目标有一定的距离时，则需要调整保费。

15.1

实　验　准　备

15.1.1　符号说明

下列符号用于利润测量和保费调整：

$PVPRO_x$ 为所有利润在承保时的现值；

PVP_x 为所有保费在承保时的现值；

$RC_{x,t}$ 为风险成本，定义为死亡成本的 α 倍加上准备金的 β 倍；

$PVRC_x$ 为所有风险成本在承保时的现值；

$PVPER_x$ 为死亡保险金给付在承保时的现值；

$PVNPC_x$ 为不含保单费用的保费增加 1 倍后的现值增量；

$PC_{x,t}$ 为保费年度 t 的净保费增加 1 倍引起的利润的增加；

$PVPC_x$ 为利润增量在承保时的现值；

ASC_x 为保费增加 1 倍引起的第 n 期资产份额 $AS_{x,n}$ 的增加，等于每个利润增量积累到 n 年末的值；

$PREMC_x$ 为净保费的变化比例。例如，如果要求净保费增加 10%，则 $PREMC_x=0.1$

$NP'_{x,t}$ 为调整后的不含保单费用的保费；

$PVPRO'_x$ 为修正利润现值，由于保费变化而引起的利润现值的修正值；

PVP'_x 为修正保费现值，即由于保费变化引起的保费现值的修正值；

$AS'_{x,n}$ 为修正资产份额，保费变动引起的 n 年末资产份额的修正值。

15.1.2 比较常用的利润指标

（1）获利比率。利润现值与保费现值之比，即：

$$\frac{PVPRO_x}{PVP_x}$$

（2）投资回报率（ROI）。使所有利润现值之和等于零的收益率。

（3）利润现值与风险成本现值比，即：

$$\frac{PVPRO_x}{PVRC_x}$$

（4）利润现值与死亡保险给付现值比，即：

$$\frac{PVPRO_x}{PVPER_x}$$

（5）最终资产份额与最终期末准备金的关系。

15.1.3 不同利润指标下保费调整公式

（1）获利比率，设为 R，则：

$$PREMC_x=\frac{R\times PVR_x-PVPRO_x}{PVPC_x-R\times PVNPC_x}$$

（2）投资回报率

$$PREMC_x=-\frac{PVPRO_x}{PVPC_x}$$

（3）利润现值与风险成本比值，设为 R，则：

$$PREMC_x=\frac{R\times PVRC_x-PVPRO_x}{PVPC_x}$$

（4）利润现值与死亡保险给付现值比，同样设为 R，则：

$$PREMC_x=\frac{R\times PVPER_x-PVPRO_x}{PVPC_x}$$

（5）最终资产份额与最终期末准备金的比值，设为 R，则：

$$PREMC_x=\frac{R\times V_{x,n}-AS_{x,n}}{ASC_x}$$

15.2

利用 Excel 调整典型保单的保费

选用实验十四中所用的保单，假设不含保单费用的保费为 12 元，在计算风险成本时设置 $\alpha = 20\%$,$\beta = 1\%$。建立 5 个常用的利润指标、利润目标以及调整后的不含保单费用的保费，如图 15 - 1 所示：

Microsoft Excel - 教材.xls

G9　fx =(1+E9)*C$3

	A	B	C	D	E	F	G	H	I
1									
2	毛保费:	15.5	积累利率:	0.09	保额:	1000	贴现利率:	0.095	
3	不含保单费用保费:		12		死亡成本风险值:	0.2	准备金风险值:	0.01	
4	利润指标			利润目标	保费变化百分比	调整后不含保单费用保费			
5	获利比率			0.017	0.00		12.00		
6	利润现值与风险成本现值比			1	0.05		12.58		
7	利润现值与死亡保险给付现值比			1	0.15		13.77		
8	投资回报率			0.12	0.00		12.01		
9	资产份额/准备金			1.13	0.00		12.00		
10									
11									
12	1	2	3	4	5	6	7	8	9
13	年度	期初生存人数	死亡人数	退保人数	期末生存人数	每1000费用	现金价值	红利	期初基金数额
14	1.00	100000.00	88.00	20000.00	79912.00	27.00	0.00	0.00	0.00
15	2.00	79912.00	81.00	8630.00	71201.00	3.00	0.00	0.50	-1345460.00
16	3.00	71201.00	85.00	5696.00	65420.00	3.00	0.00	1.00	-497995.90
17	4.00	65420.00	91.00	4056.00	61273.00	3.00	6.70	1.50	273053.09
18	5.00	61273.00	94.00	2941.00	58238.00	3.00	14.04	2.00	974795.67
19	6.00	58238.00	105.00	2096.00	56037.00	3.00	21.72	2.50	1641374.27
20	7.00	56037.00	113.00	1793.00	54131.00	3.00	29.73	3.10	2287248.08
21	8.00	54131.00	121.00	1569.00	52441.00	3.00	38.12	3.70	2917407.54
22	9.00	52441.00	130.00	1415.00	50896.00	3.00	46.87	4.30	3537222.12
23	10.00	50896.00	139.00	1272.00	49485.00	3.00	56.02	5.90	4149056.88
24	11.00	49485.00	157.00	1187.00	48141.00	3.00	65.55	6.60	4707456.06
25	12.00	48141.00	168.00	1107.00	46866.00	3.00	75.50	7.30	5245756.78
26	13.00	46866.00	179.00	1031.00	45656.00	3.00	85.88	8.00	5772535.72
27	14.00	45656.00	191.00	958.00	44507.00	3.00	96.71	8.70	6289767.90
28	15.00	44507.00	203.00	890.00	43414.00	3.00	108.01	9.40	6798455.94
29	16.00	43414.00	217.00	868.00	42329.00	3.00	119.79	10.20	7300369.35

图 15 - 1　建立利润目标

为建立利润目标和不含保单费用保费变化百分比之间的关系，首先需在实验十四的基础上增加几个辅助变量，包括净保费（不含保单费用的保费）、PC（各保单年度由于净保费增加 1 倍引起的利润的增加）、RC（各保单年度末风险成本）、ASC20（各保单年度由于净保费增加 1 倍引起的资产份额的增加积累到 20 年末的值）、PER（各保单年度死亡保险金给付在承保时的现值）以及两个不同起点的利率因子（在实验十四已有所涉及，在此略过），如图 15 - 2 至图 15 - 7 所示。

Microsoft Excel - 教材.xls

W13 | 净保费

	U	V	W	X	Y	Z	AA	AB	AC
12	21	22	23	24	25	26	27	0.095	
13	营运损益	有效损益	净保费	PC	RC	ASC20	PER	利率因子1	利率因子2
14	-24.47	-19.55	12.00	16.37	0.25	192.92	1.75	0.913242	1
15	7.33	5.22	12.00	14.68	0.36	140.79	1.43	0.834011	0.91324201
16	7.05	4.61	12.00	14.24	0.47	114.56	1.20	0.7616539	0.83401097
17	6.31	3.87	12.00	13.97	0.60	96.13	1.02	0.6955743	0.76165385
18	5.72	3.33	12.00	13.76	0.71	82.22	0.89	0.6352277	0.69557429
19	5.06	2.83	12.00	13.59	0.85	71.37	0.78	0.5801166	0.63522767
20	4.68	2.53	12.00	13.54	0.99	62.71	0.69	0.5297868	0.58011659
21	4.34	2.28	12.00	13.50	1.12	55.32	0.61	0.4838236	0.52978684
22	4.06	2.07	12.00	13.48	1.27	48.95	0.54	0.441848	0.4838236
23	2.77	1.37	12.00	13.45	1.42	43.38	0.48	0.4035142	0.44184803
24	2.29	1.10	12.00	13.45	1.60	38.52	0.43	0.3685061	0.40351419
25	1.94	0.91	12.00	13.44	1.76	34.22	0.38	0.3365353	0.36850611
26	1.62	0.74	12.00	13.43	1.93	30.43	0.34	0.3073381	0.33653526
27	1.29	0.57	12.00	13.42	2.11	27.07	0.30	0.2806741	0.30733813
28	0.99	0.43	12.00	13.41	2.29	24.10	0.27	0.2563234	0.2806741
29	0.62	0.26	12.00	13.42	2.49	21.47	0.24	0.2340853	0.25632337
30	0.30	0.12	12.00	13.42	2.69	19.12	0.21	0.2137765	0.23408527
31	-0.01	-0.01	12.00	13.43	2.91	17.01	0.19	0.1952297	0.21377651
32	-0.43	-0.17	12.00	13.44	3.14	15.13	0.17	0.178292	0.19522969
33	-0.84	-0.32	12.00	13.45	3.38	13.45	0.15	0.1628237	0.17829195

图 15-2　增加辅助变量

W14 | =C$3

	U	V	W	X	Y	Z	AA	AB	AC
12	21	22	23	24	25	26	27	0.095	
13	营运损益	有效损益	净保费	PC	RC	ASC20	PER	利率因子1	利率因子2
14	-24.47	-19.55	12.00	16.37	0.25	192.92	1.75	0.913242	1

图 15-3　得出净保费

X14 | =W14*(1+D$2)/E14*B14

	U	V	W	X	Y	Z	AA	AB	AC
12	21	22	23	24	25	26	27	0.095	
13	营运损益	有效损益	净保费	PC	RC	ASC20	PER	利率因子1	利率因子2
14	-24.47	-19.55	12.00	16.37	0.25	192.92	1.75	0.913242	1

图 15-4　计算 PC

有了如上的辅助变量后需要继续构建保费调整公式里所涉及的各个中间变量，主要包括 PVP（所有保费在承保时的现值）、PVPRO（所有利润在承保时的现值）、ROI（投资回报率）、PVNPC（不含保单费用的保费增加 1 倍后的现值增量）、PVPC（利润增量在承保时的现值）、PVRC（所有风险成本在承保时的现值）、ASC20（第 20 期资产份额的增加）、

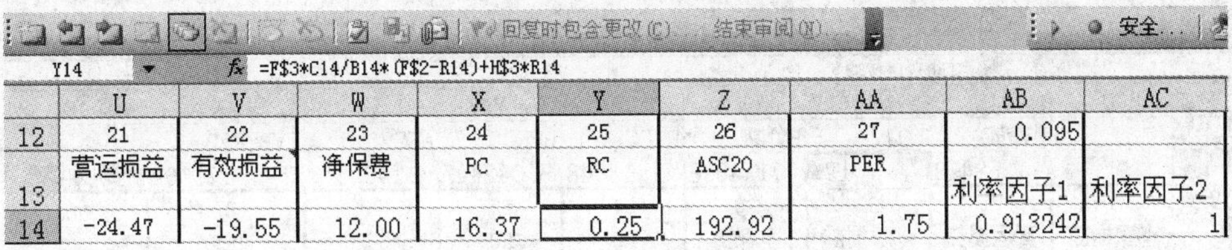

Y14　=F$3*C14/B14*(F$2-R14)+H$3*R14

	U	V	W	X	Y	Z	AA	AB	AC
12	21	22	23	24	25	26	27	0.095	
13	营运损益	有效损益	净保费	PC	RC	ASC20	PER	利率因子1	利率因子2
14	-24.47	-19.55	12.00	16.37	0.25	192.92	1.75	0.913242	1

图 15－5　计算 RC

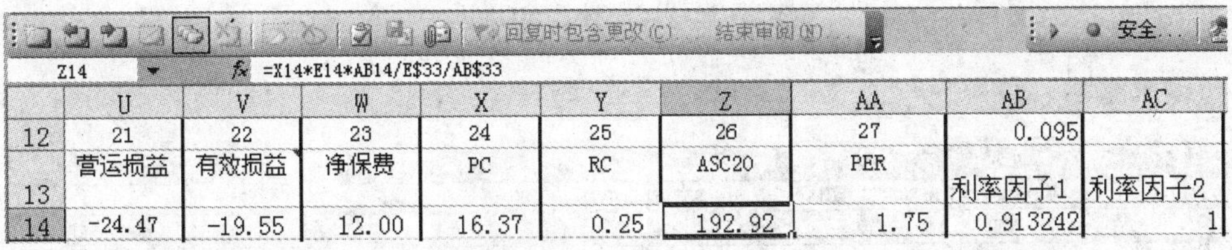

Z14　=X14*E14*AB14/E$33/AB$33

	U	V	W	X	Y	Z	AA	AB	AC
12	21	22	23	24	25	26	27	0.095	
13	营运损益	有效损益	净保费	PC	RC	ASC20	PER	利率因子1	利率因子2
14	-24.47	-19.55	12.00	16.37	0.25	192.92	1.75	0.913242	1

图 15－6　计算 ASC20

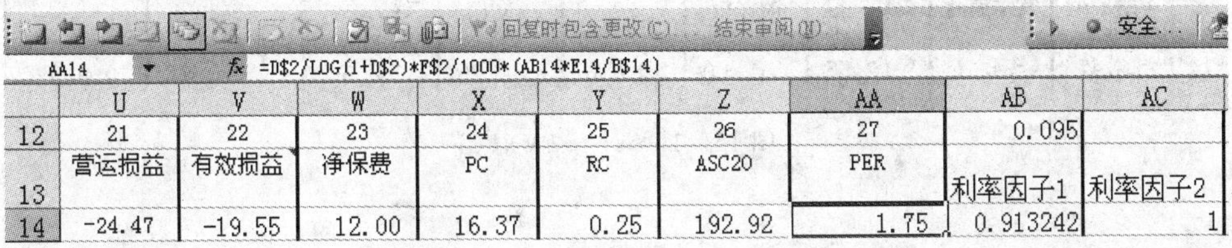

AA14　=D$2/LOG(1+D$2)*F$2/1000*(AB14*E14/B$14)

	U	V	W	X	Y	Z	AA	AB	AC
12	21	22	23	24	25	26	27	0.095	
13	营运损益	有效损益	净保费	PC	RC	ASC20	PER	利率因子1	利率因子2
14	-24.47	-19.55	12.00	16.37	0.25	192.92	1.75	0.913242	1

图 15－7　计算 PER

PVPER20（死亡保险金给付在承保时的现值），各变量单元格的公式设置如图 15－8 至图 15－15 所示。

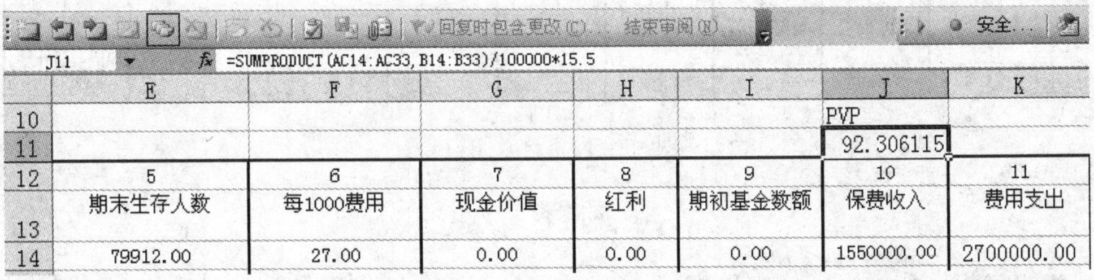

J11　=SUMPRODUCT(AC14:AC33,B14:B33)/100000*15.5

	E	F	G	H	I	J	K
10						PVP	
11						92.306115	
12	5	6	7	8	9	10	11
13	期末生存人数	每1000费用	现金价值	红利	期初基金数额	保费收入	费用支出
14	79912.00	27.00	0.00	0.00	0.00	1550000.00	2700000.00

图 15－8　计算 PVP

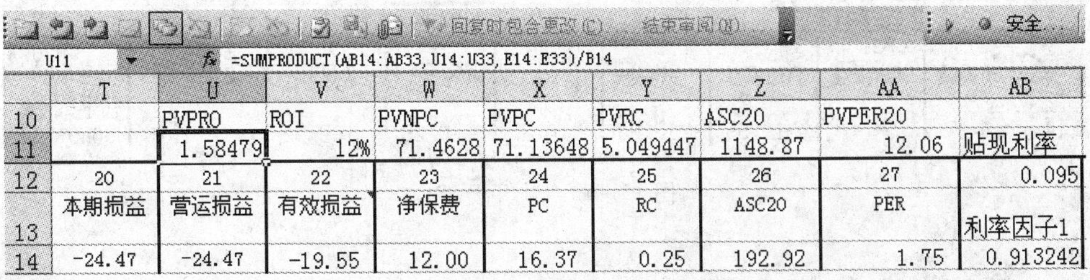

U11　=SUMPRODUCT(AB14:AB33,U14:U33,E14:E33)/B14

	T	U	V	W	X	Y	Z	AA	AB
10		PVPRO	ROI	PVNPC	PVPC	PVRC	ASC20	PVPER20	
11		1.58479	12%	71.4628	71.13648	5.049447	1148.87	12.06	贴现利率
12	20	21	22	23	24	25	26	27	0.095
13	本期损益	营运损益	有效损益	净保费	PC	RC	ASC20	PER	利率因子1
14	-24.47	-24.47	-19.55	12.00	16.37	0.25	192.92	1.75	0.913242

图 15－9　计算 PVPRO

V11 =IRR(V14:V33)

	T	U	V	W	X	Y	Z	AA	AB
10		PVPRO	ROI	PVNPC	PVPC	PVRC	ASC20	PVPER20	
11		1.58479	12%	71.4628	71.13648	5.049447	1148.87	12.06	贴现利率
12	20	21	22	23	24	25	26	27	0.095
13	本期损益	营运损益	有效损益	净保费	PC	RC	ASC20	PER	利率因子1
14	-24.47	-24.47	-19.55	12.00	16.37	0.25	192.92	1.75	0.913242

图 15－10　计算 ROI

W11 =SUMPRODUCT(AC14:AC33,B14:B33,W14:W33)/100000

	T	U	V	W	X	Y	Z	AA	AB
10		PVPRO	ROI	PVNPC	PVPC	PVRC	ASC20	PVPER20	
11		1.58479	12%	71.4628	71.13648	5.049447	1148.87	12.06	贴现利率
12	20	21	22	23	24	25	26	27	0.095
13	本期损益	营运损益	有效损益	净保费	PC	RC	ASC20	PER	利率因子1
14	-24.47	-24.47	-19.55	12.00	16.37	0.25	192.92	1.75	0.913242

图 15－11　计算 PVNPC

X11 =SUMPRODUCT(AB14:AB33,X14:X33,E14:E33)/B14

	T	U	V	W	X	Y	Z	AA	AB
10		PVPRO	ROI	PVNPC	PVPC	PVRC	ASC20	PVPER20	
11		1.58479	12%	71.4628	71.13648	5.049447	1148.87	12.06	贴现利率
12	20	21	22	23	24	25	26	27	0.095
13	本期损益	营运损益	有效损益	净保费	PC	RC	ASC20	PER	利率因子1
14	-24.47	-24.47	-19.55	12.00	16.37	0.25	192.92	1.75	0.913242

图 15－12　计算 PVPC

Y11 =SUMPRODUCT(AB14:AB33,Y14:Y33,E14:E33)/B14

	T	U	V	W	X	Y	Z	AA	AB
10		PVPRO	ROI	PVNPC	PVPC	PVRC	ASC20	PVPER20	
11		1.58479	12%	71.4628	71.13648	5.049447	1148.87	12.06	贴现利率
12	20	21	22	23	24	25	26	27	0.095
13	本期损益	营运损益	有效损益	净保费	PC	RC	ASC20	PER	利率因子1
14	-24.47	-24.47	-19.55	12.00	16.37	0.25	192.92	1.75	0.913242

图 15－13　计算 PVRC

Z11　　f_x =SUM(Z14:Z33)

	T	U	V	W	X	Y	Z	AA	AB
10		PVPRO	ROI	PVNPC	PVPC	PVRC	ASC20	PVPER20	
11		1.58479	12%	71.4628	71.13648	5.049447	1148.87	12.06	贴现利率
12	20	21	22	23	24	25	26	27	0.095
13	本期损益	营运损益	有效损益	净保费	PC	RC	ASC20	PER	利率因子1
14	-24.47	-24.47	-19.55	12.00	16.37	0.25	192.92	1.75	0.913242

图 15－14　计算 ASC20

至此，可以建立利润目标和不含保单费用保费变化百分比之间的关系了。如图 15－16 至图 15－19 所示。

AA11　　f_x =SUM(AA14:AA33)

	T	U	V	W	X	Y	Z	AA	AB
10		PVPRO	ROI	PVNPC	PVPC	PVRC	ASC20	PVPER20	
11		1.58479	12%	71.4628	71.13648	5.049447	1148.87	12.06	贴现利率
12	20	21	22	23	24	25	26	27	0.095
13	本期损益	营运损益	有效损益	净保费	PC	RC	ASC20	PER	利率因子1
14	-24.47	-24.47	-19.55	12.00	16.37	0.25	192.92	1.75	0.913242

图 15－15　计算 PVPER20

E5　　f_x =(D5*J11-U11)/(X11-W11*D5)

	A	B	C	D	E	F	G	H
1								
2	毛保费:	15.5	积累利率:	0.09	保额:	1000	贴现利率:	0.095
3	不含保单费用保费:		12		死亡成本风险值:	0.2	准备金风险值:	0.01
4	利润指标			利润目标	保费变化百分比	调整后不含保单费用保费		
5	获利比率			0.017	0.00		12.00	
6	利润现值与风险成本现值比			1	0.05		12.58	
7	利润现值与死亡保险给付现值比			1	0.15		13.77	
8	投资回报率			0.12	0.00		12.01	
9	资产份额/准备金			1.13	0.00		12.00	

图 15－16　计算获利比率

E6　　f_x =(D6*Y11-U11)/X11

	A	B	C	D	E	F	G
1							
2	毛保费:	15.5	积累利率:	0.09	保额:	1000	贴现利率:
3	不含保单费用保费:		12		死亡成本风险值:	0.2	准备金风险值:
4	利润指标			利润目标	保费变化百分比	调整后不含保单费用保费	
5	获利比率			0.017	0.00		12.00
6	利润现值与风险成本现值比			1	0.05		12.58
7	利润现值与死亡保险给付现值比			1	0.15		13.77
8	投资回报率			0.12	0.00		12.01
9	资产份额/准备金			1.13	0.00		12.00

图 15－17　计算利润现值与风险成本现值比

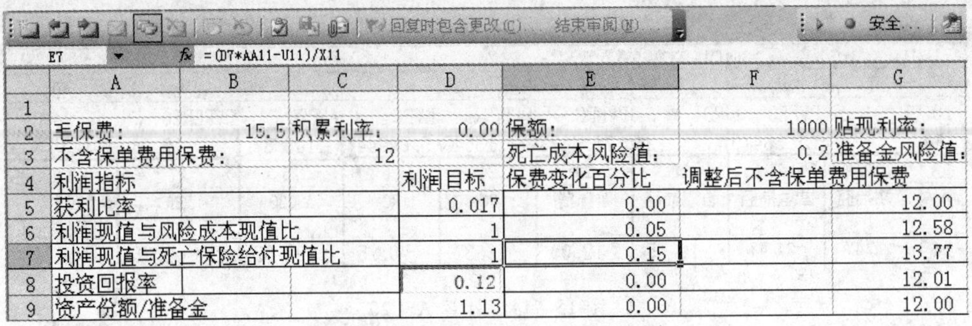
E7 | f_x =(D7*AA11-U11)/X11

	A	B	C	D	E	F	G
1							
2	毛保费:	15.5	积累利率:	0.00	保额:	1000	贴现利率:
3	不含保单费用保费:		12		死亡成本风险值:	0.2	准备金风险值:
4	利润指标			利润目标	保费变化百分比	调整后不含保单费用保费	
5	获利比率			0.017	0.00		12.00
6	利润现值与风险成本现值比			1	0.05		12.58
7	利润现值与死亡保险给付现值比			1	0.15		13.77
8	投资回报率			0.12	0.00		12.01
9	资产份额/准备金			1.13	0.00		12.00

图 15－18　计算利润现值与死亡保险给付现值比

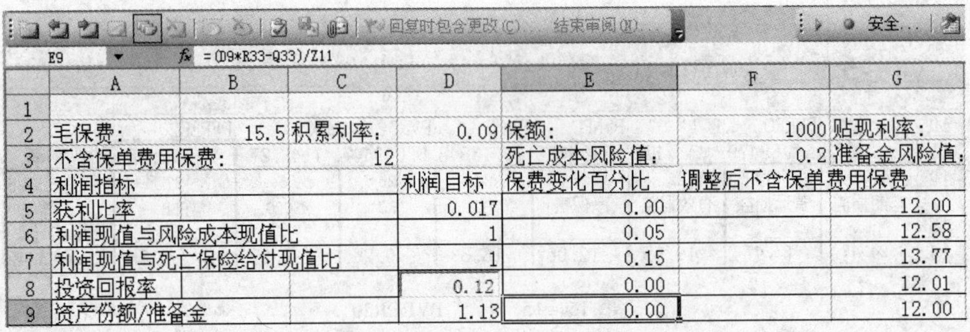
E9 | f_x =(D9*R33-Q33)/Z11

	A	B	C	D	E	F	G
1							
2	毛保费:	15.5	积累利率:	0.09	保额:	1000	贴现利率:
3	不含保单费用保费:		12		死亡成本风险值:	0.2	准备金风险值:
4	利润指标			利润目标	保费变化百分比	调整后不含保单费用保费	
5	获利比率			0.017	0.00		12.00
6	利润现值与风险成本现值比			1	0.05		12.58
7	利润现值与死亡保险给付现值比			1	0.15		13.77
8	投资回报率			0.12	0.00		12.01
9	资产份额/准备金			1.13	0.00		12.00

图 15－19　计算资产份额与准备金之比

投资回报率比较特殊，简单的单元格设置不能实现保费调整，需通过 VBA 来实现。单击 Excel 程序里的设计模式，在投资回报率的利润目标单元格上覆盖一个文本框（“TextBox1”），该文本框输入如下代码：

```
Private Sub TextBox1 _ Change ( )
Dim irr As Single, old _ irr
old _ irr = ThisWorkbook. Worksheets("Sheet1"). Cells(12,28). Value
irr = TextBox1. Value
ThisWorkbook. Worksheets("Sheet1"). Cells(12,28). Value = irr
ThisWorkbook. Worksheets("Sheet1"). Cells(8,5). Value =
    - ThisWorkbook. Worksheets("Sheet1"). Cells(11,21). Value
    /ThisWorkbook. Worksheets("Sheet1"). Cells(11,24). Value
ThisWorkbook. Worksheets("Sheet1"). Cells(12,28)
    = ThisWorkbook. Worksheets("Sheet1"). Cells(2,8)
End Sub
```

图 16－1　主界面

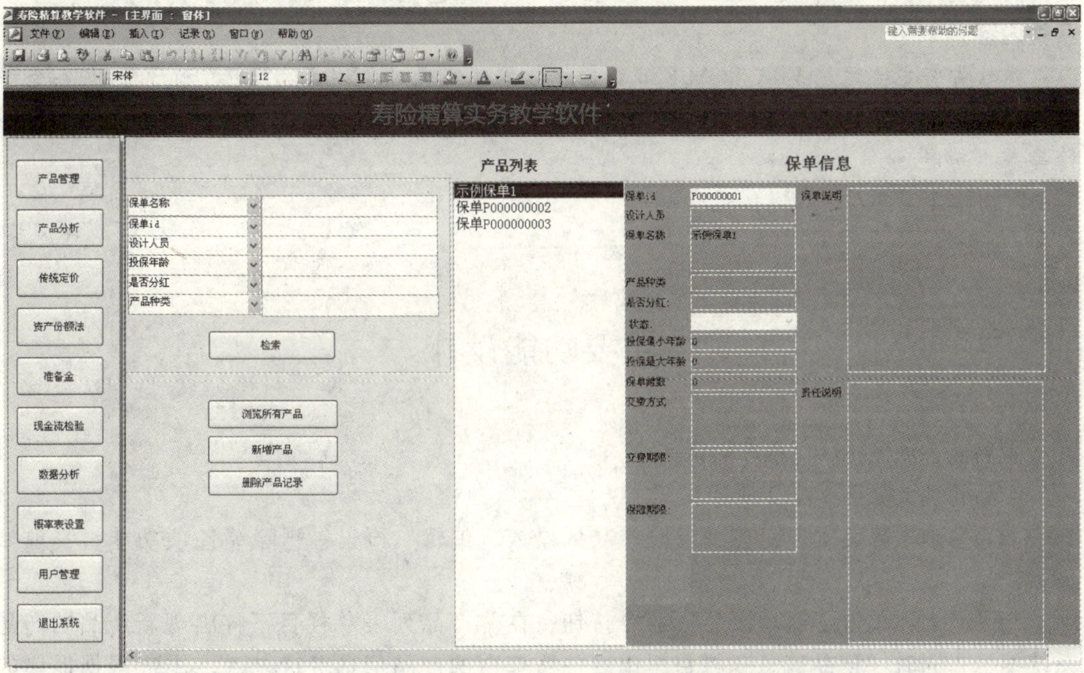

图 16－2　产品管理界面

产品删除：单击“删除产品记录”命令那个按钮将删除所选择的产品。

保单分析，如图 16－4 所示：

实验十六

SHIYANSHILIU

“寿险精算实务”教学软件开发设计

实验目的和要求：

本软件是同学们在学习了“寿险精算实务”课程后，为了进一步对该课程中所学的知识加以实际运用，并且方便以后教师的教学和学生们的学习过程而开发设计。本章从一个不同的角度实现前面各章的功能，旨在开拓同学们的思路，启发同学们根据自己所掌握的工具开发所需软件，需要读者对 ACESS 和编程有一定的基础。

实验内容：

本软件将主要运用 VBA 和 ACESS 数据库技术来实现对各种保险产品的定价、准备金评估、现金价值计算和现金流检验等过程，另外数据库具备对各种保险产品的检索、增加、删除等基本功能。

16.1 主要功能设计

主界面，如图 16－1 所示：

产品管理，如图 16－2 所示：

产品管理子界面实现对各种保险产品的录入、编辑、检索、删除等各项功能。实现如下：

产品录入：单击“新增产品”命令按钮，在“产品列表”栏目下将出现新产品的产品系统编号，同时“产品信息”栏目里出现一张空白的产品信息等待录入，用户根据保单的具体情况填入保单的各种信息（如图 16－3 所示）。

产品编辑：在“产品列表”栏目内单击选择自己所需的产品名称，“产品信息”栏目内将出现该产品的各种信息，用户根据自己的需要对保单的信息进行调整。

产品检索：用户根据自己掌握的保单条件检索自己所需的保单。

图 16－1　主界面

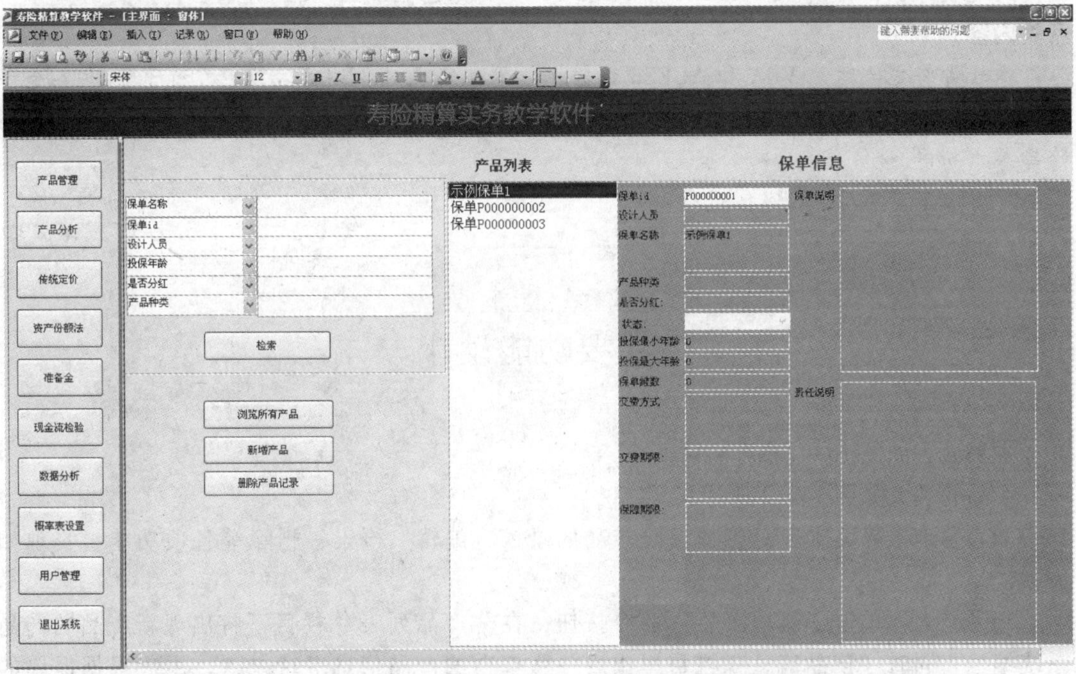

图 16－2　产品管理界面

产品删除：单击“删除产品记录”命令那个按钮将删除所选择的产品。

保单分析，如图 16－4 所示：

实验十六

SHIYANSHILIU

“寿险精算实务”教学软件开发设计

实验目的和要求：

本软件是同学们在学习了“寿险精算实务”课程后，为了进一步对该课程中所学的知识加以实际运用，并且方便以后教师的教学和学生们的学习过程而开发设计。本章从一个不同的角度实现前面各章的功能，旨在开拓同学们的思路，启发同学们根据自己所掌握的工具开发所需软件，需要读者对 ACESS 和编程有一定的基础。

实验内容：

本软件将主要运用 VBA 和 ACESS 数据库技术来实现对各种保险产品的定价、准备金评估、现金价值计算和现金流检验等过程，另外数据库具备对各种保险产品的检索、增加、删除等基本功能。

16.1

主要功能设计

主界面，如图 16－1 所示：

产品管理，如图 16－2 所示：

产品管理子界面实现对各种保险产品的录入、编辑、检索、删除等各项功能。实现如下：

产品录入：单击“新增产品”命令按钮，在“产品列表”栏目下将出现新产品的产品系统编号，同时“产品信息”栏目里出现一张空白的产品信息等待录入，用户根据保单的具体情况填入保单的各种信息（如图 16－3 所示）。

产品编辑：在“产品列表”栏目内单击选择自己所需的产品名称，“产品信息”栏目内将出现该产品的各种信息，用户根据自己的需要对保单的信息进行调整。

产品检索：用户根据自己掌握的保单条件检索自己所需的保单。

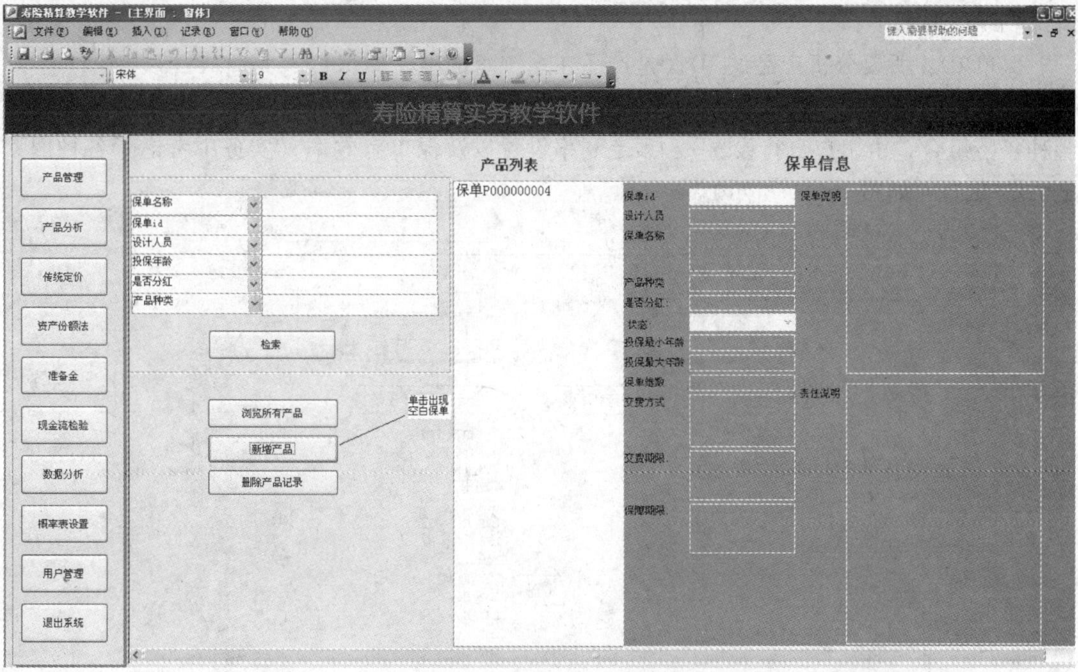

图 16－3　新增产品

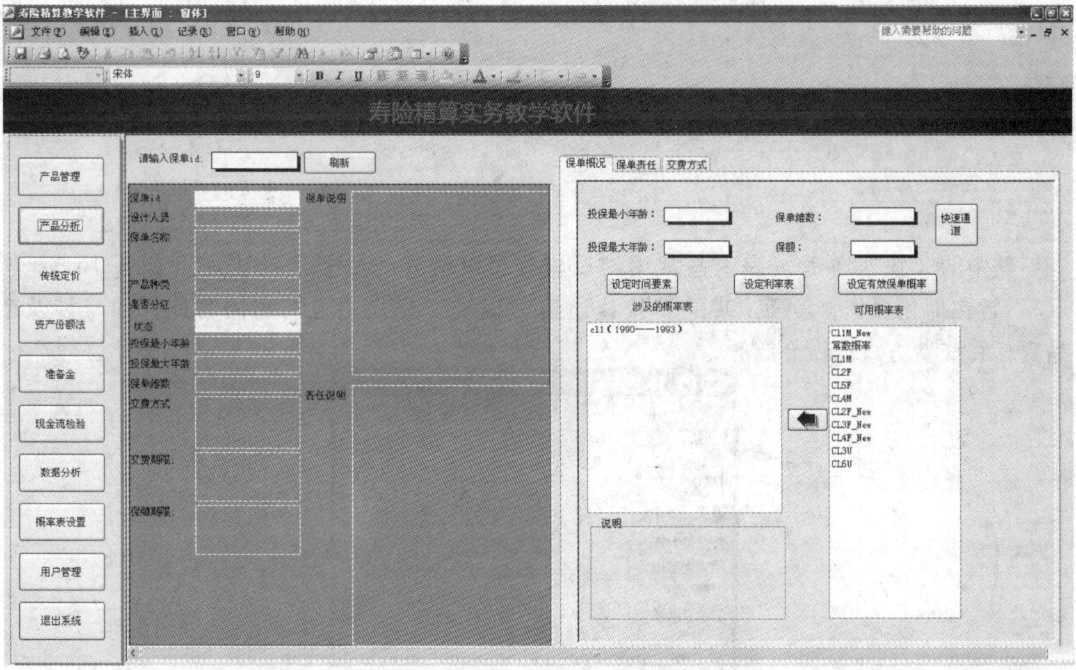

图 16－4　保单分析界面

保单分析模块将保单的各种文字信息转化为保单精算所需的各种数字条件，主要包括不同条件下的给付表、各种保单责任发生的概率、保单的交费状况以及不同交费方式下的费用情况。现说明如下：

保单 ID：所要分析产品的 ID（是产品在系统里的唯一标识）。

保单概况：主要包括保单的年龄要素（一元保单为个体的年龄、二元以及多元保单为各种年龄组合，由用户自行设置）、预定利率设置以及保单有效率（实务中考虑了各种因素之后的 D_x）（如图 16－5 所示）。

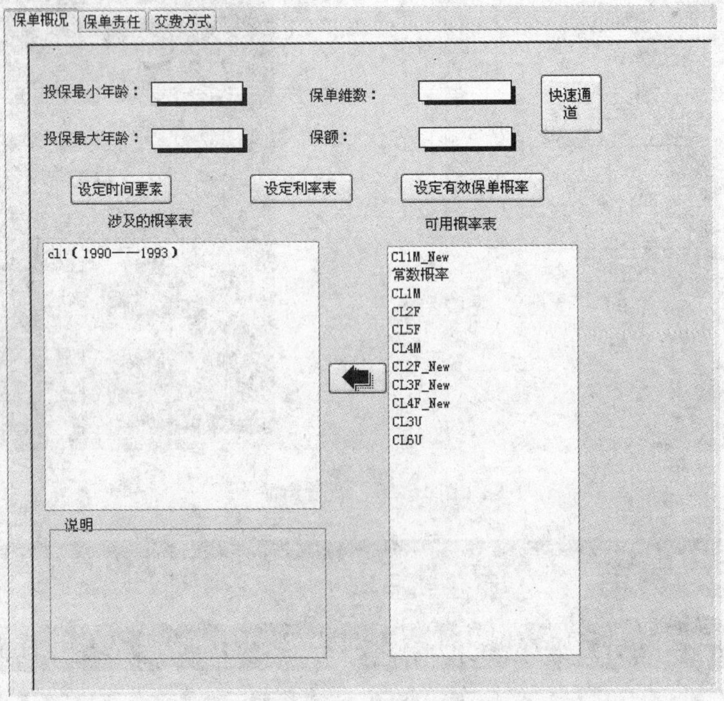

图 16－5　保单概况界面

其中的“快速通道”为一些常用的设置，可以避开一般繁琐的程序（如图 16－6 所示），旨在简化操作，后面出现的“快速通道”以及“模板通道”也同为此目的（涉及产品责任和交费方式再做介绍）。

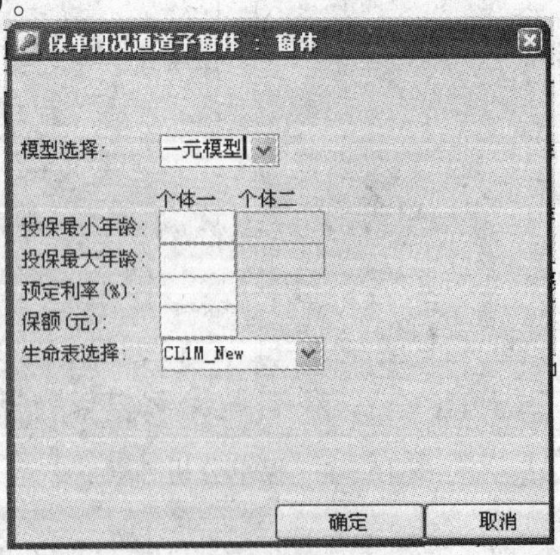

图 16－6　快速通道子窗体

保单责任：保险产品的责任，在这里需要把保单的各项责任进行区分以及转化，还可以对保单责任进行增加、删除、编辑的操作，如图 16－7 所示。通过“模板通道”可以将一些典型保单所包括的各项责任并列在一起，如图 16－8 所示。

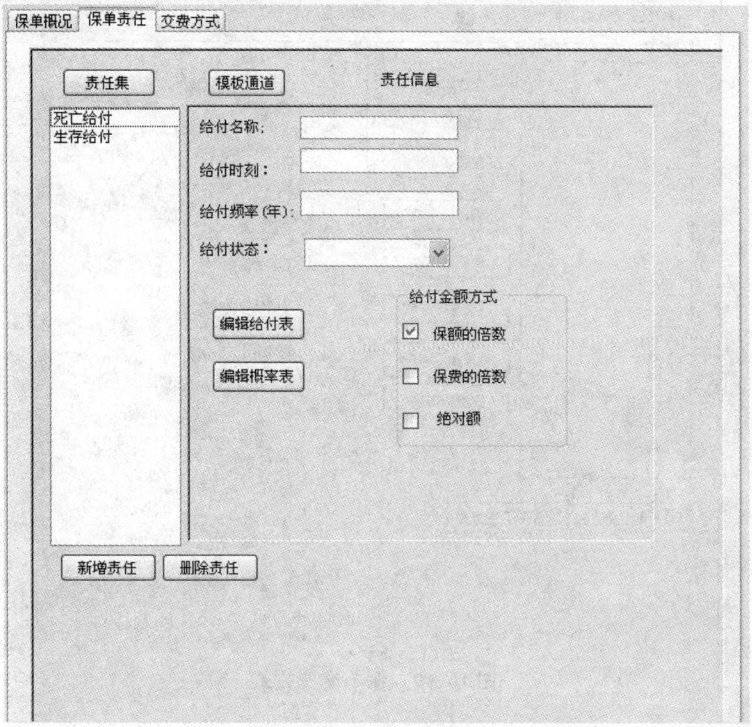

图 16－7　保单责任子界面

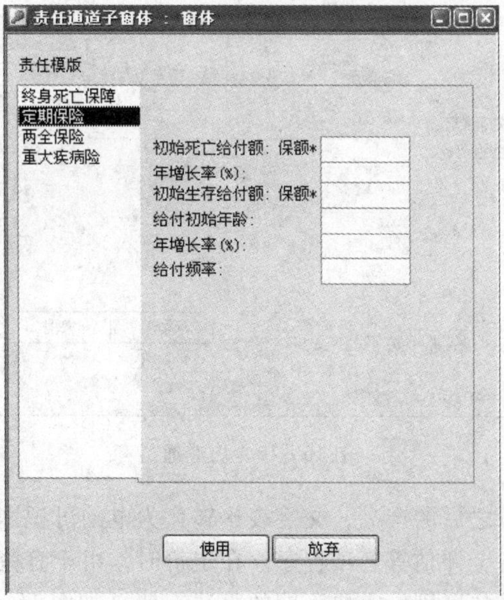

图 16－8　模板通道

交费方式：设置产品可选的交费方式以及对应的费用情况，如图 16－9 所示。

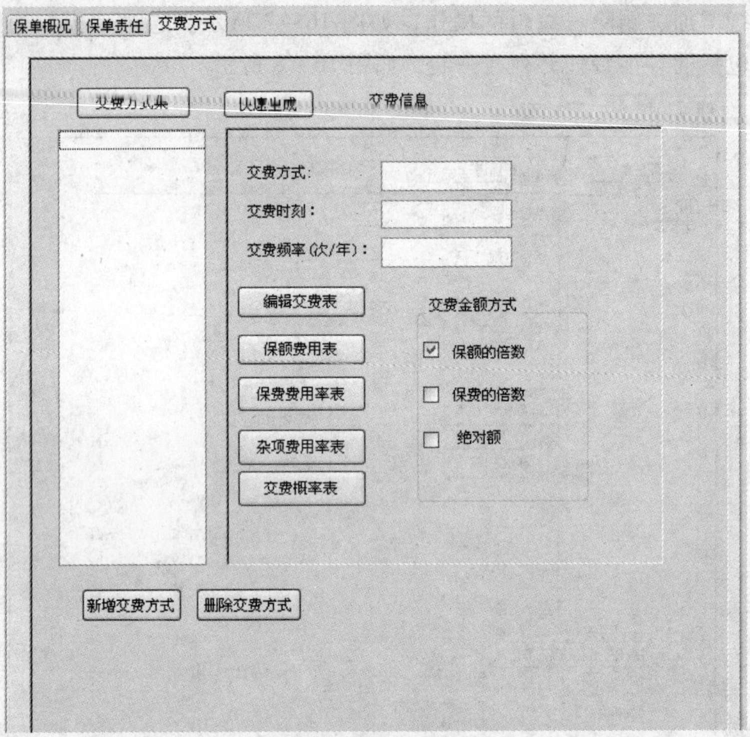

图 16－9　保单交费方式

通过“快速通道”交费如图 16－10 所示：

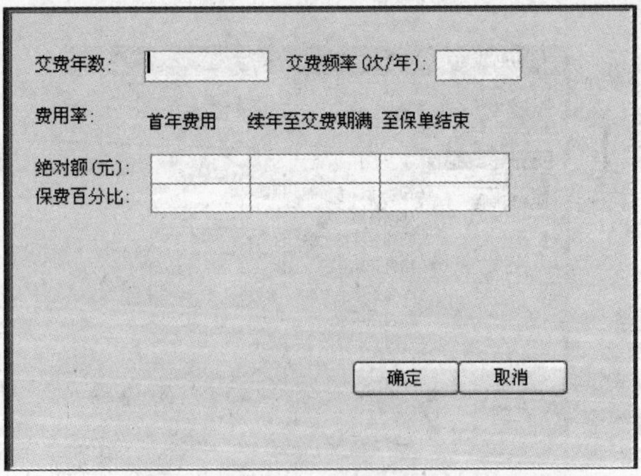

图 16－10　快速通道

传统定价：经过分析之后的产品，文字表达转化为电脑可识别的数字语言，就可以很方便地进行产品定价、准备金评估等各项程序。在定价时，由于有些产品选择月交、季交等方式，此时面临着差值模式的区别，需要不同的算法支持（如图 16－11 所示）。

准备金评估：与传统定价类似，如图 16－12：

图 16－11　传统定价界面

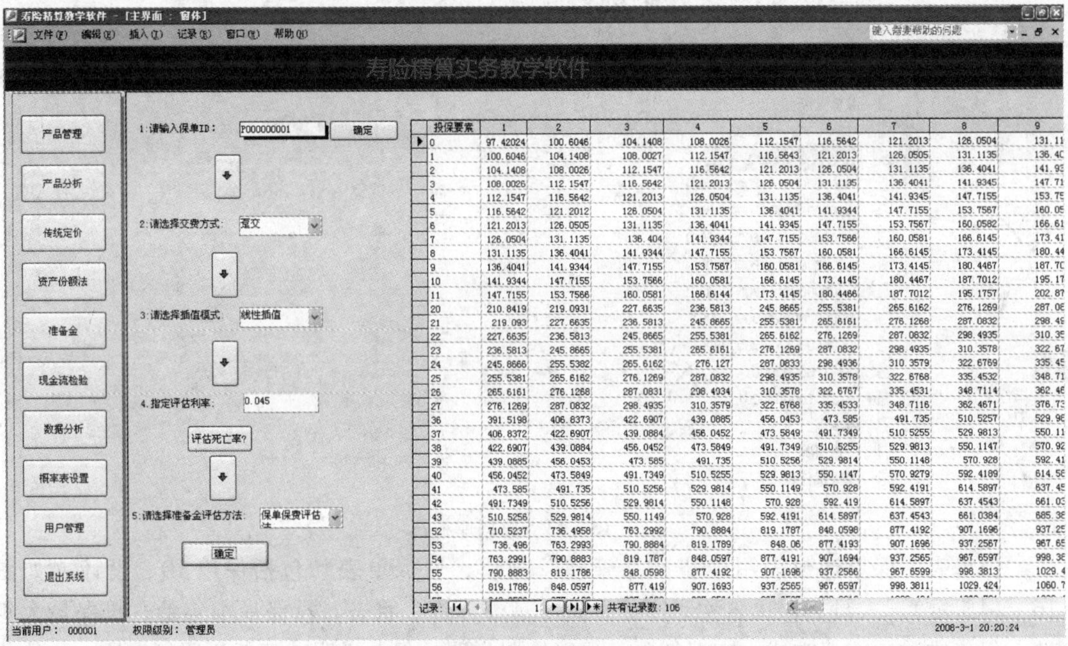

图 16－12　准备金评估

16.2 软件实现

本软件由两个主要文件构成："data. mdb" 以及 "寿险精算系统 . mdb"，"寿险精算系统 . mdb" 用于各种前台操作，"data. mdb" 负责保单信息的储存。软件的难点在于保单信息的储存以及各种信息之间的交叉纵横。现将 "data. mdb" 里主要数据表的成分进行拆分、说明如下：

数据结构概要，主要包括保单表、保单计数表、保单概况表、保单责任表、保单交费表，如图 16 - 13 所示。

图 16 - 13　数据库概况

保单表、保单计数表用于"产品管理"模块，"保单表"包括保单 ID、设计（如图 16 - 14所示）。人员、保单名称、产品种类、是否分红、状态、投保最小年龄、投保最大年龄、保单维数、交费方式、交费期限、保障期限说明、保单说明、责任说明等字段，具体如图16 - 14所示。

保单概况表、保单责任表、保单交费表用于"产品分析"模块。保单概况表由保单 ID、投保要素表、有效保单表、保额、初始利率表、指定概率表、保单维数、投保最大年龄、投保最小年龄等字段组成，如图 16 - 15 所示。

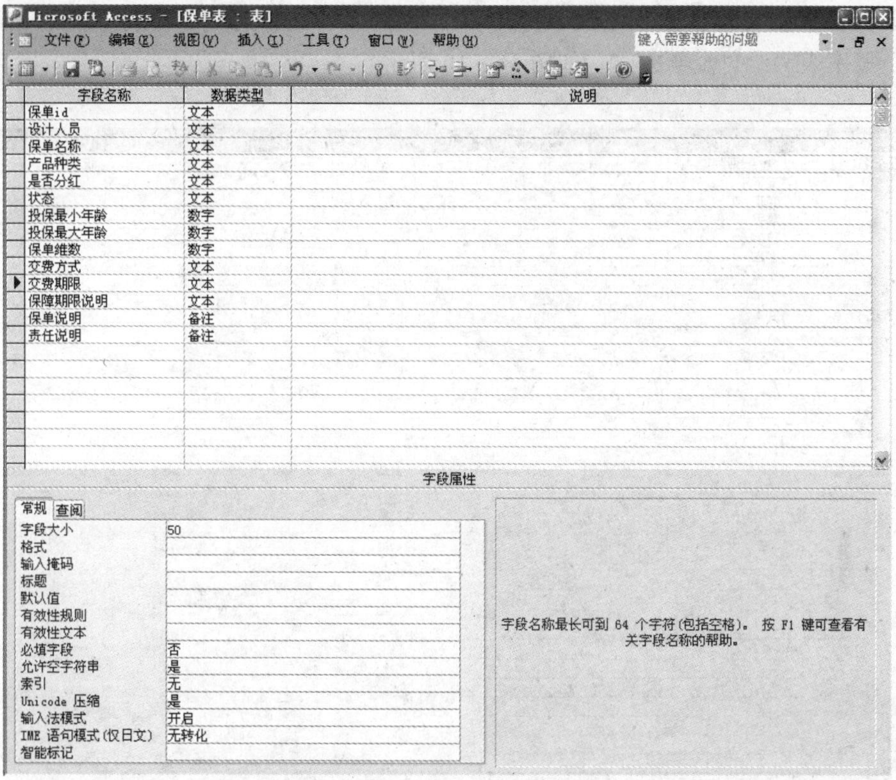

图 16－14　保单表

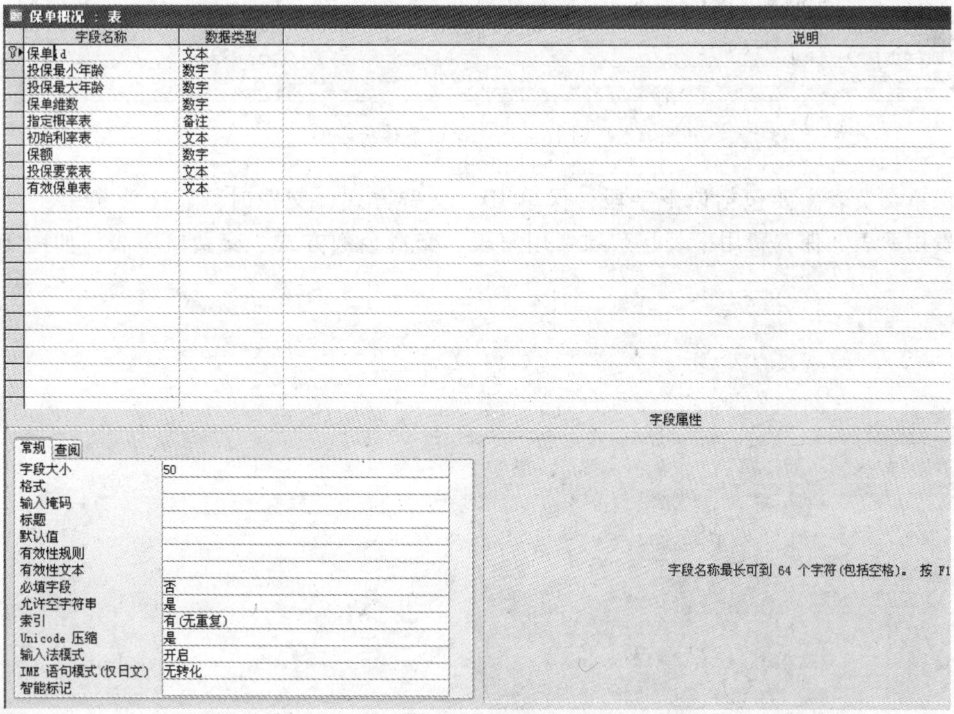

图 16－15　保单概况表

保单责任表主要包括以下字段：保单 ID、责任名、给付时刻、给付频率、给付状态、给付表、概率表、给付金额方式，如图 16－16 所示。

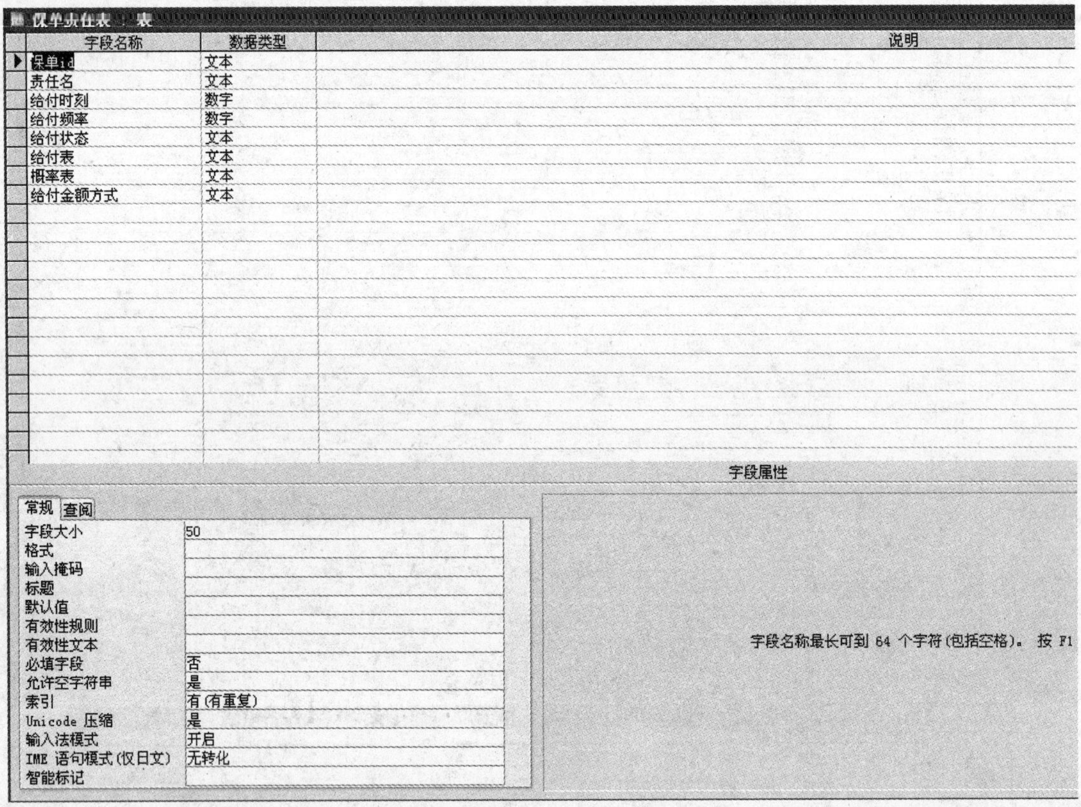

图 16－16　保单责任表

保单交费表主要包括以下字段：保单 ID、交费方式、交费时刻、交费频率、交费表、保额费用率表、保费费用率表、杂项费用率表、交费金额方式、交费概率表，如图 16－17 所示。

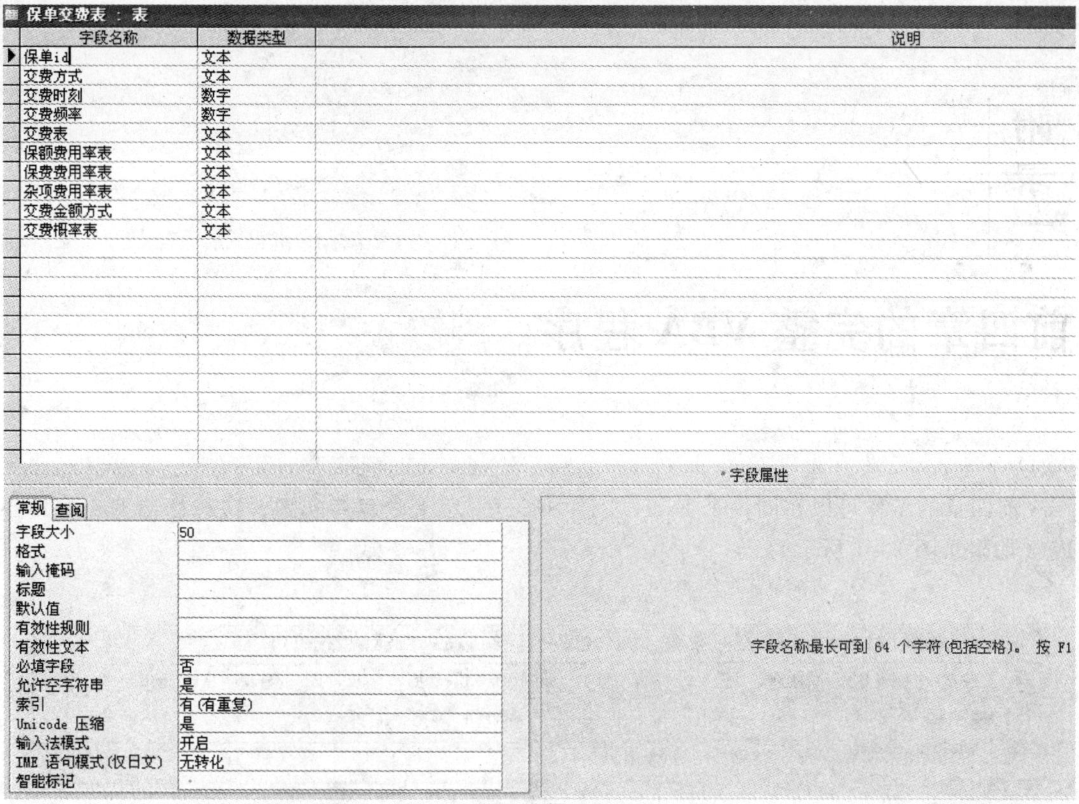

保单交费表 : 表
字段名称
数据类型
说明
保单id
文本
交费方式
文本
交费时刻
数字
交费频率
数字
交费表
文本
保额费用率表
文本
保费费用率表
文本
杂项费用率表
文本
交费金额方式
文本
交费概率表
文本
字段属性
常规
查阅
字段大小
50
格式
输入掩码
标题
默认值
有效性规则
有效性文本
必填字段
否
允许空字符串
是
索引
有(有重复)
Unicode 压缩
是
输入法模式
开启
IME 语句模式(仅日文)
无转化
智能标记
字段名称最长可到 64 个字符(包括空格)。 按 F1

图 16－17　保单交费表

附录一

FULUYI

前四章的完整 VBA 程序

前四章的工作可以在同一个 Excel 文件中通过一段大的程序实现，该程序由两个模块组成（如附录图 1－1 所示）。

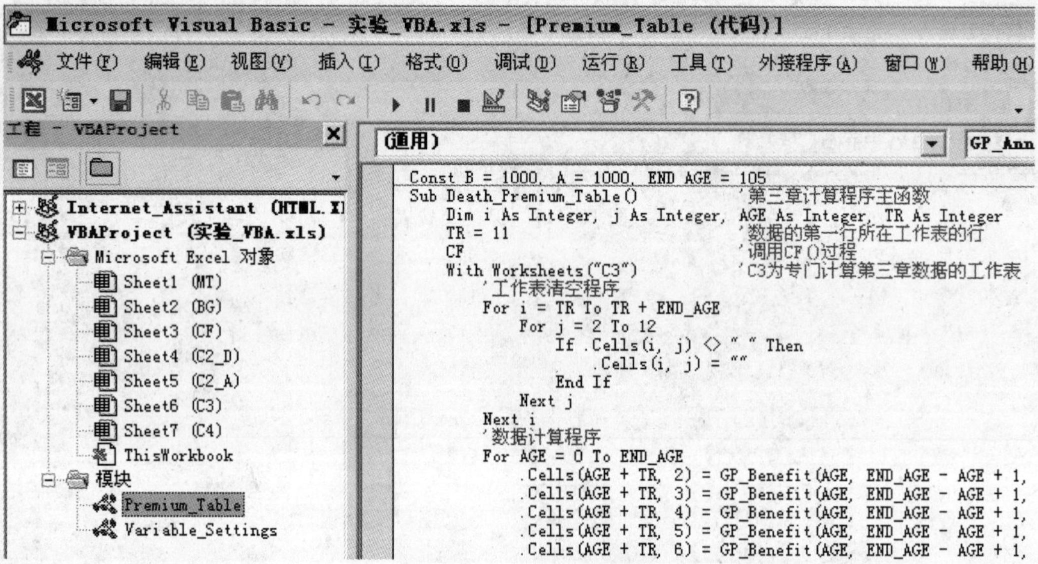

附录图 1－1　程序的两个模块

其中 Variable _ Settings 模块顾名思义是用来负责定价假设一些参数设定的模块。对于一些参数，诸如生命表、定价利率和死亡给付方式，选择用控件的形式来设定它们的值。附录图 1－2、附录图 1－3 就展示了工作表 CF 和 C3 的控件。

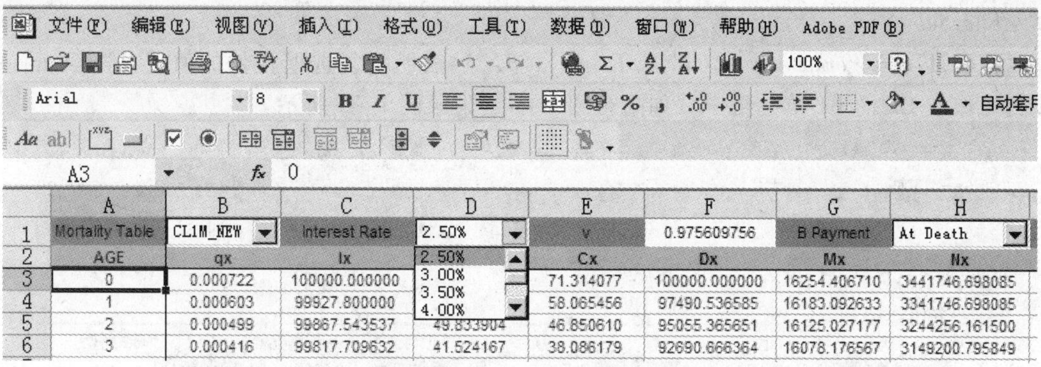

附录图 1-2 工作表 CF 中的相关控件

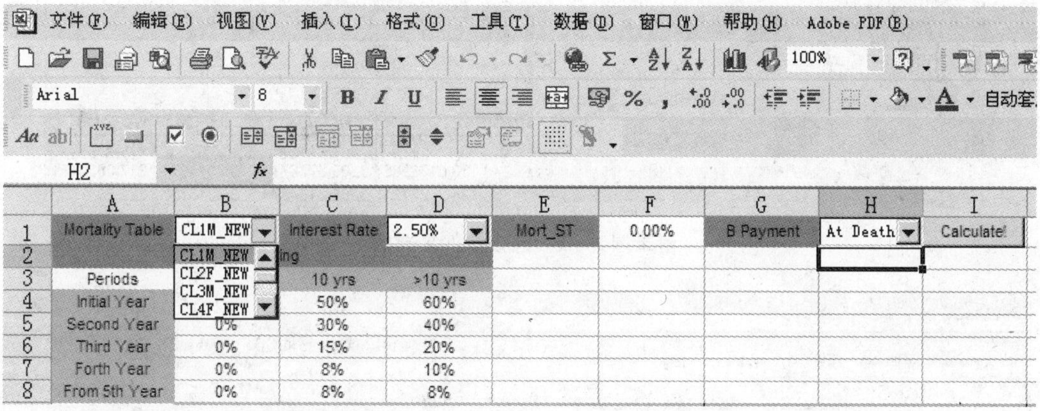

附录图 1-3 工作表 C3 中的相关控件

下面是 Variable _ Settings 模块的代码：

```
Global MTC As Integer,Interest As Double,BP As Integer,Mort _ ST As Double
Sub MT _ Setting ()                    '负责生命表复选框控件
    MTC = Worksheets("CF"). Range("B1")
    Exit Sub
End Sub
Sub Int _ Setting ()                   '负责利率复选框的控件
    Dim IntC As Integer
    IntC = Worksheets("CF"). Range("D1")
    Interest = Worksheets("BG"). Cells(IntC + 1,2)
    Worksheets("CF"). Range("F1") = 1/(1 + Interest)
    Exit Sub
End Sub
Sub BP _ Setting ()                    '负责死亡给付方式的复选框
    BP = Worksheets("CF"). Range("H1")
    Exit Sub
```

End Sub

代码*MTC = Worksheets ("CF"). Range ("B1")* 表明把复选框控件的值（从 1 到 n）链接到工作表 CF 的 B1 单元格中，如附录图 1－4、附录图 1－5 所示。

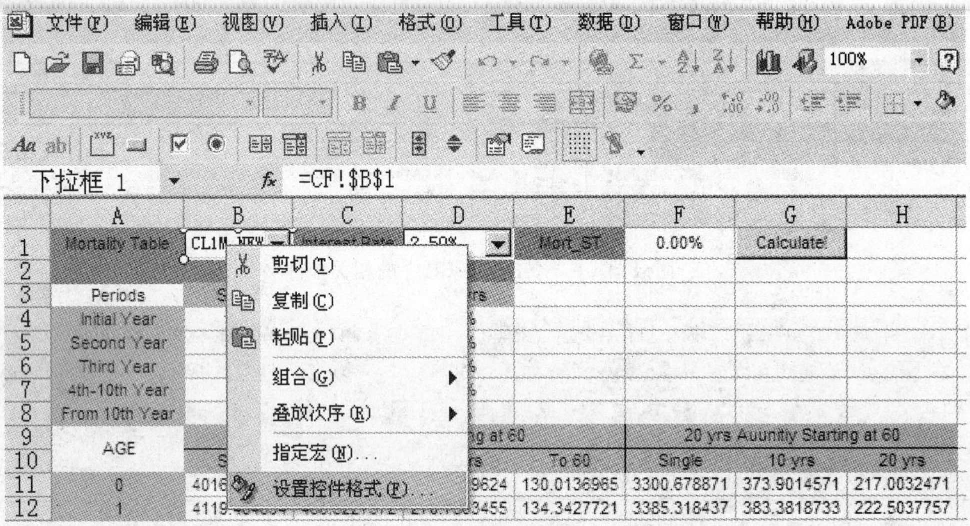

附录图 1－4　链接控件复选框 a

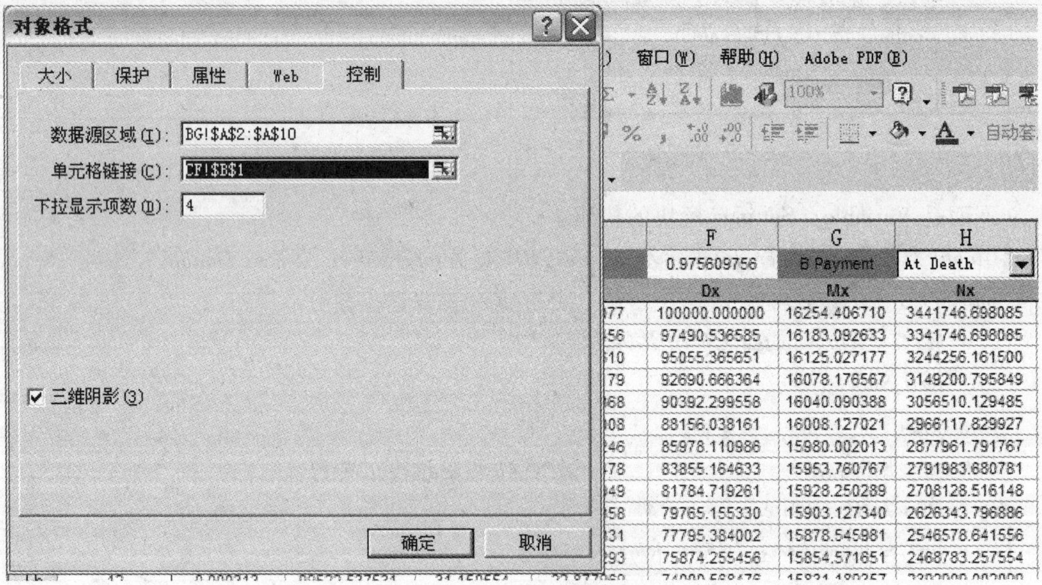

附录图 1－5　链接控件复选框 b

链接单元格的选取是随意的，选择工作表 CF 的 B1 表格完全是因为美观的考虑，因为 B1 恰巧在生命表复选框的后面。

细心的读者可能发现在不同的工作表中具有相同的控件，那么怎么保证上述这些参数在各工作表中保持一致呢？（下面的程序代码表明，一致性是相当重要的。）其实只要把所有的功能一致的控件链接到同一个单元格就可以了。例如：把工作表 CF、C3、C4 中生命表复选框的控件都链接到工作表 CF 中的 B1 单元格。

而控件与程序代码的链接需要通过为控件制定宏的命令来实现，如附录图 1 - 6、附录图1 - 7所示。

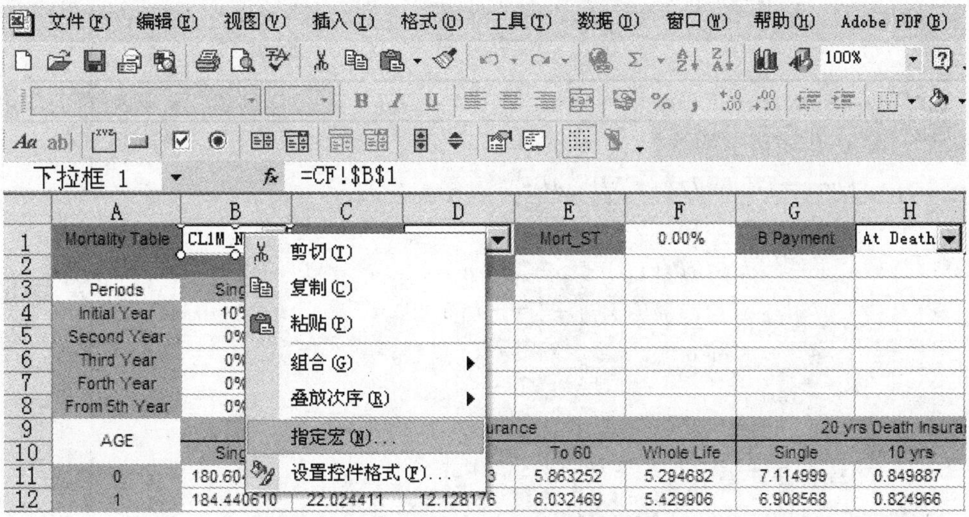

附录图 1 - 6　链接控件与程序代码 a

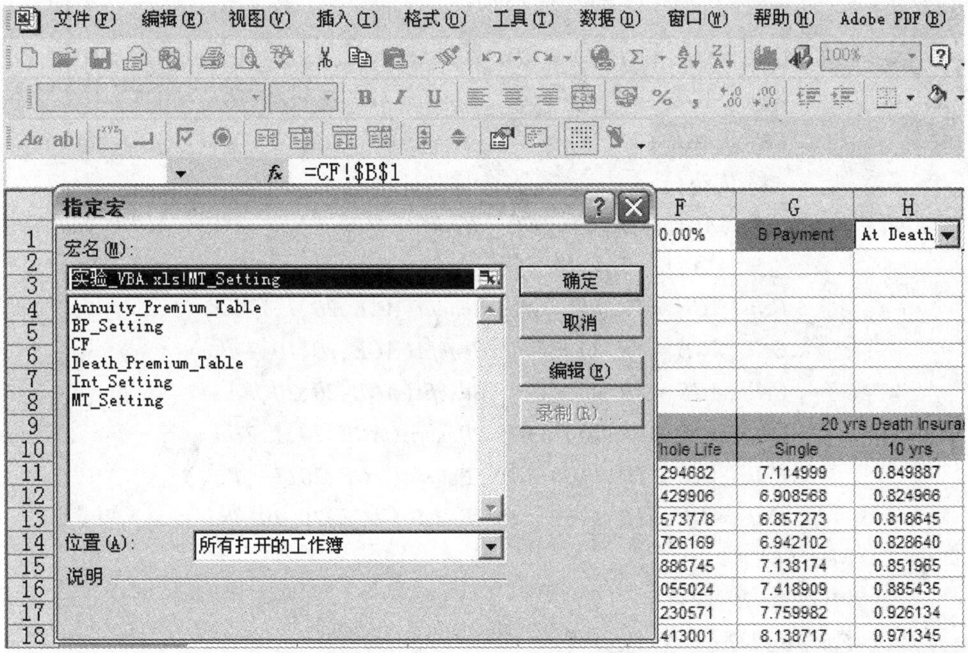

附录图 1 - 7　链接控件与程序代码 b

下面代码是 Premium _ Table 模块的代码，也是保费计算的代码。其中的部分段落在第一至四章已经作过介绍了。在那里，考虑到读者的需要，突出了与该章主题相关的代码。在这里将展示全部代码：

```
Const B = 1000, A = 1000, END_AGE = 105
Sub Death_Premium_Table()                      '第三章计算程序主函数
    Dim i As Integer, j As Integer, AGE As Integer, TR As Integer
    TR = 11                                    '数据的第一行所在工作表的行
    CF                                         '调用 CF()过程
    With Worksheets("C3")                      'C3 为专门计算第三章数据的工作表
        '工作表清空程序
        For i = TR To TR + END_AGE
            For j = 2 To 12
                If .Cells(i, j) <> "" Then
                    .Cells(i, j) = ""
                End If
            Next j
        Next i
        '数据计算程序
        For AGE = 0 To END_AGE
            .Cells (AGE + TR, 2) = GP_Benefit(AGE, END_AGE - AGE + 1, 1, False)
                                               '调用 GP_Benefit 函数
            .Cells (AGE + TR, 3) = GP_Benefit(AGE, END_AGE - AGE + 1, 10, False)
            .Cells (AGE + TR, 4) = GP_Benefit(AGE, END_AGE - AGE + 1, 20, False)
            .Cells (AGE + TR, 5) = GP_Benefit(AGE, END_AGE - AGE + 1, 60 - AGE,
                False)
            .Cells (AGE + TR, 6) = GP_Benefit(AGE, END_AGE - AGE + 1, END_AGE
                - AGE + 1, False)
            .Cells(AGE + TR, 7) = GP_Benefit(AGE, 20, 1, False)
            .Cells(AGE + TR, 8) = GP_Benefit(AGE, 20, 10, False)
            .Cells(AGE + TR, 9) = GP_Benefit(AGE, 20, 20, False)
            .Cells(AGE + TR, 10) = GP_Benefit(AGE, 20, 1, True)
            .Cells(AGE + TR, 11) = GP_Benefit(AGE, 20, 10, True)
            .Cells(AGE + TR, 12) = GP_Benefit(AGE, 20, 20, True)
        Next AGE
        '工作表清零程序
        For i = 11 To 116
            For j = 2 To 12
                If .Cells(i, j) = 0 Then
                    .Cells(i, j) = ""
                End If
            Next j
```

```
        Next i
    End With
End Sub
Sub Annuity _ Premium _ Table ( )              '第四章计算程序主函数
    Dim i As Integer,j As Integer,AGE As Integer,TR As Integer
    TR = 11                                    '数据的第一行所在工作表的行
    CF                                         '调用 CF( )过程
    With Worksheets("C4")                      'C4 为专门计算第四章数据的工作表
        '工作表清空程序
        For i = TR To TR + END _ AGE
            For j = 2 To 8
                If . Cells(i,j) < >" " Then
                    . Cells(i,j) =""
                End If
            Next j
        Next i
        '数据计算程序
        For AGE = 0 To END _ AGE
            . Cells(AGE + TR,2) = GP _ Annuity(AGE,AGE,END _ AGE - AGE  +1,1)
                                                                  '调用GP _ Annuity 函数
            . Cells (AGE + TR,3) = GP _ Annuity(AGE,AGE,END _ AGE - AGE  +1,10)
            . Cells (AGE + TR,4) = GP _ Annuity(AGE,AGE,END _ AGE - AGE  +1,20)
            . Cells (AGE + TR,5) = GP _ Annuity(AGE,AGE,END _ AGE - AGE
                +1,60 - AGE)
            . Cells(AGE + TR,6) = GP _ Annuity(AGE,60,20,1)
            . Cells(AGE + TR,7) = GP _ Annuity(AGE,60,20,10)
            . Cells(AGE + TR,8) = GP _ Annuity(AGE,60,20,20)
        Next AGE
        '工作表清零程序
        For i =11 To 116
            For j =2 To 8
                If . Cells(i,j) =0 Then
                    . Cells(i,j) =" "
                End If
            Next j
        Next i
    End With
End Sub
```

```
Sub CF ()                                    '换算函数计算程序
  Dim i As Integer,j As Integer,P As Double,TR As Integer
  TR = 3                                     'TR表示数据的第一行在工作表的行
  With Worksheets("CF")                      'CF为专门计算换算函数数据的工作表
        '工作表清空程序
        For i = TR To TR + END_AGE
              For j = 2 To 10
                    If .Cells(i,j) <> "" Then
                          .Cells(i,j) = ""
                    End If
              Next j
        Next i
        '导入生命表
        For i = TR To TR + END_AGE
              .Cells(i,2) = Worksheets("MT").Cells(i,MTC + 1)   'MTC为生命表代码
        Next i
        For i = TR To TR + END_AGE
        .Cells (i,2) =.Cells(i,2) * (1 + Range("J1")) 'Range("J1")的数值为生命表的
          loading
        Next i
        If BP = 1 Then
              P =0.5          'P:给付方式,0.5代表连续给付,1代表年末给付
        ElseIf BP = 2 Then
              P =1
        End If
        '换算函数计算程序
        .Cells(3,3).Value =100000
        For i = TR To TR + END_AGE
              .Cells(i + 1,3) =.Cells(i,3) * (1 -.Cells(i,2))
              .Cells(i,4) =.Cells(i,2) *.Cells(i,3)
              .Cells(i,5) =.Cells(i,4) *.Range("F1")^(.Cells(i,1) + P)
              .Cells(i,6) =.Cells(i,3) *.Range("F1")^(.Cells(i,1))
        Next i
        For j =0 To END_AGE
              .Cells(TR + END_AGE -j,7) =.Cells(TR + END_AGE -j,5)
                                          +.Cells(TR + END_AGE -j +1,7)
              .Cells(TR + END_AGE -j,8) =.Cells(TR + END_AGE -j,6)
                                          +.Cells(TR + END_AGE -j +1,8)
```

```
            .Cells(TR + END_AGE - j,9) =.Cells(TR + END_AGE - j,7)
                                        +.Cells(TR + END_AGE - j + 1,9)
            .Cells(TR + END_AGE - j,10) =.Cells(TR + END_AGE - j,8)
                                        +.Cells(TR + END_AGE - j + 1,10)
        Next j
        .Cells(109,3).Value = ""            '清零
    End With
End Sub

Private Function GP_Benefit(AGE As Integer,PR As Integer,PT As Integer,SP As Boolean)
    'AGE:被保险人年龄,PR:保单有效期,PT:交费期限,
    'SP:1代表两全保险,0代表死亡保险
    Dim Denominator As Double,Numerator As Double,TR As Integer
    TR = 3          '数据的第一行所在工作表中的行
    Dim i As Integer
    Dim Loading() As Double '定义loading 数组
    '为loading 数组赋值程序
    If PT > 0 Then
        ReDim Loading(PT)
        If PT = 1 Then
            Loading(0) = Worksheets("C3").Range("B4")
        ElseIf PT = 2 Then
            Loading(0) = Worksheets("C3").Range("C4")
            Loading(1) = Worksheets("C3").Range("C5")
        ElseIf PT > 2 & PT < = 10 Then
            Loading(0) = Worksheets("C3").Range("C4")
            Loading(1) = Worksheets("C3").Range("C5")
            Loading(2) = Worksheets("C3").Range("C6")
            For i = 4 To PT
                Loading(i - 1) = Worksheets("C3").Range("C7")
            Next i
        ElseIf PT > 10 Then
            Loading(0) = Worksheets("C3").Range("D4")
            Loading(1) = Worksheets("C3").Range("D5")
            Loading(2) = Worksheets("C3").Range("D6")
            For i = 4 To 10
                Loading(i - 1) = Worksheets("C3").Range("D7")
            Next i
```

```
            For i = 11 To PT
                Loading(i - 1) = Worksheets("C3").Range("D8")
            Next
        End If
        '毛保费计算程序
        With Worksheets("CF")
            If AGE + PT - 1 < = END_AGE Then          '如果交费年龄不超过极限年龄
                If SP = True Then
                    Numerator =.Cells(AGE + TR,7) -.Cells(AGE + PR + TR,7) +.Cells
                        (AGE + PR + TR - 1,6)
                Else:
                    Numerator =.Cells(AGE + TR,7) -.Cells(AGE + PR + TR,7)
                End If
            End If
            For i = 1 To PT
              Denominator = Denominator +.Cells(AGE + 2 + i,6) * (1 - Loading(i - 1))
            Next i
            GP_Benefit = B * Numerator/Denominator          'B:死亡给付常数,为1000
        End With
        Else:
            GP_Benefit = 0
        End If
End Function
Private Function GP_Annuity(AGE As Integer,ST As Integer,PR As Integer,PT As Integer)
    'AGE:被保险人年龄,ST:年金给付开始年龄,PR:保单有效期,PT:交费期限
    Dim Denominator As Double,Numerator As Double,TR As Integer
    TR = 3                          '第一行数据所在工作表的行
    Dim i As Integer
    Dim Loading() As Double         '定义loading 数组
    '为loading 数组赋值程序
    If PT > 0 Then
        ReDim Loading(PT)
        If PT = 1 Then
            Loading(0) = Worksheets("C4").Range("B4")
        ElseIf PT = 2 Then
            Loading(0) = Worksheets("C4").Range("C4")
            Loading(1) = Worksheets("C4").Range("C5")
        ElseIf PT > 2 & PT < = 10 Then
```

```
            Loading(0) = Worksheets("C4"). Range("C4")
            Loading(1) = Worksheets("C4"). Range("C5")
            Loading(2) = Worksheets("C4"). Range("C6")
            For i = 4 To PT
                Loading(i - 1) = Worksheets("C4"). Range("C7")
            Next i
        ElseIf PT > 10 Then
            Loading(0) = Worksheets("C4"). Range("D4")
            Loading(1) = Worksheets("C4"). Range("D5")
            Loading(2) = Worksheets("C4"). Range("D6")
            For i = 4 To 10
                Loading(i - 1) = Worksheets("C4"). Range("D7")
            Next i
            For i = 11 To PT
                Loading(i - 1) = Worksheets("C4"). Range("D8")
            Next
        End If
        '毛保费计算程序
        With Worksheets("CF")
        If AGE + PR - 1 < = END _ AGE And AGE + PT - 1 < = END _ AGE And AGE <
                        = ST Then
          '如果年龄 +保单有效期不超过极限年龄,并且年龄 +交费期限不超过极限年
          龄,并且年龄不超过年金给付开始年龄
                Numerator =. Cells(ST + TR,8) -. Cells(ST + PR + TR,8)
                For i = 1 To PT
                Denominator = Denominator +. Cells(AGE + i + 2,6) * (1 - Loading(i - 1))
                Next i
                GP _ Annuity = A * Numerator/Denominator      'A:年金给付常数,为1000
            Else:
                GP _ Annuity = 0
            End If
        End With
    Else:
        GP _ Annuity = 0
    End If
End Function
```

过程 *Sub Death _ Premium _ Table ( )* 为第二、三章的主过程，该过程也是工作表 C3 中按

钮控件“Calculate!”的制定宏，如附录图 1－8 所示：

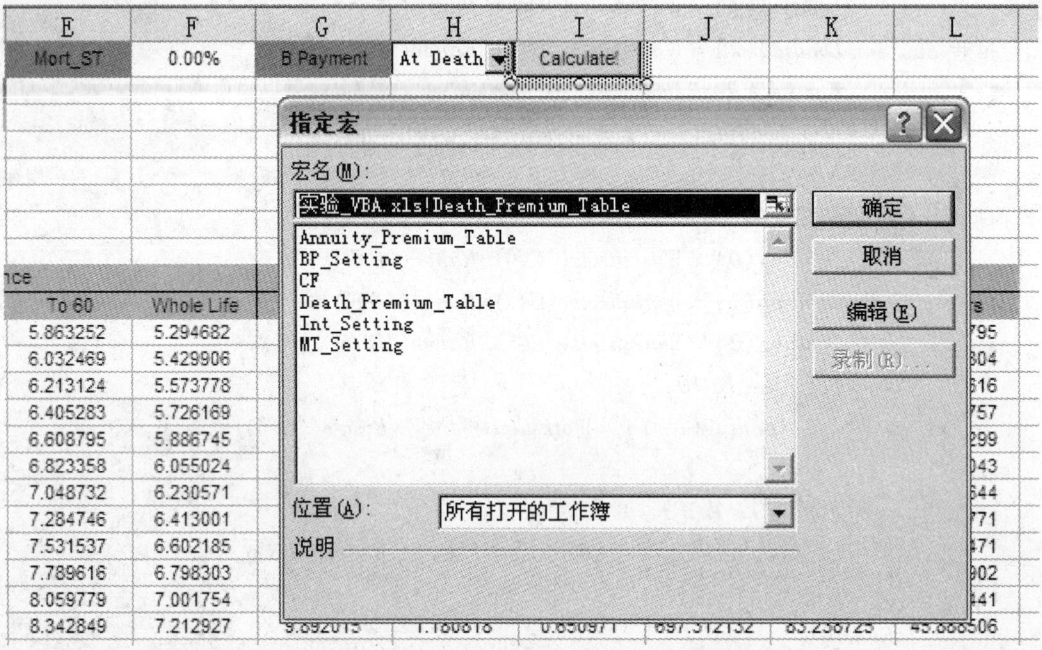

附录图 1－8　按钮控件“Calculate!”的链接

第二章和第三章的主要区别不在于程序，而是在于 Loading 和 Mort _ ST 的假设，如附录图 1－9 所示：

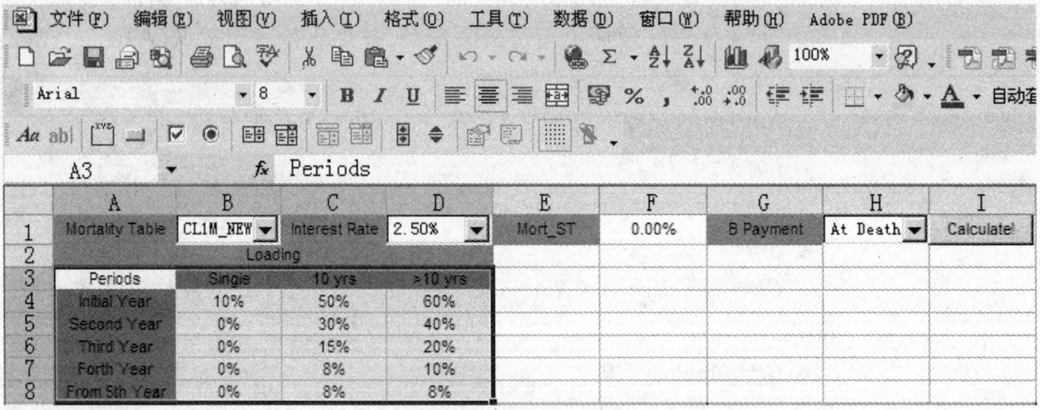

附录图 1－9　存储费用率的单元格

如果把 Loading 和 Mort _ ST 都设为零，那么计算出来的就是纯保费。

该过程由清空程序、计算程序和清零程序组成。清空程序和清零程序都是修饰性的程序代码，让页面变得整齐。清空程序主要负责将上一次的计算结果清除掉；清零程序负责把结果中的零全部删掉，因为在计算保费的函数中，把一切不符合条件（例如，交费期＋年龄超过 105 岁）的保费设为零。而在计算程序部分，调用了过程 CF 和函数 GP _ Benefit，这就是为什么要求各工作表中假设参数要一致。假设工作表 C3 中所使用的生命表不是工作表 CF

中的生命表，那么计算结果就是错误的。另外过程 CF 是第一章的主过程，也是 CF 中按钮控件“Calculate!”的制定宏。

过程 *Sub Annuity _ Premium _ Table ( )* 为第四章的主过程。它的结果和宏的指定都与 *Sub Death _ Premium _ Table ( )* 相似，这里就不再赘述了。其实如果从未来现金流的角度考虑，这两个主过程完全可以合并在一起。但是这已经远远超出了本书前四章所讨论内容之外，有兴趣的读者可以去尝试。

前四章的程序使用了很多“装饰性”的代码，其主要目的是为了让读者能够在开始阶段更全面地了解 Excel 的一些功能。后面各章节的程序为了更注重计算功能，所以程序更突出重点。本书的目的是为了启发大家如何使用 Excel 进行精算的计算机实现，而不是手把手的来教读者怎样写程序。